PAS DE LARMES POUR MAO

NIU-NIU

Pas de larmes pour Mao

PRÉFACE DE LUCIEN BODARD

LAFFONT

Quand on a fait un tel cauchemar, on est condamnée à raconter.

NIU-NIU

PRÉFACE

Pas de larmes pour Mao, c'est l'histoire, tragique et véridique, d'une toute jeune femme qui fut dans son enfance confrontée à l'épouvantable cataclysme de la Révolution culturelle chinoise. Cette jeune femme, Niu-Niu, je l'ai rencontrée. Et nous avons longuement parlé. Niu-Niu, comme moi, est née au Sichuan. Alors, je lui ai raconté les temps anciens de notre pays et elle m'a dit les abominations qu'il avait traversées pendant toute cette période où l'accès en était interdit aux étrangers. Abominations connues mais qui, évoquées par elle, de sa petite voix tranquille, prenaient soudain pour moi un relief nouveau. Et puis Niu-Niu m'a montré ce qu'étaient les jeunes Chinois d'aujourd'hui, si avides de liberté, si fous de leur patrie. Niu-Niu est un excellent guide.

Chengdu, la ville natale de Niu-Niu, la ville où j'ai moi-même grandi, la capitale de la province, c'était autrefois le bout du monde. Pour y arriver, il fallait remonter le fleuve Bleu en jonque de Shanghai à Chongqing pendant vingt jours et ensuite prendre une route dallée, immense, qui traversait tout le Sichuan. Le voyage..., le fleuve Bleu dans toute sa puissance, toute sa magnificence, des gorges, des à-pics, des courants formidables, des rochers à fleur d'eau. Et puis la terre rouge, les marées humaines, ma mère et moi en palanquin. Et enfin la ville.

Quand j'y étais enfant, Chengdu était une très antique cité enceinte de murailles, une ville de riches artisans, rue de la soie, rue des jades, rue des brocarts... Et aussi une ville de misère où rôdaient soldats et bandits. Jusqu'à la fin de l'empire en 1911, l'autorité y avait été représentée par le vice-roi et les mandarins qui rendaient la justice. A la chute des Qing ne restèrent que les seigneurs de la guerre qui se disputaient la région. Toutes les maladies sévissaient, le typhus, la peste, la lèpre, toutes les calamités menaçaient, les combats étaient incessants. Pourtant, reclus dans leur province lointaine, aux confins du Tibet, parlant un dialecte singulier, avec leurs familles de lettrés qui n'avaient pas évolué depuis des siècles, les Sichuanais étaient des Chinois à part, des Chinois presque heureux. La province comptait soixante millions d'habitants (aujourd'hui ils ont dépassé la centaine), le sol était riche et, s'il n'y avait pas d'industrie moderne, tout fonctionnait à peu près, à des années-lumière du pouvoir central et de ses spasmes.

De ce passé horrible et magnifique, le communisme et la Révolution culturelle ont fait table rase. La ville des brocarts et des hibiscus est désormais banale, immenses avenues, béton, HLM. Seule la profusion des fleurs évoque les splendeurs anciennes. C'est aussi que la Révolution culturelle a été particulièrement violente à Chengdu. Par quelle bizarrerie les Sichuanais, que le reste de la Chine jugeait arriérés, se sont-ils ainsi portés à la tête des tumultes? Quels conflits locaux réglaient-ils? Furent-ils saisis de démence? Nul ne le sait. Toujours est-il qu'ils parlent peu de cette période, même le plus illustre d'entre eux, et qui en souffrit tant, Deng Xiaoping.

Niu-Niu eut, je l'ai dit, la malchance de naître à l'aube de cette époque troublée. Sa famille, probablement d'origine mandarinale, était une famille d'intellectuels, d'une « catégorie noire » comme on disait alors. Une mère actrice, un père acteur également, un grand-père banquier à Chongqing..., tout les désignait à cette grande force chinoise, la force de destruction. La Révolution culturelle, cette guerre civile, eut, en effet, pour moteur la destruction, destruction des « quatre vieilleries » (ancienne culture, anciennes coutumes, anciennes habitudes, anciennes façons de penser), destruction surtout de toute activité intellectuelle. Déjà en 1957-1958, il y avait eu des purges parmi les écrivains, Mao s'étant toujours méfié des gens doués d'une autonomie de pensée. A partir de 1966, cette méfiance devint un délire que l'on communiqua à des millions de jeunes Chinois et dont Niu-Niu et sa famille furent les victimes.

Son récit, c'est d'abord cela : les parents envoyés en camp, la sœur à la « campagne », les très jeunes enfants comme elle qui ne comprennent pas et qui apprennent à survivre dans la peur, dans une tourmente difficile à imaginer : des millions de morts, des millions de personnes internées, torturées, pour que naisse l'homme nouveau si cher à Mao, pour que ce dictateur retrouve le pouvoir absolu.

Mais *Pas de larmes pour Mao* est aussi le récit d'une reconquête. Plongée très tôt au cœur de la mêlée, Niu-Niu a su réagir, se réadapter, alors qu'un grand nombre de ses aînés, tous ceux qui devinrent des gardes rouges, sont maintenant des âmes perdues. Agés de trente à cinquante ans, ces gens, à qui l'on conseille désormais d'exercer de petits métiers, de recourir aux étrangers, de gagner de l'argent, ne comprennent pas. Eux aussi sont des victimes, une génération sacrifiée. Quant aux intellectuels, si l'horreur ne les menace plus, ils naviguent dans l'incertitude. On leur autorise certaines libertés mais ils n'en connaissent pas les limites. Selon l'humeur du régime, selon les dirigeants, les provinces, on tolère puis on interdit. Et la vie demeure pleine de périls.

Dans ce flou de toute chose, Niu-Niu aurait pu tracer son chemin, au prix de quelques concessions. Mais voyez comme elle est étrange : elle a dû fournir un effort prodigieux pour s'en sortir, aller au collège, à l'université, et elle a réussi, et elle ne s'en est pas contentée. Représentante typique d'une jeunesse qui a souffert et lutté, d'une jeunesse que l'hypocrisie et les nouveaux conformismes écœurent, Niu-Niu est partie.

Pour la comprendre, il faudrait retracer l'histoire du communisme à la chinoise et de ses convulsions, peindre une situation d'une rare confusion où s'opposent et coexistent les séquelles de l'utopie maoïste, un communisme orthodoxe mais en pleine évolution et les anciennes traditions. Dans ce maelström qui tente de vivre à l'heure des « quatre modernisations », les jeunes en réclament une cinquième, la démocratie, nouveauté quasi inconcevable dans un pays qui fut toujours autocratique, soumis à un ordre « supérieur ». Et leur désir d'indépendance, leur rébellion font peur.

Ils font peur aux adultes qui, tant bien que mal, après trente ans d'horreur, se sont réorganisé une existence vivable. Ils font peur à la génération perdue des gardes rouges. Ils font peur aux dirigeants, ils font peur surtout aux tenants de la vieille Chine qui redressent la tête. Alors que des notions violemment combattues par les premiers révolutionnaires réapparaissent, primat de la famille, autorité absolue des parents, contrôle du mariage des filles, respect des maîtres, comment supporter ces jeunes si individualistes ? Et la société de classes qui s'est reconstituée, la nomenklatura corrompue, tout occupée à maintenir ses privilèges, comment les supporterait-elle ? Dans cet étouffement, nombre de Chinois, si l'occasion s'en présente, s'expatrient. Niu-Niu est de ceux-là, de ces jeunes qui veulent apprendre ailleurs mais qui demeurent viscéralement attachés à leur pays.

D'où, sans doute, son désir de témoigner. Certes, de nombreux livres sont parus sur la question, dont quelques-uns ont été traduits en Occident – il y a même en Chine une littérature dite « des cicatrices » – mais celui-là apporte quelque chose de plus. Il est fort, il est direct, il descend au cœur des événements, et en même temps il a quelque chose de familier, de quotidien, qui touche au plus profond. C'est le cauchemar au jour le jour, la vie dramatique d'une famille traquée, meurtrie, vue par une jeune fille qui à jamais sera une rescapée. C'est aussi un étonnant document sur l'état de la Chine aujourd'hui.

Alors qui ne serait séduit, séduit par Niu-Niu la Sichuanaise, par sa sensibilité, son intelligence, sa ténacité ? Devant les épreuves, elle ne s'est pas écroulée : elle a su soit les franchir, soit les contourner et, de toute façon, les comprendre. A la lire, à la découvrir si forte, elle m'a convaincu d'une chose : elle et ses semblables sont l'espoir de la Chine.

Lucien BODARD.

1

MON PREMIER SOUVENIR

CETTE année-là, ce mois-là, ce jour-là, j'étais en train de jouer avec Mimi, ma grande sœur, dans la cour de notre maison, à Chengdu. A l'intérieur, papa et maman discutaient tranquillement avec mes grands-parents autour d'une tasse de thé. Je me souviens des jolies fleurs du jardin, du souffle léger qui me caressait les joues... quand, tout à coup, la porte enfoncée, un ouragan hurlant passe sur mon dos.

« Ils » sont peut-être quinze ou vingt, tous avec un livre rouge et un fusil à la main. Je ne comprends pas pourquoi ils cassent nos carreaux, retournant tout dans la maison. J'ai très peur, je crie. Mais quand j'arrive en courant vers mes parents, les gens forment un mur autour d'eux : ils battent papa et maman en les insultant. Je ne comprends pas leurs gros mots. Je vois seulement les gens pointer l'index vers le visage de mes parents.

– Papa! Maman!

Mes grands-parents, ahuris, semblent se ranimer

en entendant nos hurlements. Ils nous prennent, Mimi et moi, dans leurs bras tandis qu'un homme rugit : « Vos gueules, chiennes! »

J'ai vu mes parents bredouiller quelque chose sous les coups. Mais alors Mamie s'affola et me reposa par terre en hâte; elle s'acharna à arrêter ces sauvages. Papy les suppliait. Désormais personne ne pouvait s'occuper de Mimi et de moi. Et puis les gens ont projeté Papy au sol.

J'ai tellement peur. Je crie. J'avance à quatre pattes vers mes parents jusqu'à ce qu'un des types me soulève par le cou comme un petit chat pour me rejeter au loin.

Après ils ont tout cassé dans la maison, trouvé tout ce qui pouvait brûler : nos vieilles peintures, les livres, les feuilles, les photos. Ils ont volé les vêtements et les fourrures, les bijoux et les deux petits bouddhas en or sur l'autel de nos ancêtres. Ils ont saccagé l'autel de nos ancêtres.

Ensuite ils ont ligoté mes parents avec une corde épaisse, les mains bien haut dans le dos et, en leur tenant la tête en bas, ils leur ont complètement rasé les cheveux.

– Vous êtes des malfaiteurs! Vous êtes des contre-révolutionnaires! Vous devez payer vos crimes!

C'était leur chef qui hurlait. Il donna l'ordre de « foutre » mes parents dehors.

Mais ils résistent en se débattant et reçoivent pour cela d'autres grands coups de ceinture sur le visage... J'ai vu le sang couler de la bouche de papa et maman.

Notre ultime prière, notre dernière chance : on s'est accrochés, mes grands-parents, Mimi et moi, aux pieds de ces gens pour les empêcher de nous arracher mes parents. C'était stupide! Ils se sont mis à nous taper dessus comme des chiens enragés, à nous écraser les mains avec leurs grosses chaussures.

On ne sait plus ce qui est douleur, ce qui est humiliation. On se traîne à plat ventre en suffoquant, mais je ne pourrai que voir mes parents engloutis par ce camion qui disparaît au loin dans un nuage de poussière.

Je les ai entendus nous appeler : « Niu-Niu, Mimi... » Et puis plus rien. Après ce cauchemar de cris, de coups, de feu, de sang, leur voix allait aussi s'anéantir dans l'horizon.

On est restés là un bon moment, tous les quatre, hébétés, sans regard et sans âme. Mes grands-parents tremblaient comme des feuilles d'automne sous une averse. Des larmes muettes coulaient sur leur visage. Puis ils marmonnèrent d'un ton rauque :

– Mon Dieu, que se passe-t-il ? Quelle faute avons-nous commise pour subir un tel châtiment ?

Nous sommes rentrés dans ce qui n'était déjà plus notre maison. Quel capharnaüm ! Les tas de livres calcinés laissaient encore échapper de la fumée. Traversant les rideaux en guenilles, le vent fit tourbillonner les cendres grises.

Seuls les sanglots étouffés rompaient le silence. Papy se cacha les yeux dans les mains, sa tête faisait non... non. Il ne pouvait croire que la maison soit tout à coup si sale, si dévastée, si vide.

Je retrouve les bras de ma grand-mère qui essaie de me consoler. Quand ses larmes viennent échouer sur ma bouche, je les avale en pinçant les lèvres. J'ai su alors qu'elles avaient un goût de sel.

Pour moi, les souvenirs commencent ce jour-là. J'avais quatre ans. Dix jours après ma naissance, le 16 mai 1966, avait éclaté « la Grande Révolution culturelle » avec ses affiches murales, ses nuées de drapeaux... et ses Gardes rouges vindicatifs, annonciateurs de mort et pour moi de tant de cauchemars qui me réveillent encore aujourd'hui.

En attendant, je ne sais pas pourquoi mes parents ont dû partir, pourquoi il y avait ce sang au coin de leurs lèvres. Ça leur a fait mal? Ils sont allés où? Pourquoi la maison est-elle dans cet état?

2

MIMI

QUELQUES jours après le départ de mes parents, des gens sont encore venus chez nous pour fouiller et puis ils nous ont chassés comme des animaux. A part quelques vêtements et un peu de vaisselle, nous avons tout perdu.

Ils nous ont fait entrer dans une sorte de vieille cabane dégoûtante et très humide. Le grand vent du dehors s'infiltrait par les jointures des planches dégoulinantes de pluie froide. Même dans ce taudis, on nous embêtait. Les voisins avaient mis sur les murs et la porte de grandes affiches couvertes d'écriture.

Je me souviens qu'ils ont obligé Papy à les lire à voix haute. C'en était peut-être trop pour lui car, le soir après dîner, il s'est levé pour tout arracher, mais je me souviens aussi que Mamie l'en empêcha. Elle disait que les affiches nous protégeaient du vent : « La maison est trop froide pour les enfants. »

Papy a dû saisir dans nos yeux une lueur grise de peur et d'abandon, j'ai vu les siens humides et rouges. Ça m'a fait tout drôle quand il s'est jeté en pleurant dans les bras de ma grand-mère. On aurait dit un petit garçon puni sans raison. Alors Mimi s'approcha de lui et le tira doucement par la manche : « Papy, ne pleure pas, on a chaud, on a très chaud... C'est vrai! »

Je crois bien que cette phrase augmenta l'amertume de Papy. Il haletait en soulevant ma grande sœur dans ses bras :

— Mimi, ma petite fille, je ne pleure pas, je suis content que tu me comprennes.

Dans ce désert froid, il fallait dormir. On s'est serrés tous les quatre sur ce qui nous servait de lit : une grande planche posée sur des briques, chacun donnant un peu de sa chaleur à l'autre. La nuit m'a paru longue, j'étais habitée d'un sentiment nouveau : je doutais de ma bonne étoile. On pouvait donc du jour au lendemain se retrouver affamés, mal vêtus, et un enfant pouvait perdre ses parents!

Je craignais le lendemain.

Plus tard, Mimi regardait les photos de papa et maman tout en écrivant. Ses larmes gouttaient doucement sur le papier.

— Grande sœur, qu'est-ce que tu écris? Pourquoi tu pleures?

— Je leur écris une lettre; ils sont partis depuis si longtemps! Je leur demande de rentrer tout de suite.

— Où est-ce qu'ils sont partis? Est-ce qu'ils pourront recevoir ta lettre?

— Je ne sais pas, Niu-Niu. Je crois qu'il suffit de mettre la lettre dans la boîte. C'est comme ça que j'ai vu faire les grandes personnes...

Son enveloppe n'avait pas d'adresse.

Je lui ai demandé d'en écrire une pour moi, j'avais tellement besoin d'eux.

— Pleure pas Niu-Niu, pleure pas petite sœur.

20

Elle me caresse les cheveux mais elle pleure plus fort que moi.

Mimi s'occupait beaucoup de moi. Elle m'offrait une fois un ruban rouge pour les cheveux, une autre fois un mouchoir à fleurs..., tout ce qu'elle possédait. Elle me disait toujours que papa et maman allaient rentrer bientôt. Pourtant ils n'étaient pas encore là quand Mimi partit, elle aussi.

Il faisait très sombre. Ma grande sœur aurait dû rentrer de l'école. On s'inquiétait. On la chercha partout. Elle était tapie dans un coin de la classe, les cheveux en pagaille, la figure griffée et les vêtements déchirés. Le contenu de son cartable était répandu. Elle pleurait en hoquetant.

Papy lui parle doucement :

– Que s'est-il passé ? Qu'est-ce que tu fais ici ?

Elle lève les yeux vers lui et nous regarde comme si elle voyait des anges. Elle pousse un cri et se jette en pleurant dans les bras de notre grand-père.

Papy a compris. Il n'y a rien à dire. Il garde Mimi serrée tout contre lui tandis que nous regagnons le taudis, sans un mot.

– Mon Papy, je ne veux plus aller à l'école, je veux revoir papa et maman. J'ai peur, j'ai si peur...

Des tremblements de tout son corps soulignent chaque mot.

On lui lave le visage, on la recoiffe, un peu pour la calmer.

– Ils m'ont jeté des pierres, ils m'ont craché à la figure, ils m'ont arraché les cheveux, ils ont déchiré tous mes cahiers et jeté mon cartable dans la boue. Ils vous ont insultés, Papy et Mamie. Ils ont aussi injurié papa et maman. Ils ont dit que toi, Papy, tu es un méchant voyou. Et puis j'ai tout dit au professeur. Il m'a dit que c'était ma faute, que j'étais votre petite-fille, que c'était bien fait pour moi. J' veux plus retourner à l'école, j' veux plus être votre petite-fille.

Les paroles rudes et âpres de Mimi embuèrent de larmes les yeux de ma grand-mère. Papy secouait la tête, il cherchait des phrases douces et réconfortantes. Il savait bien que Mimi était gentille, Mamie et lui l'aimaient beaucoup. C'était la faute des autres. Ils étaient méchants. Mimi ne devait pas pleurer. Elle n'irait pas à l'école demain.

Pourtant elle continuait de se plaindre : « Qu'est-ce qu'ils ont fait mes parents ? Pourquoi est-ce que les gens sont comme ça avec nous ? »

Alors, à bout de force, mes grands-parents ont fondu en larmes et nous nous sommes pelotonnées contre eux, longtemps.

Deux jours plus tard, la nuit déchaînait la pluie et le vent quand je me suis réveillée en sursaut.

Mes grands-parents étaient en train de finir de remplir un grand sac à côté d'une dame que je ne connaissais pas. Ma grande sœur, bien habillée, s'essuyait les yeux en baissant la tête. J'ai entendu Papy lui dire :

— A bientôt, Mimi. Tu vas suivre cette dame à la campagne. Tu sais bien, ma chérie, que tu ne peux pas rester ici. Là-bas, tu pourras aller à l'école. Personne ne t'insultera plus. Tout le monde sera gentil, j'en suis sûr.

— Ne me laissez pas. Papa et maman sont déjà partis. Ne me laissez pas vous aussi.

— On ne te quitte pas. On t'aime très fort. Je te promets qu'on viendra bientôt te rendre visite.

C'était un coup de tonnerre : Mimi allait partir. Je sors de dessous ma couverture, persuadée qu'elle s'en va à cause de moi.

— Mimi, ne pars pas ! Ne me laisse pas ! Je ne veux plus de ton ruban rouge. Je ne pleurerai pas. Je ferai tout ce que tu me dis.

Elle s'est précipitée pour me prendre dans ses bras, a supplié :

– Ne m'envoyez pas au loin. Avec Niu-Niu, on promet d'être sages. Demain je retournerai à l'école et je ne pleurnicherai pas quand ils me frapperont... Même si ça fait mal... Je ne crains plus rien sauf de vous perdre...

C'en est trop pour notre grand-père. Il voudrait que sa main décharnée se fasse rassurante sur la joue de Mimi. Il la caresse tendrement, désespérément.

– Comment puis-je avoir le courage de te laisser partir ? J'ai l'impression qu'on m'arrache un morceau de moi-même. Je crois bien que c'est même pire. Mais tout ça, c'est pour ton avenir...

Mimi est intelligente. Elle finit par comprendre, s'accrochant à l'espoir de nos visites prochaines.

C'est ainsi qu'elle disparaît dans les trombes d'eau. Je lui avais rendu le ruban rouge et elle m'avait offert son petit crayon. Je lui avais promis aussi de garder des bonbons, rien que pour elle.

Elle n'imaginait certainement pas qu'elle avait vu Papy pour la dernière fois.

3

NOURRIE AVEC DU SANG

J'AI oublié à partir de quand mon grand-père a dû travailler si dur. Il se réveillait alors que le jour n'était pas encore levé pour aller nettoyer la rue et transporter les poubelles. Une fois cette corvée terminée, on lui faisait tirer de grosses pierres, pour rien, pour l'humilier, ça ne servait à personne.

Véritable bête de somme du matin au soir, une sorte de harnais, une corde, cisaillait ses chairs amaigries. Ainsi affublé, il réjouissait les spectateurs, qui l'abreuvaient d'injures. Qu'il commence seulement à traîner la jambe ou qu'il exhale un soupir, le moment était venu pour les Gardes rouges de jouer de leurs ceintures à grosses boucles, comme de fouets.

Malgré tout, Papy endurait le supplice, même si on ne lui laissait jamais prononcer un mot de justification, même si ses bourreaux n'ouvraient la bouche que pour l'injurier et ne levaient la main que pour le frapper.

Mamie, à ses côtés, l'aidait à supporter son

fardeau de pierres et de souffrance. Elle avait honte mais elle prenait tout sur elle pour empêcher mon grand-père de répondre aux outrages. Elle suppliait les Gardes rouges de ne pas le frapper, de le laisser tranquille. Elle se forçait à avouer que notre famille avait commis des fautes, que nous étions des malfaiteurs... Les autres riaient :

– Même si vous deviez mourir mille fois, ce ne serait pas assez pour expier vos crimes. De toute façon on va vous y *aider*.

Mamie approuvait tout, pour un peu de répit. Ils se lassaient, mais lentement.

Ah! ça c'est vrai que les Gardes rouges ont utilisé tous les moyens pour *aider* mes grands-parents.

Tous les jours, on forçait mon grand-père à recommencer la même besogne. Tous les jours. Le samedi était particulier : ils rentraient tous les deux le visage rouge, boursouflé d'ecchymoses, avec ce sang au coin des lèvres. La nuit, je remarquais aussi des traces de coups sur leur corps. Je n'arrivais pas à imaginer quel était ce travail spécial de fin de semaine que ma grand-mère m'empêchait d'aller voir en m'enfermant à clef.

J'avais besoin de savoir. Je suis sortie par la fenêtre, un de ces samedis. Et j'ai vu.

J'ai vu mes grands-parents debout sur une estrade en plein air, le buste penché, les mains dans le dos. Une lourde pancarte de fer, retenue par une chaîne à leur cou, accentuait leur inclinaison. Derrière eux Mao Zedong s'affichait en couleurs, comme partout à cette époque. On l'entourait à gauche de « Longue vie à Mao », à droite de « Gloire à Mao », et en haut d'un « Poursuivons la Révolution culturelle jusqu'au bout ». Mais sur des pans latéraux, il était aussi inscrit « Anéantissons et critiquons le grand malfaiteur, Liu Tailong le Criminel »; une autre affiche portait le nom de ma grand-mère.

La séance avait réuni trois ou quatre cents personnes, toutes habillées proprement, le petit portrait de Mao épinglé sur la veste, le petit livre rouge tenu bien serré dans la main.

Ils ont d'abord chanté un hymne à la gloire de Mao, puis ont clamé en chœur : « Vive Mao ! Vive le communisme ! » La réunion pouvait commencer.

La longue queue des orateurs jamais en panne de texte s'étirait. Plus tard, j'ai appris qu'il s'agissait d'articles de délation condamnant mes grands-parents.

Un autre jour, au cours d'une de ces délirantes réunions, un type à l'allure de chef s'avança près d'un micro en brandissant une canne et une chemise blanche tachée de rouge :

– Camarades, cette chemise est la preuve de la mort d'un travailleur sous la canne sanguinaire de Liu Tailong; il lui réclamait un yuan qu'il lui avait prêté ! Le salaud qui est devant vous a tué un camarade ! Avons-nous le droit d'ignorer ce crime épouvantable ?

Les spectateurs en furie hurlèrent à l'unisson :

– Non, on ne doit pas l'ignorer !

– Camarades, avons-nous le droit de laisser vivre ce tueur cruel ?

Et d'en bas, les autres répondaient :

– Non, on ne doit pas le laisser vivre !

Puis ils reprirent tous, automatiquement :

– Anéantissons et critiquons le grand malfaiteur, Liu Tailong le Criminel et sa femme !

Ces beuglements toujours répétés avaient déjà rempli la terre et le ciel que l'on obligeait encore mes grands-parents à réclamer leur propre mort, à avouer leurs fautes et leur ignominie. Ils sont restés cois. Toutes ces preuves fabriquées et ces mensonges odieux les avaient rendus complètement muets. Ils payèrent leur silence et leur innocence d'autres violents coups de ceinture en pleine figure.

C'était donc ça leur travail du samedi ! Paralysée par ce jeu sordide, les yeux grands ouverts, j'assiste à ce qui me paraît plus horrible que mourir mille fois. Je ne veux pas que mes grands-parents subissent tout ça. Je dois, je veux les *aider*. A ma façon. Je les appelle pour qu'on rentre chez nous. Comme une marionnette, le cœur battant, j'avance jusqu'en bas de l'estrade :

– Mamie, Papy, qu'est-ce que vous faites ici ? On va rentrer à la maison.

Cela avait percé une brèche dans un de leurs longs discours de dénonciation. Les yeux de l'accusateur en chef, qui jetaient des éclairs, parcoururent rapidement l'assistance. Enfin, il trouva l'origine de la voix sacrilège et hurla : « Apportez-moi cette chienne insolente ! »

Je sentis de grosses mains me soulever et me projeter sur l'estrade. L'accusateur prit à témoin ses auditeurs :

– Camarades ! Voyez cette enfant de malfaiteurs. A son âge, elle sait déjà contrer la Révolution et le Parti. Le grand Mao l'a bien dit : « Un dragon naît d'un dragon, un phénix d'un phénix, et une souris naît avec la capacité de creuser un trou dans le mur ! » Elle s'est nourrie du sang des travailleurs.

Je n'y comprends rien. Tout bascule devant mes yeux. J'appelle Mamie au secours. Elle devient folle comme une mère qui perd subitement son enfant. Elle ouvre des yeux immenses que la colère injecte de sang. Le temps et l'espace s'effondrent, elle est déchaînée, elle crie :

– Niu-Niu ! Non ! Ne la blessez pas ! C'est encore un bébé ! Oui, nous avons commis des fautes ! Oui, nous devons mourir ! Mais elle n'a rien fait ! Ne blessez pas une enfant !

Mais elle glisse et tombe durement sur sa pancarte. Tout de suite, le sang l'inonde. Elle se traîne coûte que coûte vers moi, fuyant ceux qui veulent l'arrêter, la battre. J'ai vu son sang couler. J'arrête soudain de pleurer. Plus de peur. La haine. Une haine aveuglante qui m'envahit le cœur. De toutes mes forces, je mords la grosse main qui me tient. Ça lui fait mal, elle me tape dessus, mais je ne connais plus cette sorte de douleur, je laisse faire pour m'échapper et je vole comme un oiseau libéré vers ma grand-mère :

– Mamie! Tu as plein de sang. Ta tête est toute rouge!

Du sang, du sang rouge foncé, comme j'en ai trop vu : le sang au coin de la bouche de mes parents quand on les a emmenés, le sang qui coulait du nez de Papy quand il rentrait le soir, le sang sur le visage griffé de ma grande sœur, et ici, le sang qui sort à flots de la tête de Mamie. Si sombre. Combien de sang ma famille devait-elle encore verser pour rien?

Maintenant Mamie me serrait fort tout contre elle. Elle me barbouillait le visage de larmes et de sang. Elle bredouillait :

– Ma petite Niu-Niu, ne pleure pas. Je suis ici, avec toi, comme toujours.

Et puis les autres nous ont entourées. Ils ont cherché à nous séparer. Ils nous ont frappées, tiraillées. Mais toutes leurs tentatives ne purent jamais écarter les bras de ma grand-mère. Nous étions soudées l'une à l'autre par une force invincible. Mamie m'embrassait avec la puissance d'une montagne.

Si, comme ils l'avaient dit, j'avais été nourrie avec du sang, c'est son sang à elle, qui m'a élevée cuillère après cuillère. C'est elle qui a enduré la honte et la misère pour que je survive. Mon souffle vital, je l'ai puisé dans son énergie, comme si chaque pas que j'ai accompli, je l'avais fait en piétinant son corps. Non, ils ne pourraient jamais nous séparer.

Ils capitulèrent. Et leur malédiction tomba :

– Avec ce genre de malfaiteurs, on ne peut pas utiliser la manière douce. Désormais il sera interdit à quiconque de leur prêter assistance sous peine de sombrer aussi dans la catégorie des malfaiteurs ! Maintenant, reprenons la séance d'autocritique. Vieux ou enfant qu'importe ! Critiquons-les ensemble !

Mais le ciel refuse. Il déverse sa colère sur nos bourreaux. Sous l'orage, les gens doivent déserter, nous abandonnant là.

Nous avons rejoint mon grand-père, empêtré dans ses liens, roué de coups.

J'ai caressé Mamie :

– Mamie chérie, pardonne-moi. J'ai désobéi, je suis sortie de la maison. C'est ma faute... Mais je ne voulais pas que tu meures, je t'aime si fort... Mamie chérie, est-ce que ça te fait mal ?

– Niu-Niu, ce n'est pas ta faute, c'est la mienne, c'est à cause de notre famille. Pardonne-nous. Tu es si petite. Ne nous hais pas.

Jamais de la vie ! La seule chose que je voulais c'était que le sang ne sorte plus de son corps. J'avais peur du rouge. J'en avais si peur...

La pluie faisait rage, on entendait le tonnerre gronder tout près. Ma grand-mère détacha la pancarte d'acier de grand-père et m'emporta sur son bras. Avec Papy, on a marché dans la rue ruisselante jusqu'à la maison.

4

ZHANG DAPAO,
LE RÉVOLUTIONNAIRE MODÈLE

Le riz avait disparu depuis longtemps de la table, même le maïs à cochons, cela faisait longtemps qu'on n'en avait plus goûté. Tout ce qui restait, c'était une bouillie de vieilles patates, de navets et de son de riz, tous les jours, durant des semaines et des mois, pour unique repas.

Ça finit par me rendre malade et je n'arrive plus à y toucher. Mais ma grand-mère, patiemment, me fait croire que ça me rendra jolie quand je serai grande. Bien sûr que j'avais envie de devenir très jolie, alors j'y revenais.

A cette époque j'étais persuadée d'être laide parce que je n'avais aucun ami. En me voyant, tous les enfants fuyaient ou bien ils m'insultaient.

Un jour, j'étais en train de jouer avec un petit garçon sur un grand tas de sable. On s'amusait à s'en lancer.

Un peu gauche car encore petite, je lui en envoyai un peu dans les yeux. Sa mère, assise non loin de nous, accourut en fureur pour gronder sévèrement son fils, lui répétant qu'elle lui avait strictement défendu de jouer avec moi.

– Pourquoi m'as-tu désobéi? Tu vois comme elle est vilaine, elle t'a jeté du sable dans les yeux! Elle est méchante parce que c'est une enfant de malfaiteurs! Allons-nous-en!

Mais mon petit copain n'avait pas envie de me quitter, on s'amusait bien tous les deux. Il dit que ce n'était pas de ma faute, qu'il voulait continuer à jouer avec moi. Mais c'était comme si sa maman n'avait pas d'oreilles; elle partit à grandes enjambées en l'entraînant.

Le petit garçon s'est retourné vers moi, l'air triste et désemparé.

Cela me faisait tellement de peine d'être privée de mon seul compagnon de jeu que je leur emboîtai le pas et, attrapant un coin du vêtement de sa mère, lui dis :

– Madame, laisse-le jouer avec moi. Je ne suis pas méchante. Je ne ferai plus la vilaine. Je ne lui lancerai plus de sable.

Le regard furibond et la voix perçante, elle s'écria :

– Fous-moi le camp, petite garce! Tu nous fais horreur!

Toute seule je suis retournée dans le sable et toute seule j'ai joué. L'eau salée débordait de sous mes paupières. Elle allait m'emplir le cœur avant de mouiller le monticule de terre jaune. Je réalisais quel chien galeux j'étais. Un de ces chiens galeux que tout le monde déteste.

Mamie m'avait rejointe. Elle me cajola tant bien que mal.

– Viens, on va rentrer chez nous; je veux ma petite Niu-Niu. C'est la plus gentille fillette du monde. Je vais jouer avec toi à la maison.

Mais à la maison, ce n'était pas intéressant. Je n'avais pas d'ami et c'était tout.

Ma grand-mère a commencé à m'apprendre à écrire, à lire et surtout à dire des poèmes classiques. Très vite, j'en connus un par cœur, que je répétais inlassablement.

Mon grand-père, surpris et ravi de m'écouter, me dit un soir :

– Niu-Niu, si tes parents pouvaient t'entendre, ils seraient sûrement fiers de toi. Allez, encore une fois, pour eux.

Est-ce qu'ils pouvaient m'entendre de là où ils étaient ? Est-ce qu'ils pouvaient nous voir ? J'eus beau scruter le ciel, il n'avait pas d'étoiles. Mais dans la profondeur de ses ténèbres, je vis mon papa et ma maman me chuchoter : « Petite Niu-Niu, dis ton poème pour nous. »

> Derrière la fenêtre
> L'éclat de la lune
> Semble givrer la Terre
> Je lève les yeux vers elle
> Je baisse la tête
> Et pense à mes parents.

J'y ajoutai deux vers de mon cru.

> Papa, Maman, revenez tout de suite.
> Vous me manquez tellement.

Je suis devenue jalouse. Ces enfants qui se promenaient avec leurs parents dans la rue, c'était insupportable. A mes questions angoissées, Mamie répondait que les miens travaillaient très loin d'ici, qu'ils rentreraient un jour. Un jour. Comment aurais-je pu deviner que cela voulait dire : dans huit longues années.

« Il s'appelait Zhang Dapao, ce qui veut dire " Gros Pétard " Zhang, c'était un fils de paysans. Il ne savait ni lire ni écrire mais pour parler, il était très habile. » Mamie poursuivit son récit. « Avant la Révolution culturelle, il avait été coiffeur. Mais un beau jour, alors qu'il coupait les cheveux de sa patronne, il lui écorcha malencontreusement l'oreille avec ses ciseaux. Il fut mis à la porte séance tenante et dut se faire balayeur pour subsister... jusqu'au début de la Révolution culturelle. Là, à la tête d'un groupe de Gardes rouges, il mit à sac la maison de ses anciens patrons, tout comme cela s'est passé chez nous. Pour la première fois de sa vie, il était le chef, le meneur d'hommes. Et ça, il le devait à celui qui avait fait éclater cette révolution, au grand Mao Zedong lui-même, qu'il adorait comme un dieu, bien plus qu'il n'avait aimé ses propres parents. »

A l'époque où ma grand-mère me raconta cette histoire, Zhang Dapao était au sommet de son pouvoir. J'avais découvert son visage le jour où l'on avait emmené papa et maman, et l'avais revu le samedi de la séance d'autocritique de mes grands-parents.

J'apprenais donc que ce visage était celui du « petit coiffeur ».

Un nouveau meeting devait le graver encore plus profondément dans ma mémoire. Un Garde rouge était venu la veille pour nous donner l'ordre de nous rendre tous les trois au grand meeting donné en l'honneur de Mao.

Il faisait très beau. Tout le monde en habits de fête attendait solennellement, debout, le début de la cérémonie. Enfin, après bien longtemps, toutes les têtes se tournèrent vers un homme qui gravissait religieusement l'escalier de l'estrade.

– C'est Zhang Dapao, me murmura grand-mère.

Il était vêtu d'une belle chemise blanche, d'un pantalon kaki et coiffé d'une casquette de l'armée. Posé sur ses mains, un tissu rouge enveloppait quelque chose. Lentement, il arriva sous le portrait de Mao et se prosterna à plusieurs reprises. Puis, se tournant face au public :

– Camarades! Aujourd'hui je veux accomplir quelque chose de vrai pour prouver que mon cœur est à Mao. Camarades! Avant la Libération, j'étais misérable. Et c'est Mao et le Parti communiste qui m'ont sauvé. Mais les malfaiteurs, les capitalistes me harcelaient toujours... A la Révolution culturelle, Mao a sauvé une deuxième fois ma vie. Ce que je possède aujourd'hui, c'est Mao qui m'en a fait l'aumône. C'est pourquoi je jure devant le ciel que chaque goutte de mon sang, je la donnerai à Mao...

Il ne peut plus continuer. Il a le souffle court et les yeux humides. Mais c'est qu'il pleure!

Alors il déplie soigneusement le tissu rouge, pour dévoiler une grosse broche à l'effigie de Mao. Il est subitement devenu nerveux. Puis il déboutonne sa chemise, découvrant son torse nu.

Le silence régnait si parfaitement que la toux d'un des spectateurs fit l'effet d'un orage. C'était le mystère. Ses petits doigts fiévreux tremblent en tenant l'objet sacré. Il nous tourne de nouveau le dos pour s'incliner profondément devant l'affiche de Mao et l'invoque :

– Mao, tu es comme un dieu pour moi et je ferai tout ce qui est en mon pouvoir pour te plaire. Accepte la prière de ton humble serviteur.

Ce disant il fit volte-face et devant nos regards interdits, il s'accrocha la broche à même la peau. Quelle stupeur!

Voir son visage se convulser et perdre ses couleurs faisait mal, comme si la griffe s'était enfoncée dans notre propre chair.

Une femme commence à crier, mais s'arrête sous le regard à la fois douloureux et sévère de Zhang Dapao. Il transpire beaucoup mais saigne peu. Alors tout d'un coup, la foule se met à réagir, elle applaudit avec fougue en criant :

– Vive Mao Zedong! Suivons le modèle du camarade Zhang Dapao!

Il aurait voulu sourire, mais la souffrance le faisait grimacer. Plus tard, j'ai su par Papy qu'il était entré en urgence à l'hôpital à cause de l'inflammation. La greffe n'avait pas pris! Le docteur qui avait besoin de retirer la broche pour le soigner se fit traiter de malfaiteur. Zhang Dapao aurait préféré mourir plutôt que de s'en séparer. Personne dans l'hôpital n'osa plus rien lui demander.

Il fallait pourtant le guérir : il venait d'être acclamé par la population et proclamé « le Révolutionnaire modèle », on aurait risqué sa peau à le laisser mourir. Finalement on réussit à résoudre le problème à force de piqûres et de médicaments...

Je le vis pour la dernière fois deux ou trois mois plus tard. Il avait changé. On aurait dit un fantôme, maigre, très sale.

Mais qu'est-ce qu'il faisait donc à tirer de grosses pierres à côté de Papy? Il attrapait même de grands coups de ceinture comme mon grand-père! Je n'en croyais pas mes yeux. C'était quand même bien lui. Un peu effrayée, je me suis approchée en catimini. En fait, la curiosité avait eu raison de ma peur et je lui ai demandé :

– Pourquoi tu es ici? Tu travailles plus aux réunions?

Avec les mouvements lents et mesurés d'un

caméléon, il s'est retourné. Son regard était devenu sinistre et sans lumière. Il n'était plus le Zhang Dapao que j'avais connu. Il me reconnut et se mit subitement à vociférer comme un dément :

– Fous le camp d'ici, fille de malfaiteurs ! Je ne suis pas comme vous. Moi, je ne suis pas un malfaiteur !

Sa face verte tremblotait. Il s'est brusquement jeté à genoux, implorant le Ciel de cette voix tellement sombre et lancinante :

– Mao, Mao, Mao, tu sais bien que je t'adore. Mon cœur, mon sang t'appartiennent. Pardonne-moi car j'ai péché. Je mérite la mort car j'ai parlé à tort. Je dois aller en enfer. Ordonne ton châtiment... Mais de grâce ne me laisse pas avec les malfaiteurs. J'ai honte et je dois mourir... J'ai honte... Je dois mourir...

Il s'inclinait et se frappait le front contre la terre, en position de prière. Jusqu'à ce que les Gardes accourent pour l'obliger, avec leurs ceinturons, à reprendre sa corvée de grosses pierres. En le regardant s'éloigner sous la peine, je n'éprouvais plus de haine. Je crois même que j'ai eu pitié.

J'interrogeai ma grand-mère : qu'est-il arrivé à Zhang Dapao ? J'eus le fin mot de l'histoire : il s'était exclamé en plein meeting :

– Pour l'amour du président Mao, j'ai décidé d'appeler mon fils, qui est né avant-hier, Mao Zedong !

Personne n'en avait cru ses oreilles. Les centaines de paires d'yeux l'avaient toisé avec mépris.

Une seconde après, c'était le tollé :

– A bas Zhang Dapao ! Critiquons Zhang Dapao ! Qui peut oser faire tant de honte à Mao ! Zhang Dapao est un criminel ! Écrasons-le !

Le malheureux n'avait pas eu le temps de comprendre sa faute qu'il avait déjà les mains liées dans le dos et qu'il était sauvagement battu.

Ma grand-mère ajouta :

– C'est un pauvre paysan analphabète et sans éducation; en Chine, on ne doit pas même prononcer le nom de l'empereur. Comment a-t-il pu le donner à son fils de rien du tout!

Peu de temps après, Zhang Dapao mourut. Comme tous les badauds, j'étais allée voir son cadavre dans la cabane où, comme notre famille, on l'avait « relogé ».

J'étais encore si petite. Ce spectacle m'horrifia. Il était agenouillé, la tête sur la poitrine. Il avait accroché sur son torse nu une autre grosse broche de Mao. Une feuille sur ses cuisses repliées disait : « Pardonne-moi Mao. » Un morceau de sa langue sanguinolente collait au papier : tout en se taillandant les veines avec un couteau de cuisine, il s'était coupé la langue fautive, avec les dents!

Il mourut en laissant un fils étiqueté malfaiteur alors qu'il n'avait pas encore un an.

Dans mon esprit, l'existence tournait à la farce! Cela pouvait donc arriver à tout le monde! Un jour modèle, le lendemain conspué, bourreau puis écrasé.

J'avais sous les yeux cette femme en haillons, son bébé dans le dos. Accroupie dans les déchets charbonneux, au milieu de la place publique, elle semblait n'avoir plus d'âme. Elle n'aurait pas marmonné que je la prenais pour un cadavre.

Son bébé criait et pleurait mais les passants n'y prêtaient aucune attention. C'était la veuve de Zhang Dapao. Sa famille continuait de payer ses crimes. La pauvre femme était devenue folle. Elle déambulait à longueur de journée en glapissant. Et puis un jour on ne la vit plus, elle et son bébé.

Était-il encore vivant, ou bien crevé comme un chiot ?

Je demandai à Mamie ce qu'avait marmonné la malheureuse, tout ce temps, au milieu du charbon.

– Elle récitait le petit livre rouge.

5

LES FESSES DU TIGRE

Le temps semblait déréglé : il avançait lentement,
j'avais déjà cinq ans. Le 6 mai, jour de mon
anniversaire, c'est en Chine le début de l'été.

Mamie m'emmena dans ses bras jusqu'aux
abords d'un vieux temple dévasté par les Gardes
rouges. Il avait bien sûr été interdit de s'en approcher; pourtant, dans le chaudron de bronze, quelques bâtons d'encens défiaient la malédiction communiste qui frappait le dévot égaré. L'herbe folle
régnait sur le parterre désolé. Papy était déjà là,
revêtu de sa longue robe traditionnelle de lettré.
Un bouquet dans la main gauche, il avait l'air de
nous attendre.

Il s'avança vers nous en souriant et expliqua à la
grande émotion de Mamie qu'il n'avait pas oublié
quel jour nous étions et qu'il était venu demander
à Bouddha de prendre soin de mon avenir. Il me
tendit le bouquet.

– Niu-Niu, aujourd'hui c'est ton anniversaire, tu
as cinq ans et tu es devenue une grande fille. Papy
n'a rien à t'offrir à part ce bouquet sauvage. Bon

anniversaire, ma chérie. J'espère que tu deviendras aussi belle que ces fleurs.

Et ainsi, nous avons pénétré tous les trois main dans la main dans le temple. On a brûlé la monnaie de papier grossière que nous avions fabriquée à la maison, allumé des bâtons d'encens puis nous nous sommes prosternés devant Bouddha pour prier. Papy me raconta alors que j'étais née sous le signe du Cheval de feu.

– C'est une bonne étoile, mais ses natifs ont souvent à endurer une jeunesse difficile. Tu n'as maintenant que quelques fleurs pour tout cadeau mais je suis sûr que lorsque tu seras grande, c'est tous les jours que tu recevras des roses.

Mamie ne put s'empêcher de taquiner Papy pour son élan de poésie, mais comme j'étais naïve, je demandai à ma grand-mère quand je pourrais voir ces beaux jours.

– Plus tard, sans doute, mais il ne faudra pas attendre après.

J'allais devoir étudier beaucoup, apprendre d'autres poèmes et travailler avec acharnement.

– Et si j'écris cent caractères par jour, ça suffira?

Mes grands-parents éclatèrent de rire.

– C'est largement suffisant!

De retour à la maison, j'eus le bonheur d'un inestimable cadeau de Mamie : un œuf cuit. C'était la journée des surprises!

En tout cas, dès le lendemain, je me suis mise à étudier avec passion, pour voir, comme Papy me l'avait annoncé, le fameux jour des roses et des bonnes choses. Mais la vie restait comme avant, aussi terne et pesante, comme si chaque jour nous enfonçait un peu plus dans le marécage de la honte, du froid et de la pauvreté.

Papy recevait un semblant de salaire qui suffisait à peine à nous faire survivre tous les trois. Je le trouvais changé et étrange. Il se mettait quelquefois à marmonner les poèmes que je disais, en même temps que moi, le regard absent, tantôt souriant et tantôt triste, mais plus souvent triste et irrité. A qui pensait-il ? Qui haïssait-il ? Qu'y avait-il dans ce regard-là ? Oui, Papy avait beaucoup changé ; de robuste et grand il était devenu chétif et malingre. Il allait parler de moins en moins jusqu'à ce que son sourire s'évanouisse à jamais. Et puis, il s'emportait désormais contre ma grand-mère.

— On mange trop mal, je ne peux plus avaler cette pourriture !

Alors qu'il allait encore se fâcher en voyant le plat unique sur la table, Mamie le prit par les sentiments :

— Regarde comme Niu-Niu a de l'appétit. Elle trouve ça bon.

Il se laissa tenter mais reposa rapidement ses baguettes.

— Tailong, il faut manger. Tu travailles si dur. Pense à ta santé.

— Quelle santé ? On a pressé toute l'huile de ma chair ! Je n'ai déjà plus qu'à attendre la mort !

Papy parlait de plus en plus de la mort, que je me représentais encore mal.

Un soir dans le lit, je surpris une conversation de mes grands-parents : Mamie avait décidé de ramasser le papier dans les poubelles pour nous acheter une nourriture un peu plus saine. Elle connaissait de vieilles femmes qui faisaient cela avec leurs gosses.

Mais mon grand-père voyait la chose tout autrement. Non seulement il me jugeait trop petite pour porter des fardeaux de papier, mais il refusait de nous déshonorer devant nos ancêtres. Et puis dans tous les cas c'était non, Mamie ne le ferait pas !

Pourtant chez nous, c'était vraiment vide. Dans une pièce de quatre mètres sur quatre, il n'y avait que notre semblant de lit, une table rudimentaire et trois chaises. Pas de matelas, mais un étalage de vieux journaux et de feuilles sèches pour amortir la dureté de la planche; même la couverture déchirée laissait échapper son ventre de coton. Pas de tiroir à la table bancale dont le plateau se décollait.

Nous avions aménagé une petite étagère avec des briques et des morceaux de bois sur laquelle nous rangions quelques vêtements et où ma grand-mère gardait soigneusement dans un bol recouvert de papier, la peau de porc qui, à défaut d'huile, nous servait éternellement à graisser les plats.

Cette cabane avait deux portes, l'une donnant sur la rue et l'autre sur une arrière-cour où mon grand-père avait fabriqué un four de pierre et de sable.

On pouvait laisser les portes ouvertes en grand, aucun voleur n'aurait mis les pieds dans la cabane. Même le vent ne s'y hasardait que peu de temps, comme si lui aussi trouvait l'endroit trop pauvre.

Ça s'est passé un de ces après-midi. Mamie était sortie nous trouver quelque chose à manger pendant que Papy « travaillait ». Seule à la maison, je regardais des bandes dessinées récupérées dans une poubelle, puis mon grand-père rentra, le visage rouge et enflé comme d'habitude. On l'avait encore battu.

Ne veut-il pas parler avec moi ou bien n'a-t-il pas entendu mon bonjour? Il s'assoit sur une chaise et regarde dans le vague. Je pense qu'il doit être exténué et n'ose pas le déranger mais il a l'air soudain très bizarre à faire les cent pas comme ça dans la pièce en gesticulant comme une marionnette:
– Comment faire?... Non, je ne peux pas... Pas comme ça... Mais, il n'y a pas d'autre solution... Tant pis... Tant pis pour tout... Ce sera mieux... Oui, c'est mieux comme ça...

En l'observant discrètement, j'espérais élucider

son attitude, mais il se retourna vers moi, me fixa en secouant la tête avant de se remettre à parler tout seul.

Cette fois, c'était plus clair :

– Mon fils, où es-tu? Mimi, est-ce que tu penses à moi? Ma femme, est-ce que tu me hais?

Il appelle tous les membres de la famille et se figure dialoguer avec chacun.

– Papy, tu pleures... Papy?

Je n'aimais pas le savoir trop mélancolique et je savais pouvoir l'attendrir. Il m'a entendue. Il tremble. Son expression n'a jamais été si ténébreuse.

– Niu-Niu, ma chérie, Papy va partir très loin. Je ne vous verrai peut-être pas quand vous serez grandes, Mimi et toi. Est-ce que tu vas oublier ton Papy?

– Non, Papy, non! Quand je serai grande, je resterai tous les jours auprès de toi.

– Souviens-toi de tout ce que je t'ai appris. Plus tard, n'oublie pas de devenir quelqu'un avec un bon cœur, d'être gentille et d'aimer et respecter ta grand-mère.

– Papy! Où vas-tu? Je veux aller avec toi.

Je sens bien qu'il retient ses larmes. Je sens aussi qu'il s'adresse à moi comme si je n'étais pas là.

– Là-bas, ma chérie, ce n'est pas pour les petits enfants. Il y fait noir et glacé. Il n'y a ni fleur ni soleil mais pour moi ce sera la tranquillité.

Il décrivait un endroit qu'il semblait avoir déjà visité. Et moi, je cherchais dans la direction de ses yeux mais il n'y avait rien.

– Niu-Niu, dis à ta grand-mère que je suis désolé pour elle, que je lui fais mener une existence trop dure, que dans une autre vie, je lui offrirai des jours plus agréables. Niu-Niu! Laisse-moi te regarder et t'embrasser une dernière fois...

Sa voix s'étouffe dans un sanglot et il me serre dans ses bras avec violence. En dessous de son cœur, du fond de ses entrailles, monte un râle sourd.

Alors il me relâche, s'avance vers la table comme un automate, prend le couteau de cuisine et puis s'arrête. Il me fait peur. Je sens que quelque chose ne va pas. Sa silhouette squelettique me glace.

– Papy, qu'est-ce que tu vas faire ? Ne t'en va pas !

C'est déjà un fantôme, il n'a rien entendu, il sort.

J'ai dû encore l'appeler. J'ai sans doute pleuré. Je ne savais plus quoi faire... Jusqu'à ce que Mamie m'apparaisse comme un ange tombé du ciel.

– Mamie ! Papy est parti... Le couteau... Il a dit « désolé pour ta grand-mère ».

– Où est-il allé ?

Sur un signe, elle se rua au-dehors en hurlant, laissant tomber ses pauvres trouvailles.

Un cri effroyable, suivi de la voix chevrotante de Mamie en pleurs.

– Non, ne fais pas ça !

J'accours comme le tonnerre. Mon grand-père gît au sol, désarticulé, on dirait une vieille poupée. Une de ses mains ensanglantée s'agite dans le vide, l'autre qui tient le couteau est retenue par Mamie.

Il veut se débattre et hurle comme un fou.

– Laisse-moi mourir ! Laisse-moi partir ! Je n'en peux plus... Je n'en peux plus...

Ma grand-mère finit par saisir le couteau qu'elle jette le plus loin possible et serre le poignet de Papy pour stopper l'hémorragie.

– Tailong, pourquoi as-tu fait ça ? Comment as-tu le cœur de vouloir nous quitter ? As-tu pensé à ton fils ?

– Je sais qu'il ne reviendra jamais. Il est mort. Je veux aller là-bas le chercher, le voir. Je veux partir...

Parler venait de lui ôter ses dernières forces. Il laissa tomber ses mains et se mit à pleurer.

– Tailong, il faut vivre et garder l'espoir. Notre fils reviendra, j'en suis sûre. Tu n'as pas le droit de nous abandonner. Nous devons rester unis.

Mon grand-père s'agrippait maintenant au vêtement de ma grand-mère.

– Je veux mon fils. Je veux retourner chez nous. C'en est trop pour moi!

L'état de Papy me faisait peur. Une terrible douleur me taraudait le cœur. Je me détestais pour mon impuissance à l'aider. Et je haïssais ceux qui l'avaient réduit à cette déchéance.

Nous l'avons porté tant bien que mal dans la maison. Heureusement la coupure n'était pas trop profonde. A nous deux, on l'a sauvé malgré lui, car bien sûr le médecin aussi nous était proscrit. Nous n'osions pas non plus avertir les voisins! ils auraient pensé que mon grand-père refusait la révolution en cachette et le lui aurait fait payer.

C'est donc avec de vieux morceaux de coton extirpés de la couverture et des lambeaux de tissu arrachés à nos vêtements que nous lui avons fait un bandage. Le pauvre était si faible, il s'endormit aussitôt. Le soir dans son sommeil il criait et appelait encore.

Nous le guettions, prêtes à le faire boire, lui passant de la charpie mouillée sur le front.

C'est dans ce terrifiant désert nocturne, à la lueur jaunâtre des bougies que ma grand-mère me raconta l'histoire de notre famille.

« Il y a longtemps, nous habitions dans une autre ville. Dès ma plus tendre enfance, j'avais entendu parler de la famille de ton grand-père. C'était une famille puissante qui possédait une banque, une usine de sel et des terrains en ville, alors que la mienne, bien qu'elle fût assez aisée, n'avait plus de distingué que le renom. Avec l'argent dont ils disposaient encore, mes parents menaient la vie paisible des lettrés de leur temps.

« Ils m'avaient enseigné le luth, la calligraphie de poésies classiques, le jeu de dames. Je savais également broder et connaissais parfaitement les bonnes manières. Et c'est dans ces divertissements que ma sœur aînée et moi passions nos journées à la maison.

« La première fois que j'ai vu ton grand-père, c'était le jour de son mariage avec ma grande sœur. Quelle fête ! J'avais tout de suite remarqué l'élégance et la beauté du marié, mais mon éducation m'empêchait de le regarder. Je n'aurais jamais imaginé ne le revoir que pour les funérailles de ma sœur. En effet, je ne bougeais pas de la maison. A cette époque, il était inconvenant qu'une jeune fille sortît dans la rue ; en outre, lorsque ma sœur nous rendait visite, elle était seule.

« Elle était morte en couches avec son bébé. Aux obsèques, lui avait beaucoup maigri. On ne s'est même pas adressé la parole.

« Peut-être que je ressemblais à ma sœur car peu de temps après, il demanda ma main à mes parents. La coutume voulait, en ce temps-là, qu'il puisse se remarier en priorité avec une sœur de son épouse défunte. Ce sont mes parents qui décidèrent de cette union mais, au fond de moi, j'en étais ravie. Aujourd'hui encore, je les remercie de m'avoir donné un si bon mari, beau, attentionné, bienveillant. Jamais il ne s'est emporté contre moi. Jamais non plus il ne s'est montré arrogant envers les domestiques, qu'il soutenait matériellement quand leurs familles traversaient des moments difficiles.

« Vois-tu, Niu-Niu, ton grand-père n'est pas un amoureux de l'argent. Il avait hérité de l'usine de sel et de la banque et il les entretenait.

« Nous demeurions dans une grande maison traditionnelle de deux étages aux toits relevés couverts de tuiles vernissées. Devant elle, le parc s'étendait, large et verdoyant, jusqu'à la rive même du fleuve Bleu en contrebas. C'était une résidence familiale qui abritait les oncles, les tantes et leur famille. En comptant les domestiques, nous y habitions à peut-être soixante-dix ou quatre-vingts. C'était toujours animé.

« Puis nous avons eu ton père. Papy ne contenait plus sa joie d'avoir un garçon et voulut faire partager son bonheur en distribuant à tout le monde des enveloppes rouges contenant des billets de banque. L'événement fut fêté en buvant beaucoup d'alcool de riz.

« Même si, plus tard, ton turbulent père nous en a fait voir de belles, nous étions heureux. Mais les beaux jours n'ont qu'un temps !

« La guerre éclata et les communistes sont arrivés. Nos amis s'enfuirent à l'étranger avec leur famille. Ton grand-père, lui, prenait les choses trop à cœur, il ne voulut jamais quitter le pays et désunir notre grande famille.

« En 1949 la guerre prit fin et l'on déclara la Chine libérée. En fait de libération, nous avons dû céder la banque à la Banque du Peuple, et abandonner l'usine ainsi que tous nos biens au nouveau gouvernement. Seule la maison nous restait, mais les domestiques n'avaient plus le droit d'y travailler.

« Ton grand-père donna à chacun d'eux un peu d'argent. Moi, je pleurais à chaudes larmes : ils avaient toujours été comme des membres de la famille.

« J'ai fait cadeau de beaux vêtements à la jeune femme attachée à mon service depuis que j'avais treize ans et que je considérais comme ma sœur. D'ailleurs, à la mort de mes parents, sa douleur n'avait pas été moins forte que la mienne. Par la suite, nous sommes restées en relation. Elle m'écrivit le jour où elle épousa l'ancien chauffeur de

Papy. C'est elle qui est venue chercher Mimi pour l'emmener en lieu sûr à la campagne. Elle est tellement adorable. Je ne pourrai jamais lui rendre toutes ses bontés et sa tendresse.

« Niu-Niu, quand tu seras grande, souviens-toi d'elle et n'oublie pas de lui rendre visite, de lui témoigner mon affection profonde et mes très humbles remerciements...

« Ton père s'était mis en tête de devenir acteur alors qu'il aurait dû être banquier pour perpétuer la tradition familiale : pour nous, c'était la honte.

« Ton grand-père et moi, nous décidâmes de déménager pour habiter ici, dans cette ville où ton père a fait ses débuts.

« C'est vers la même époque que nos problèmes ont vraiment commencé. Des gens du gouvernement nous ont obligés à écrire des lettres de déposition dans lesquelles nous devions déclarer à combien s'était montée notre fortune, combien de domestiques et d'employés avaient travaillé pour nous, si nous avions déjà tué quelqu'un, si nous avions toujours des relations avec nos amis qui avaient quitté la Chine. Chaque détail était examiné avec soin.

« Le fait que ton grand-père ait eu deux femmes envenima la procédure : nouvelles dépositions, nouvelles enquêtes, nouveaux interrogatoires. Au fond, tout sembla rentrer progressivement dans l'ordre.

« Notre nouvelle demeure, c'était la tienne et tu l'as bien connue Niu-Niu : nos cinq pièces disposées en carré autour d'une cour à côté d'une petite rue.

« Papy avait tout d'abord pris soin d'installer sa bibliothèque, son dernier trésor, ses livres d'art et ses peintures antiques. A côté, il avait installé le salon où on prenait le thé en jouant au mahjong.

L'autel des ancêtres en avait été vite retiré et camouflé au fond de notre chambre quand le gouvernement interdit de prier Dieu. Ça ne m'empêchait pas de brûler l'encens pour ces deux petits bouddhas en or que j'adorais...

« Ton père s'est révélé être un très bon acteur de théâtre moderne, ce qu'ils allaient bientôt remplacer par le " drame socialiste ". Peu de temps après notre installation, il rencontra ta mère. Je ne la trouvais pas très jolie. Heureusement qu'elle était intelligente. De toute façon, les parents n'avaient plus leur mot à dire : il a choisi de l'épouser.

« Petit à petit, j'ai découvert l'extrême gentillesse de ta mère. C'était aussi une excellente comédienne. Toutefois, sa jalousie m'agaçait. Un jour elle est même allée jusqu'à profiter de ce que la maison était vide pour brûler tout le courrier des admiratrices de ton père. Mais enfin, ils s'aimaient passionnément.

« Papy, lui, travaillait tous les jours dans une banque gouvernementale comme directeur salarié. Quant à moi, je m'occupais de la maison et de ta grande sœur.

« En 1966, au mois de mai, la famille en ébullition attendait ta naissance parce que les médecins avaient certifié que tu serais un garçon. Nous avions tout prévu dans cette idée. Ton grand-père, le plus heureux de nous tous, m'avait demandé de confectionner un manteau dans une pelisse en peau de tigre que je possédais. Il disait qu'en habillant un garçon avec une peau de tigre dès son plus jeune âge, il grandirait fort et beau. Bah! J'ai gâché ma pelisse pour rien. Mais ce n'était pas aussi grave que la déception que tu ne sois qu'une fille.

« Ce jour-là, tu nous as vraiment joué un drôle de tour. C'est pour cela que nous t'avons surnommée Niu-Niu, " chipie ". Ton grand-père n'a pas souri pendant plusieurs jours. Mais tu te révélais si mignonne et pas du tout pleurnicharde. Dans la rue tu charmais tous les passants par tes rires; Papy disait que c'était parce que tu étais fière de la blague que tu nous avais faite. C'était une bonne idée de te donner ce petit nom.

« Et puis, dès que tu as su marcher, tes bêtises ont recommencé. Une fois, ça s'est passé au théâtre où ton père jouait la première d'une nouvelle pièce. Sans qu'on s'en aperçoive, tu es montée sur la scène pour aller lui parler. Je m'en souviens encore, tu lui as dit: " Papa, cette madame n'est pas ta mère, c'est Mamie qui est assise en bas dans la salle ".

« Quelle pagaille! Du coup ton père a eu des problèmes avec l'administration du théâtre.

« Ah ça, c'est vrai ma pauvre Niu-Niu, tu n'es pas née au bon moment! Non seulement tu n'étais pas un garçon, mais en plus cette Révolution culturelle a éclaté dix jours après ta naissance.

« On a relancé le débat sur la société, c'est-à-dire que les Gardes rouges ont commencé à massacrer les " intellectuels ". Et Mao, qui s'est proclamé Garde rouge, a fixé le pourcentage de coupables de révisionnisme : trois à cinq pour cent! Dans le cadre de la lutte contre les " quatre vieilleries " : ancienne culture, anciennes coutumes, anciennes habitudes, anciennes façons de penser, ils ont aussi été jusqu'à changer le nom des rues : leurs héros ont chacun un boulevard dans la ville maintenant. Les noms traditionnels des magasins, comme " Saveur suprême " pour un restaurant ou " Ravissantes nuances et fragrances " pour un fleuriste, ont été aussi changés en " Triomphe de la Révolution " et autres. Toi tu as l'habitude de ne voir dans les vitrines que ces grands portraits de Mao. C'était différent alors. Et puis toutes ces banderoles qu'on ne voit même plus. Ces " dazibaos[1] ", quel gaspillage! Tout ce papier, cette encre et ces pinceaux...

« Tes parents ainsi que leurs amis décidèrent de rédiger des articles, de placarder des affiches pour exprimer leur point de vue. Bien mal leur en a pris. C'est comme s'ils avaient touché les fesses du tigre et la catastrophe s'abattit sur eux.

« Leur opinion subversive et notre passé familial suffirent largement pour nous classer malfaiteurs et contre-révolutionnaires. La suite, tu la connais...

« Mais il faut que tu saches, Niu-Niu, que tes parents ont toujours dit la vérité. Jamais nous n'avons menti. Nous avons été accusés de meurtre, d'entretenir des rapports avec nos anciennes relations qui avaient fui à l'étranger, etc., alors que l'on semblait en avoir fini avec nous après la Libération. Cet acharnement dépasse l'imagination.

« Niu-Niu, tu es tellement jeune, je ne sais pas si tu comprends tout ce que je te raconte mais il faut te souvenir que s'ils nous tourmentent ainsi, s'ils poussent ton grand-père à bout, c'est par méchanceté pure et simple. Nous ne sommes et n'avons jamais été des malfaiteurs. Ne nous hais pas! Tu dois respecter tes parents autant qu'ils t'aiment. Nous avons toujours été honnêtes et avons dit la vérité... »

Ma grand-mère parla, parla, jusqu'à la fin de la bougie. Malgré cette longue veille, je n'éprouvais pas la moindre fatigue et même si je n'avais pas tout compris, j'avais tout retenu.

Mamie me recommanda de ne pas souffler mot de son récit, ou bien nous aurions à subir de nouvelles persécutions.

---

1. Affiches en grands caractères, ou « journaux muraux ».

Au chant du coq, le soleil se leva comme à l'ordinaire, et le monde reprit son agitation. Pourtant, j'avais l'impression d'avoir mûri en une nuit. Un grand espoir me réchauffait désormais. Je désirais devenir adulte pour tout connaître et aider mon grand-père et ma grand-mère. Je comptais découvrir le moyen de retrouver mes parents. Dix mille questions tourbillonnaient dans ma tête. Et d'abord : pourquoi fallait-il encore attendre pour grandir ?

6

LA CHAIR ET L'OS

La fièvre le faisait transpirer à grosses gouttes. Il était déjà presque midi et il n'était toujours pas réveillé. Ma grand-mère en alerte tournait en rond pour trouver quelque chose d'utile à faire. J'ai sorti le dernier bol que l'on avait si péniblement mis de côté et j'ai lavé consciencieusement le riz car il s'était sali depuis le temps. Et puis j'ai décidé de faire bouillir la précieuse peau de porc pour lui préparer une soupe un peu plus riche. Ça sentait vraiment bon et mon ventre gargouillait. Mais je n'aurais pu goûter la soupe destinée à Papy. Il était si faible. Finalement, il s'est réveillé et nous a regardées à travers le voile terne de ses yeux. Lentement, avec économie, il respirait comme si chaque expiration allait être la dernière. Puis il dit :

– Pourquoi m'avez-vous laissé vivre ? A quoi bon ?

Il appela ma grand-mère par son petit nom :

– Qing-Qing, ces derniers temps, j'ai été odieux

avec toi... Pourquoi ne m'as-tu jamais dit un mot de reproche ?

Elle posa une main tendre sur la bouche de son mari, et lui chuchota d'une voix tremblante :

– Tailong, je suis avec toi pour toujours et je me tiendrai à tes côtés quoi qu'il arrive parce que je l'ai choisi. Aujourd'hui je ne te demande qu'une chose : promets-moi de vivre. Nous devons rester ensemble. Jusqu'au retour de notre fils. Ne me laisse pas toute seule. J'ai besoin de toi.

De ses mains amaigries, il essuya les larmes de son épouse et fit « oui » de la tête.

J'ai retiré du feu la soupe de riz et en la donnant à Papy, je lui ai demandé de la manger jusqu'à la dernière goutte pour redevenir fort comme avant. Il souriait avec difficulté. Il n'avait pas la force de tenir le bol et c'est ma grand-mère qui lui offrit cuillère après cuillère le maigre reconstituant. Ils formaient tous les deux un tableau tranquille, émouvant. A cet instant apaisé, j'arrivais presque à imaginer le grand-père beau, robuste et souriant décrit par Mamie. Je faisais des vœux à chaque gorgée qu'il avalait pour qu'il recouvre la santé et que revienne le bonheur englouti.

De grands coups sur la porte. Dans l'intervalle infime entre le sursaut et la surprise, elle s'abat devant la meute des Gardes rouges. Le regard du chef parcourt la pièce, se braque sur le bol de soupe :

– Eh bien ! Tu te la coules douce, tu prends tes repas au lit maintenant ?

Envahie par le malaise, ma grand-mère le prie d'une voix lasse :

– Camarade, mon mari est malade. Il a une très forte fièvre et il ne peut se lever !

– Malade ? Moi je trouve qu'il n'en a pas l'air. Même à l'agonie, il doit aller travailler !

Papy dévisageait durement son tourmenteur comme s'il voyait une créature de cauchemar. Il rassembla ses dernières forces pour se lever et dit en reprenant son souffle après chaque mot :

– Vous êtes des hommes avec un cœur de loup et des poumons de chien! Vous tuez et brûlez tout sur votre passage. Mais n'avez-vous pas peur d'aller en enfer? En détruisant le peuple chinois, en séparant ceux qui étaient aussi soudés que la chair et l'os, vous n'avez pas peur de ne plus rien laisser?

Ma grand-mère, terrifiée, se précipita pour l'empêcher de continuer. Mais il était trop tard. Le Garde rouge venait de perdre la face. Cramoisi, il bredouillait :

– Pour qui te prends-tu? Tu ne me fais pas peur...

D'un coup de pied, il renversa la table, noyant le précieux contenu du bol de soupe dans la terre battue. Le drame était consommé. Mon grand-père était enragé.

– Tu n'es qu'une bête immonde à abattre.

Il fonça tête la première dans l'abdomen de la brute qui tomba à la renverse dans un hoquet. Mon grand-père en profita pour lui cracher salement à la figure. L'autre hurla :

– Tuez-le!

Il saisit le fusil d'un garde et se mit à en frapper la crosse de toutes ses forces sur les reins de mon grand-père, comme s'il avait voulu le couper en deux. Il roulait au sol tandis que les autres s'emparaient de tout ce qui se trouvait à leur portée pour le tabasser aveuglément, sur la tête, les jambes, les mains... Ils étaient les griffes et les dents du chef de la milice.

Dans ce combat de loups, ma grand-mère et moi nous jetons sur eux pour les désarmer. Ma grand-mère, que l'espoir de vivre venait de quitter, tâche de prendre les coups. Comme moi, elle s'agrippe à leurs pieds, elle les supplie d'épargner Papy, au nom de Dieu. Aussi a-t-elle les cheveux agrippés et le visage meurtri sous les gifles du plus fort. Je dois une fois de plus ne compter que sur mes maigres ressources : mordre la main qui tyrannise ma grand-mère, y enfoncer les dents le plus profondément possible, à m'en décrocher la mâchoire, jusqu'à ce que la violence se tourne contre moi.

– Non, ma petite Niu-Niu, pas toi!

Les yeux de mon grand-père partent à la dérive. Un jet d'éclaboussures rouges s'échappe de sa bouche avec chaque syllabe. Il tend la main. Tout son corps frissonne. Un long vomi de sang couvre ma grand-mère, m'atteint, souille le sol jaune.

D'un coup le silence se fait. Mamie lâche le garde avec qui elle luttait. Elle pousse un hurlement strident à fendre le ciel et la terre en se laissant tomber sur le corps immobile de grand-père. Elle nettoie frénétiquement le sang dont il est inondé.

– Tailong, réveille-toi.

Elle le remue dans tous les sens, le caresse.

– Vous l'avez tué! Tailong, ouvre les yeux, regarde-moi encore une fois. Tu ne peux pas mourir, tu m'as promis... Mon Tailong... Mon Dieu, si Tu as des yeux pour voir, rends-moi mon mari!

Pendant que ma grand-mère crie en serrant contre elle la tête de mon grand-père, une bouillie de chair et de sang, je me blottis contre le cadavre.

– Papy, ne pars pas. Tu n'as pas encore fini ta soupe; ta petite Niu-Niu veut que tu reviennes. Réveille-toi Papy.

Rien ne peut émouvoir le cœur des loups. Les Gardes rouges s'emparent de nous avec difficulté.

– Même mort, il sera soumis à une séance d'autocritique. Il faut continuer la révolution culturelle jusqu'au bout! Emportez-le!

A quoi cela avait-il servi de pleurer encore et de hurler à la mort? A quoi cela avait-il servi de se cramponner à Papy? Il ne nous restait entre les mains qu'un morceau de tissu taché de sang. Son corps, son ombre, sa voix qui m'avaient donné tellement d'amour et de chaleur, il n'en restait rien? Où es-tu parti Papy? Parti sans un adieu, sans serrer ma petite main et sans regarder Mamie une dernière fois. As-tu froid ou faim là où tu es?

Quelques jours après la disparition de mon grand-père, un homme est venu chez nous et a déplié une lettre qu'il s'est mis à lire solennellement : « Le contre-révolutionnaire Liu Tailong qui a bafoué le président Mao et le Parti communiste, et qui malgré l'aide active du peuple pour le rééduquer a persisté dans ses crimes, a dernièrement prouvé son hostilité à la Révolution en se suicidant. Aujourd'hui, vous en êtes averties officiellement. » Ils se payaient vraiment notre tête.

– Non! Il ne s'est pas suicidé. Il est mort sous vos coups. Vous l'avez tué sous nos yeux. Vous avez même volé sa dépouille.

– Il faut payer dix yuans pour les frais d'incinération. Le Parti et le gouvernement ne se chargent jamais de ce type de dépenses quand il s'agit d'un contre-révolutionnaire.

– Il ne s'est pas suicidé! Vous êtes sourd? Ce n'était pas un contre-révolutionnaire.

Ma grand-mère était hors d'elle; le messager était impassible.

– Payez dix yuans ou on ne vous remettra pas les cendres!

C'était le coup de grâce. Ne pas donner les cendres! En quoi pouvaient-elles leur être utiles? Tandis que leur absence signifiait pour nous la malédiction. Ma grand-mère sortit quelques piécettes de dessous le lit, un magot dérisoire, qu'elle tendit au Garde rouge.

– Ce n'est pas assez. Il n'y a pas dix yuans.

– Comment ça? Au retour de notre fils vous aurez le reste. Si notre fils ne revient pas, c'est notre petit-fils qui s'acquittera de la dette... Notre famille ne s'éteindra pas.

A ce discours dément, le type comprit qu'il ne pourrait soutirer davantage. Il ne remit plus les pieds chez nous. Rien ne nous fut rendu. Sur quelle terre inconnue les ossements de mon grand-père avaient-ils été dévorés par les vautours? Ma grand-mère sombra dans le délire. Au sortir de mes cauchemars nocturnes, je la surprenais assise à côté de la lucarne en train de soliloquer à voix basse:

– Tailong, tu ne reviendras pas? Me hais-tu pour t'avoir empêché d'en finir et t'avoir fait subir cette barbarie? Je suis indigne de toi. Par ma faute, tu n'as ni cendres ni tombeau. Je ne pouvais pas imaginer... Je supplie ton âme de me pardonner... Je suis indigne de toi... Je suis une criminelle... Tailong, est-ce que tu m'entends?

Elle parla ainsi plusieurs jours. Elle me réveillait quelquefois pour me dire qu'elle venait de le voir et qu'il lui accordait son pardon. J'étais furieuse qu'elle ne m'ait pas prévenue à temps. Je voulais savoir où il était allé et pourquoi il ne cherchait pas à me revoir moi aussi. Elle m'expliquait:

– Ton grand-père est mort. Il habite sur la lune maintenant.

J'avais cinq ans. J'apprenais que la mort d'un être cher fait beaucoup plus de mal que l'humiliation ou la faim.

7

GRAND FRÈRE LE BOSSU

Nous ne vivions plus désormais que l'une pour l'autre. Ma grand-mère avait dégoté un petit boulot pour subsister : elle fabriquait des boîtes d'allumettes à la maison. Le matin elle faisait les poubelles pour récupérer les vieux papiers qu'elle revendait à l'usine. Mon grand-père le lui avait bien interdit mais sans les quinze yuans qu'il recevait pour sa corvée, nous restions sans ressources. C'était la première fois que ma grand-mère allait à l'encontre de la volonté de son mari... A partir du moment où les gens se sont aperçus qu'elle perdait la tête, ils nous ont laissées en paix. Les réunions trouvèrent rapidement d'autres têtes de Turcs... Restaient les moqueries. Hommes et enfants nous emboîtaient le pas dans la rue en fredonnant un petit air de leur composition, rythmé par les jets de cailloux et les crachats : « Vieille folle, vieille folle, vieille mégère qui pue et qui trimbale son avorton de chienne contre-révolutionnaire. »

Si ma grand-mère préférait les ignorer en s'activant à fouiller dans les détritus, je n'en perdais pas une bribe. Jusqu'au jour où une méchante pierre l'atteignit au visage sous le rire féroce des gamins. Je bondis, saisis le coupable par le col et lui tapai dessus comme une enragée.

— Non, pas sur ma grand-mère!

Cette force, que j'étais surprise de posséder, affola Mamie qui accourut.

— Niu-Niu, qu'est-ce que c'est que ces manières?

— Mais il t'a lancé une pierre! Ça te fait mal!

— Non, ce n'est rien.

— Un jour, quand je serai grande, je les tuerai tous autant qu'ils sont!

Elle me dévisagea bizarrement comme jamais elle ne l'avait fait, à m'en glacer d'effroi, si bien que je n'osai plus la regarder en face, sans pourtant comprendre en quoi j'étais fautive.

— Niu-Niu, as-tu donc oublié les recommandations de Papy? Garder bon cœur en dépit des malheurs et des souffrances.

Elle me conjura de ne jamais plus me laisser aller à la colère. Avait-on le droit de tuer les gens? Le désespoir m'avait-il rendue si bête? J'avais risqué de perdre l'amour de la seule personne qui me restait au monde!

C'était le début d'une nouvelle éducation. J'épiais Mamie dont chaque mot, chaque geste, chaque sanglot m'apprenait la vie. Elle me servait de mère, m'emmenant travailler avec elle, m'enseignant le soir des poèmes à la lueur des chandelles. J'appris à assembler les boîtes d'allumettes, tandis qu'elle m'aidait à faire tant bien que mal ma toilette, m'épouillant chaque soir avant de m'endormir. Nous nous levions en même temps, inséparables, et tout recommençait.

L'hiver s'installait sans se soucier que nous n'ayons rien pour nous chauffer. La vente des papiers ne nous procurait que de la nourriture avariée. Le charbon, il fallait le grapiller parmi les déchets de celui de l'usine. Ma grand-mère, son panier de bambou sur le dos, me prenait par la main et nous sortions tous les matins en quête des morceaux encore bons. Derrière le grand bâtiment, des gosses comme moi, vêtus d'oripeaux, les cheveux en bataille et le visage noirci, folâtraient avec insouciance sur le monticule noir. Je me sentais proche d'eux et j'y retournais tous les jours avec plaisir. Cependant, des bagarres éclataient régulièrement à cause du racket exercé par les plus grands sur les plus faibles, obligés de leur céder la moitié de leur récolte. Je me tenais à bonne distance ou j'arrivais très tôt le matin pour me protéger des fauteurs de troubles. Souvent je devais m'enfuir à toutes jambes vers la maison.

C'était l'aube, le terrain vague était désert. J'entassais consciencieusement mon trésor quand je découvris un précieux monticule étrangement abandonné. On avait dû l'oublier et j'en remplissais mon panier quand une voix claire et délicate pareille à une clochette d'argent tinta à mes oreilles. « Frère, il est temps de rentrer, Maman va se réveiller. » Mon regard se posa sur une jeune fille de vingt ans à peine, d'une beauté à couper le souffle, accompagnée d'un garçon à peu près du même âge mais bossu et plus petit qui se servait de sa veste pour porter le charbon. Ils s'avançaient dans ma direction en souriant et je m'affolai. Mais avant que j'aie achevé de ressortir ma trouvaille de mon panier, le garçon m'interpella de sa voix bourrue et effrayante.

– Hé toi! Pourquoi tu voles notre charbon?

Je restai clouée sur place jusqu'à ce qu'il me rejoigne et renverse complètement mon panier, furieux.

– Si tu te mets déjà à voler, qu'est-ce que ce sera quand tu seras grande?

J'étais rouge de confusion.

– Je ne l'ai pas volé, je n'ai vu personne et je l'ai pris.

Mais tout en remplissant son panier, le bossu continuait à me sermonner méchamment. Suffoquant d'indignation, je m'adressai à la jolie jeune fille.

– Je n'ai pas volé! Je viens ici tous les jours, moi aussi, je cherche toute seule!

– Oui, je la reconnais. C'est la petite-fille de la vieille folle. Ses parents qui étaient acteurs ont été arrêtés... C'est vrai que tu viens ici tous les jours? Où sont ton grand-père et ta grand-mère?

Mon grand-père! Pourquoi avait-il fallu qu'elle l'évoque? Je le revoyais tout d'un coup s'effondrer sous mes yeux. J'aurais souhaité m'enfuir à toute vitesse. Pourtant, les gestes tendres et la voix réconfortante m'incitèrent à répondre :

– Mamie est en train de faire les poubelles et Papy habite sur la lune.

– Sur la lune?

– Oui, Mamie m'a dit que quand les gens sont morts, ils vont là-haut pour nous observer.

Elle s'assombrit soudain et me prit la main en secouant la tête avec compassion. Son frère avait également changé d'attitude et me demanda mon nom et mon âge sur un ton doux.

– Niu-Niu, pardonne-moi si j'ai été un peu rude tout à l'heure.

Ce disant, il vida la moitié de son charbon dans mon panier.

– J'ai vu tes parents jouer au théâtre. Ma sœur et moi les admirions beaucoup. Ton père était magnifique.

C'était la première fois qu'un étranger disait du bien de mes parents. Quelques mots de compliment qui valaient tout l'or du monde. Du coup, rassurée par leur gentillesse, je craignais désormais qu'ils ne disparaissent sur-le-champ et que je ne les revoie plus.

– C'est vrai que mes parents jouaient bien ? Vous les avez vus ? Ils sont comment ?

Autant de questions lâchées coup sur coup pour les retenir, qui les intriguèrent plutôt qu'autre chose.

– Tu ne sais pas à quoi ressemblent tes parents ? Tu les as déjà oubliés ?

J'avais honte, mais je n'avais pas menti. Cela faisait si longtemp que mon père et ma mère étaient partis. Je me justifiai en repiquant une crise de larmes.

– C'est pas ma faute ! Je ne voulais pas les oublier. Ils me manquent tous les jours !

Ils proposèrent de me raccompagner sur un ton qui me réchauffa le cœur. Je m'aperçus alors à quel point la laideur du garçon était épouvantable, combien son corps difforme rappelait celui d'un crapaud. Sa bosse m'horrifiait encore davantage, c'était celle des démons des histoires de ma grand-mère. Malgré tout, je ne pus m'empêcher de le trouver sympathique. Il allait bientôt devenir mon frère le Bossu. Ma main dans la sienne ne sentait que trois doigts. N'en fallait-il pas cinq ? Je rêvais encore à ce surcroît de disgrâce comme nous arrivions à la maison. Ma grand-mère n'était pas de retour et avant de me quitter, mes nouveaux amis promirent de passer me prendre le lendemain matin. Du seuil de la porte, je les accompagnai du regard. Toute la journée j'allais ne penser qu'à eux.

Dès le retour de ma grand-mère, je brûlais d'impatience de lui raconter mon aventure. A ma grande stupéfaction, elle connaissait déjà la jeune fille et son frère.

– On l'appelle le Bossu. Personne ne connaît son vrai nom. Son père est mort depuis longtemps et sa mère est grabataire. Ils vivent tous les trois sur le salaire du garçon. S'il lui manque deux doigts, c'est à cause d'un vol qu'il a commis. Le contraste entre la beauté de l'une et la laideur de l'autre a toujours frappé les esprits.

Dès lors, comme des amis intimes, en dépit de notre différence d'âge, ils passaient me prendre chaque matin pour aller ramasser du charbon. L'infinie bonté de la jeune fille m'impressionnait davantage que sa beauté, de même que je ne vis bientôt plus que son frère était laid. Un amour énorme les liait, qui les tenait toujours côte à côte. Il lui cueillait continuellement des fleurs et de temps à autre en piquait une dans mes cheveux.

Mais un jour, le chat blanc qu'elle me prêtait la nuit disparut de la maison. Je le retrouvai finalement dans les bras d'un grand garçon qui ne voulut pas me le rendre.

– Dis à Meiling de venir le chercher elle-même.

– Mais qui est Meiling?

– C'est la sœur du monstre.

Non loin de là, Meiling que, à l'instar du bossu, j'appelais simplement ma sœur, veillait. Elle accourut rouge de colère et lui arracha le chat des mains.

– C'est toi le monstre! Malheur à toi et à ta famille immonde!

Mais le voyou lui répondit :

– Tu es décidément trop belle. C'est dommage que tu traînes ton frère partout, cela dégoûte de t'aborder.

Meiling serra les dents, et rendue encore plus superbe par la colère, marcha, droite et livide sur l'énergumène qu'elle cingla de deux gifles monumentales. Frère et sœur étaient sacrés l'un pour l'autre.

Nos liens se resserrèrent. Mes deux amis rendaient régulièrement visite à ma grand-mère et, bien qu'elle ne fît plus guère la conversation, ils passaient ensemble de longs moments durant lesquels Meiling s'attelait à la confection des boîtes d'allumettes et frère le Bossu à mettre en ballots les papiers de récupération. Mes babillages continuels apportaient la seule note musicale de ces réunions.

Depuis trois semaines, nous étions sans nouvelles de mes deux compagnons. Ils habitaient loin : je déterminai ma grand-mère à leur rendre une visite. C'est frère le Bossu qui nous accueillit sur le seuil et je me jetai dans ses bras en lui posant mille questions. Il répondit qu'il avait été malade et dès qu'il me donna une pomme de terre, mes reproches s'évanouirent. Je me concentrai sur ce délicieux cadeau comme il le méritait.

La jolie Meiling se tenait tristement près de sa mère qui s'entretenait avec Mamie. Il était question que Meiling soit envoyée en rééducation à la campagne. Les cadres du Parti avaient dit que c'était la loi.

– Vous voyez bien, ma bonne dame, que je suis invalide. Meiling est la seule de la famille à être en bonne santé. Comment allons-nous faire si elle s'en va ?

Apparemment frère le Bossu avait déjà imaginé un stratagème pour sauver sa sœur. Il avait l'intention de faire faire une radio de son dos puis de prétendre qu'il s'agissait de celui de Meiling. Tout cela paraissait bien risqué mais leur discussion m'intéressait moins que la friandise que je savourais et, de retour à la maison, je ne prêtai guère plus d'attention à l'inquiétude de ma grand-mère.

Pourtant un mois s'écoula de nouveau sans que mes amis viennent nous rendre visite, jusqu'au soir où Meiling, l'air habitée par le démon de la peur et le visage inondé de larmes, vint frapper à notre porte :

– Aidez-moi, je vous en supplie, faites quelque chose pour mon frère !

Elle dut s'assurer de notre loyauté, au plus profond de nos regards, pour trouver la force de poursuivre.

– Je mérite pis que la mort. Vous vous souvenez que mon frère a fait faire une radio de son dos pour me protéger... Un jour, le cadre du Parti m'a convoquée pour me dire qu'il n'ignorait pas que la radio était un faux. Pour ce crime contre le mouvement de rééducation des jeunes intellectuels à la campagne, le coupable devait aller en prison. Alors forcément je me suis mise à genoux pour le supplier de ne pas inquiéter mon frère. Finalement, il m'a dit qu'il étudierait notre cas et que je devais revenir le soir même pour connaître sa réponse. Quand je suis revenue, il m'a... il m'a...

La pauvre Meiling redoubla de sanglots et poussa un cri déchirant se jetant dans les bras de ma grand-mère. Mamie semblait comprendre la fin du récit; elle lançait les insultes les plus véhémentes contre le cadre du Parti. Meiling reprit le fil de son histoire.

– Et puis ensuite, il m'a menacée pour que je garde le silence. J'acceptai toutes ses exigences, j'étais terrorisée à l'idée qu'il fasse souffrir ma famille. Mais depuis quelques jours, ma mère ne cesse de me questionner à propos de mes vomissements. Ce soir elle en a parlé à mon frère. J'ai craqué, j'ai tout avoué. Comment aurais-je pu deviner qu'il me frapperait et qu'il allait se ruer au-dehors comme un fou, armé d'un couteau de cuisine pour tuer le cadre du Parti? Quand il est rentré tout à l'heure, la lame tachée de sang, des Gardes rouges qui le suivaient de près se sont emparés de lui. Je vous en supplie, grand-mère, aidez-nous! Je ne sais plus quoi faire!

C'était assurément une sale affaire mais qu'est-ce que le cadre du Parti avait fait de si grave à Meiling pour que son frère l'ait frappée?

Ma grand-mère qui trépignait de rage et d'impuissance eut soudain une idée. Meiling devait rester chez nous où ces « salauds » n'auraient jamais l'idée de la dénicher. Quant à moi, j'allais accompagner ma grand-mère. Je pourrais être utile : on ne se méfie pas d'une gamine.

Elle m'emmena jusque dans la cour d'une maison éclairée. J'étais fière d'aider grand-frère le Bossu, comme si son salut reposait sur mes épaules.

A peine arrivées, un hurlement nous paralysa. Nous nous prîmes instinctivement par la main, tandis qu'un frisson parcourait nos deux corps. Mamie, après s'être secouée, me dit d'aller me faufiler sans bruit jusqu'à l'entrebâillement de la porte.

– Je pense que ton grand frère doit y être enfermé. Mais surtout ne te fais pas remarquer, ne crie pas sinon cela aggravera ses problèmes. Et reviens vite me raconter. Je sais que tu as du courage.

Maintenant j'avais vraiment peur de ce que j'allais voir mais l'amour me poussait.

Par l'interstice, j'épiais une véritable séance de torture. On l'avait couché torse nu sur le ventre, sur son dos une table retournée chargée de grosses pierres était frappée à coups de massue par un garde. Cinq hommes, la ceinture à la main, lui tournoyaient autour.

– Eh bien! Tu as du courage, espèce de déchet humain! Tu as osé mentir aux cadres du Parti et tu as bafoué la Révolution. Tu as même trucidé un des nôtres. Si tu ne sais pas qui fait la loi ici, on va se charger de te renseigner. On va d'abord t'aplatir le dos et puis quand ça nous chantera, on t'achèvera. Qu'est-ce que tu en dis?

Il poussait des cris inhumains et un filet de sang s'échappait des commissures de sa bouche.

Mon cœur se soulevait et je me suis retrouvée près de ma grand-mère sans savoir comment.

– Aplatir sa bosse?

Elle n'en croyait pas ses oreilles. Elle pensait que j'avais mal vu. Si seulement cela avait été vrai!

De retour chez nous, ma grand-mère cacha tout à Meiling, mais la pressa de dégoter une scie.

A l'aube, vers quatre heures, nous étions à pied d'œuvre. Ma grand-mère feignait de faire les poubelles tandis que je rejoignais le sinistre bâtiment, chargée du petit paquet avec la lettre de Meiling (« Fuis, mon frère. Pardonne-moi et oublie-moi. C'est moi la criminelle. Je t'aime. Meiling. »)

Chose étonnante, non seulement personne ne montait la garde, mais en plus la double porte était... ouverte. Les Gardes rouges comptaient sans doute sur leur réputation pour éloigner les gens et pensaient que leur dernière victime était incapable de bouger un cil. Grand frère le Bossu gisait, pratiquement mort, le corps lacéré, le visage boursouflé, méconnaissable. On l'avait débarrassé de la table et des pierres. Je ne voyais plus sa bosse, à croire qu'ils avaient vraiment réussi à l'aplatir.

A mon cinquième appel chuchoté, il ouvrit finalement des yeux hébétés. La nuit l'avait littéralement métamorphosé. Il fut autant surpris de me voir que j'étais transie d'épouvante.

– Qu'est-ce que tu fais ici? Où est ma sœur?

L'inquiétude le torturait plus cruellement que les Gardes rouges.

– Elle est en sécurité chez nous. Voilà le paquet et le mot qu'elle t'a préparés.

Il réussit à tenir la feuille à portée de la lumière de l'aube. Tout de suite il pleura et d'une voix chevrotante murmura :

– C'est moi, Meiling, qui te demande pardon. Niu-Niu, dis-lui de ne pas me haïr. Si je l'ai giflée, c'est parce que je l'aime plus que tout au monde...

J'avais baissé la tête pour regarder machinalement sa main qui tenait la mienne. Ses ongles avaient été arrachés et la peau violacée et gonflée ressemblait à celle d'un champignon moisi.

– Ta main, grand frère! Qu'est-ce qu'ils t'ont fait?

Il la retira aussi promptement que s'il avait reçu une décharge électrique. Alors il ne pensa plus qu'à s'enfuir. Lentement, avec les plus grands efforts, il parvint à se relever. Je me dressai devant lui.

– Reviendras-tu un jour?

Sa main martyrisée esquissa une caresse sur mon visage.

– Niu-Niu, je t'aime beaucoup. Tu es vraiment adorable.

Ces paroles résonnent encore dans ma mémoire. Il partit. La rumeur devait bientôt circuler qu'il avait tracé avec son sang sur le mur : « Je reviendrai et ce jour-là, je boirai votre sang. »

Meiling se tenait devant nous, son petit chat blanc dans les bras, l'air un peu essoufflée, ahurie. En si peu de temps, ses traits délicats avaient perdu leur fraîcheur, sa voix au joli timbre de clochette argentée était devenue rauque. Son regard, sous des paupières alourdies, ne présageait rien de bon.

– Grand-mère, je vous ai causé beaucoup de tracas. Ma reconnaissance pour votre soutien dans ces derniers moments ne tarira jamais dans l'au-delà... Voici une lettre pour mon frère, s'il repasse par ici un jour et qu'il ne m'en veut plus... Je lui dis que je l'attends là-bas...

Ma grand-mère se précipita :

– Ne fais pas l'imbécile! Tu es si jeune; il faut continuer à vivre, garder tes forces ne serait-ce que pour ta maman.

Il fallut soutenir la malheureuse jusque chez sa mère. Ayant brusquement changé d'avis, elle voulait maintenant rejoindre son frère où qu'il fût; il lui fallait au moins quelques vêtements. Mais chez elle nous n'avons trouvé que la dévastation.

Maudit soit ce jour où je crus revivre l'enlèvement de mes parents. La maison était saccagée, la mère de Meiling gisait sur le lit, elle venait de partir sur la lune et les bourreaux de son frère se saisirent de la pauvre fille.

En un éclair, les membres d'une autre famille avaient été dispersés comme on déchire une photo.

Un moment j'espérai revoir le Bossu. Plusieurs soirs de suite, on avait entendu un affreux hurlement près de sa maison. Je me dis que c'était peut-être le fantôme de grand frère le Bossu ou celui de Meiling, pourquoi pas celui de leur mère, en tous les cas un esprit de la famille qui hantait le voisinage pour réclamer justice. Je continuais à rôder autour de chez eux jusqu'au jour où la lumière éclairant à nouveau l'intérieur m'avertit qu'une autre famille s'y était installée.

Ma vie bafouillait. A six ans, j'en dressais déjà le bilan : mon existence, régulièrement, éclatait comme un ballon de baudruche, tandis que les révolutionnaires poursuivaient leur marche glorieuse. Tout était possible dans ce monde de fous : les vivants et les morts se tenaient par la main, on festoyait derrière les fenêtres illuminées, on se battait comme des chiens pour ne pas mourir de faim.

D'un côté il y avait ceux qui riaient, de l'autre ceux qui pleuraient. Où se situaient donc ceux qui ne pouvaient plus rire ni pleurer?

8

L'IVRESSE D'UNE JOURNÉE

JE retournais à la solitude que me valait mon étiquette d'« enfant de malfaiteurs ». Seule note gaie dans mon quotidien rendu bien sombre par la quête des débris de charbon et la monotonie : le petit chat blanc de Meiling.

De temps à autre, Mamie et moi allions cueillir çà et là au hasard des trottoirs de marché, les feuilles de légume tombées par terre. Le soir se passait à l'étude des poèmes tang et autres enseignés par ma grand-mère et à la fabrication laborieuse des boîtes d'allumettes... Spectatrice particulièrement indifférente du spectacle bouillonnant que se donnait le monde, je me promenais en solitaire dans les rues où les uns rédigeaient des affiches de propagande tandis que les autres défilaient sous le drapeau rouge. Quand j'y découvrais un trognon de pomme ou quelque reste de nourriture, je le nettoyais proprement pour l'engloutir avec un bonheur intense. Tout n'est qu'une question d'habitude.

Un jour de septembre, ma grand-mère rentra chez nous, le sourire aux lèvres. Ce simple signe de contentement reste gravé dans ma mémoire comme un souvenir rare et précieux. Ma grand-mère, déjà petite, se tassait toujours plus à force de porter des ballots de papier. Ses cheveux avaient complètement blanchi et régulièrement de nouvelles rides s'ajoutaient aux anciennes. Mais ce soir-là elle me prit sur ses genoux, l'air enthousiaste :

— Niu-Niu, mon bébé, ces derniers temps je n'ai guère pu faire attention à toi et je t'inflige une existence misérable... Mais aujourd'hui, j'ai une grande surprise. Devine!

Ses yeux scintillaient comme des étoiles et je me sentis à mon tour joyeusement excitée.

— Ah! J'ai trouvé!

C'était quelque chose qu'elle m'avait promis depuis longtemps : « des bonbons ».

Elle me fit signe que je me trompais, affichant un sourire énigmatique. Existait-il quelque chose de mieux que des bonbons? A moins que... mais c'était impossible! Craintivement je hasardai : « Papa et maman? » Non plus. Je m'assombris.

— Niu-Niu, après-demain tu seras comme tous les enfants.

Deux gouttes nacrées dégoulinaient sur ses joues. Elle s'écria :

— Tu pourras aller à l'école! Tu imagines? Aller en classe et recevoir une véritable éducation. C'est très important! Je suis si heureuse... Te rends-tu compte de la chance que tu as?

Sur le coup cela ne me fit ni chaud ni froid mais j'acquiesçai pour lui faire plaisir. A vrai dire, le jeu de la devinette m'avait davantage fait plaisir.

A la réflexion, j'étais tout de même satisfaite. Ainsi, à mon tour, je prendrais après-demain mon sac d'écolière et, bien vêtue, irais fièrement jusqu'à l'école, que je m'étais contentée jusque-là de contempler de loin. Et tout cela grâce à Mamie !

Le lendemain, veille du grand jour donc, à la lueur des bougies, elle confectionna point après point un étonnant sac en patchwork, avec des morceaux de tissu récupérés dans les poubelles.

– Niu-Niu, il faut étudier le plus possible, faire tout ce que te diront tes maîtres et être très sage. C'est grâce à ton professeur de chinois que tu peux assister aux cours. Elle a vu de nombreuses pièces dans lesquelles ont joué tes parents. Je suis sûre qu'elle sera très gentille avec toi.

Toutes ces recommandations, j'en fis plein de bonnes résolutions que je remisais tout au fond de mon cœur. Oui, j'étudierai et plutôt trop que pas assez.

Cette nuit-là, impossible de m'endormir. J'essayais d'imaginer mon école, les gens que j'allais y côtoyer, les jeux, mon professeur qu'avant de sombrer dans le sommeil je vis m'apparaître sous les traits de Meiling.

Je m'éveillai avant l'aube, toute frémissante. J'enfilai ensuite, avec sérieux, les vêtements pour les jours de fête et de visite au temple : mon anniversaire, celui de mon père que nous ne manquions pas de célébrer et celui de la mort de mon grand-père, où nous brûlions de l'encens en priant devant sa photographie minuscule. Après chacune de ces occasions solennelles, ces vêtements, rapiécés en mille endroits, mais qui étaient les seuls non troués que nous possédions, étaient aussitôt pliés et rangés. Le bleu de mon costume était si délavé qu'il en paraissait blanc.

Dans mon sac composite pareil à un champ de fleurs, j'avais placé un crayon surmonté d'une gomme, qui avait coûté cinq maos[1]; le stylo que ma sœur Mimi m'avait offert; un petit cahier que j'avais cousu avec des feuilles qui provenaient des poubelles et un wouwoutou[2] pour mon repas de midi.

Avec sous mon bras le tabouret dont chaque écolier devait se munir, ma main libre dans celle de Mamie, nous nous mîmes en route.

Les cocoricos s'élevaient dans le ciel qui s'éclairait lentement. A part les rares laitières et les balayeuses, dans la rue alanguie il n'y avait pas un chat. La lumière des lampadaires, le vent frais, le crissement de nos pas alertes sur les feuilles et la chaleur de la main de ma grand-mère emplirent mes sens. Enivrée, je songeais : « Mamie est vraiment trop bonne pour moi. Quand je serai grande, je jure de me dévouer corps et âme à son bonheur et à sa tranquillité. »

Au détour d'une de ces rues désertes, nous passâmes un porche en bois pour aboutir dans une cour carrée entourée de longs bâtiments sans étage. Ayant traversé la cour où les enfants jouaient, nous sommes entrées dans une salle où une enseignante, debout à côté de son bureau, nous attendait.

– Nous voici, professeur Yang, prononça humblement ma grand-mère en s'approchant.

A voir les longues nattes qui lui pendaient jusqu'à la taille, on comprenait que c'était encore une jeune fille, âgée d'une vingtaine d'années. Le col immaculé de son chemisier ressortant de son costume bleu rehaussait la beauté de sa physionomie. Elle se tourna vers moi d'un air amical et, m'offrant un sourire aussi gracieux que le soleil qui se lève dans l'encadrement de la fenêtre :

1. Dix centimes.
2. Pain de maïs cuit à la vapeur.

74

– Tu t'appelles Niu-Niu je crois, c'est un très joli nom.

Cela faisait si longtemps qu'on ne m'avait pas souri en m'appelant par mon nom. J'étais bouleversée et comme la solitude m'avait ôté toute faculté de m'adresser à une étrangère, je ne savais quelle attitude adopter. J'allai me cacher timidement derrière ma grand-mère.

– Allons, Niu-Niu, dis bonjour au professeur Yang. Remercie-la de t'accepter dans sa classe.

Alors, un peu effarouchée et la gorge sèche, j'obéis, mais d'une voix inaudible. Mamie me saisit aussitôt la main pour que nous nous inclinions respectueusement devant notre bienfaitrice.

– Je vous en prie, relevez-vous. Je ne fais que mon devoir... Ne vous inquiétez pas, je veillerai sur Niu-Niu.

Ma grand-mère, au comble de l'émotion, au bord des larmes, s'empara de la main de professeur Yang et hocha vigoureusement la tête en signe de reconnaissance et de soumission.

– Niu-Niu, il faut que dans cette classe tu étudies consciencieusement pour que ta grand-mère soit fière de toi.

C'était mon tour de secouer la tête comme un dindon pour signifier que je n'épargnerais pas mes forces.

Chère professeur Yang que je n'oublierai jamais, qui m'a souri en m'appelant par mon nom, m'a offert un amour et un dévouement sans limite, et tout simplement, m'a considérée comme un être humain.

Dans la salle voisine où tous les écoliers avaient déjà pris place, l'institutrice me présenta à mon voisin de table.

– Voici ta nouvelle camarade de classe; elle s'appelle Niu-Niu. Occupe-toi bien d'elle.

– Bonjour, je m'appelle Zhou Qiang.

Je sentis tout de suite qu'il était très gentil. Mignon et bien habillé, il paraissait aussi timide qu'une fille. Sur la table, devant lui, était posée une très jolie boîte à crayons et un cahier tout neuf.

Professeur Yang regagna son bureau et salua tous les petits élèves qui se levèrent pour lui rendre la politesse. Elle me présenta, puis encouragea la juvénile assemblée à me souhaiter la bienvenue en applaudissant. Je rougis jusqu'aux oreilles, surprise de me voir soudain apparaître comme une de ces princesses dont me parlait ma grand-mère dans ses histoires.

Je vivais un rêve. J'appris à compter par écrit jusqu'à dix, ainsi qu'à tracer « Vive Mao ». Je découvris qu'un et un font deux et deux et deux font quatre. Et en plus de toutes ces merveilles, Zhou Qiang vint bavarder avec moi pendant la récréation. Il trouvait mon sac très joli et voulut savoir où je l'avais acheté. Toute fière je lui répondis que c'était l'ouvrage de ma grand-mère et j'en profitai pour lui montrer le cahier que j'avais confectionné « moi-même » et qu'il contempla avec admiration. Il me pria même de lui en fabriquer un pareil en échange d'un crayon. Je m'emballai :

– Bien sûr. Il y a énormément de papier à la maison. Je peux même t'en faire beaucoup.

Son amabilité me comblait d'une joie fiévreuse. J'en refusai le crayon qu'il me proposait, de peur de salir pareils instants.

Au déjeuner, chacun sortit son casse-croûte. Un magique pain blanc fourré de viande apparut dans la main de mon petit copain. J'avalais ma salive, puis mon misérable wouwoutou.

L'après-midi, après la gymnastique, commença la grande assemblée de début d'année. Chaque professeur montait sur l'estrade installée dans la cour pour prononcer son discours rituel. J'étais impressionnée par leur nombre.

Professeur Yang, la directrice de l'établissement, nous enseignait le chinois, un autre était chargé des mathématiques, un troisième du dessin, un dernier de la gymnastique. Enfin les écoliers retournèrent dans leurs classes pour élire trois délégués : celui qui contrôlerait les deux élèves de corvée de nettoyage du jour, celui qui ramasserait les devoirs tous les matins et celui qui annoncerait l'arrivée de professeur Yang pour inviter les autres à claironner « Bonjour professeur ».

Extasiée par cette cascade d'événements merveilleux, je ne votai pas. En avoir eu la possibilité suffisait à me plonger dans le bonheur.

A la sortie de la classe, professeur Yang me raccompagna personnellement au portail en me recommandant de ne pas oublier d'arriver tôt le lendemain car j'étais de corvée de nettoyage et surtout de ne pas omettre de transmettre ses respects à ma grand-mère. J'avais beau la regarder docilement en répétant sans cesse « merci beaucoup professeur Yang », l'ivresse de cette journée d'école m'avait complètement brouillé les idées. Elle caressa tendrement mes cheveux en ajoutant :
– Ne tarde pas trop, ta grand-mère va se faire du mauvais sang.
Je restai un moment hébétée à l'accompagner du regard jusqu'à ce qu'elle disparaisse dans un des bâtiments. Puis, le cœur bondissant, je sautillai gaiement vers la maison.

Une fois le repas du soir préparé, Mamie s'est adossée contre le battant de la porte pour attendre amoureusement mon retour. Je me suis jetée dans ses bras.

– Ma petite Niu-Niu, te voilà désormais une grande fille! L'école est un endroit plaisant, n'est-ce pas?

Elle me porta à l'intérieur où trônait sur la table un plat spécialement cuisiné pour moi, avec de la *viande*.

– Mange copieusement pour me faire plaisir, et raconte-moi!

Les impressions se télescopaient tellement dans ma tête que je me contentai d'un « tout va bien, tout s'est bien passé » en guise de résumé. J'avais si faim!

Le plat nettoyé, mon mutisme fit place à un flot de paroles :

– ... mon crayon s'est écrasé, et comme il s'est aperçu que j'étais paniquée, Zhou Qiang m'a gentiment prêté le sien... Tu ne peux pas savoir comme sa boîte était pleine de jolis crayons de couleur, de beaux stylos, de gommes, il a même un taille-crayon avec une image de lapin blanc collée dessus. Tu sais, Mamie, c'est vraiment grâce à lui que j'ai pu continuer ma page de « longue vie à Mao ». Professeur Yang a dit que je traçais bien les caractères mais que je devais encore faire des progrès...

Ma grand-mère m'interrompit en se frottant le front.

– Excuse-moi Niu-Niu, comme j'ai payé l'école, je croyais qu'on fournissait aussi le taille-crayon.

Puis elle courut extirper de dessous le lit le papier qui enveloppait nos économies et me tendit deux pièces de cinq fens pour que j'aille m'acheter un taille-crayon. Les piécettes s'y montraient si peu nombreuses et les plus grosses n'étant que de cinq maos, je lui rendis la somme en prétextant que Zhou Qiang se ferait toujours un plaisir de me prêter ses affaires. Mais elle insistait :

– Ne t'inquiète pas, ma chérie, même s'il faut se saigner aux quatre veines, je ferai le maximum pour que tu puisses étudier convenablement... et puis maintenant, les affiches de propagande pullulent, cela fait plus de papier à ramasser. Je pourrais faire les poubelles le soir...

Quoi qu'elle dise, j'avais de toute façon décidé de replacer les dix fens dans leur enveloppe le soir même en cachette.

Je réalisai soudain qu'elle n'avait pas touché à son assiette à peine remplie, à croire que mes histoires lui tenaient lieu de repas. Je la pressai de manger et me souvins de lui transmettre les respects de professeur Yang. Portant d'une main le bol à sa bouche, elle essuyait de l'autre des larmes de joie en balbutiant :

– Niu-Niu, en te voyant aujourd'hui, tu ne peux pas savoir à quel point ton grand-père et tes parents seraient heureux.

Le soir, avant de me coucher, j'ai ouvert mon cahier déjà couvert de « longue vie à Mao », sur la table en face de la fenêtre. Pourquoi les gens qui habitent sur la lune comme Papy ne reviennent-ils pas ? Pourquoi mes parents doivent-ils travailler à l'autre bout du monde ? Pourquoi Mamie, professeur Yang et Zhou Qiang me témoignent-ils tant d'amour ? J'avais une chance inouïe d'aller à l'école comme les enfants normaux, et j'étais persuadée que notre vie s'améliorerait à partir de cette journée. J'écarquillai les yeux pour scruter la fenêtre où mon grand-père devait apparaître pour venir répondre à mes questions, pour corriger ma page d'écriture... mais même dans mon sommeil, il ne se montra pas.

9

DÉBOUSSOLÉE

L'ÉCOLE n'était pas éloignée de notre maison, dans une petite ruelle. Ma grand-mère me révéla qu'à l'origine c'était un ancien temple plein de fumées d'encens et de fidèles venus parfois de loin. Que quand on le quittait, on gardait en tête les psalmodies des bonzes, rythmées par le poisson de bois.

Les révolutionnaires l'avaient bien sûr saccagé comme les autres, mais le mot d'ordre de Mao : « Croissez et multipliez » avait été si bien suivi que la surpopulation gagna les écoles.

Aussi le temple fut-il récupéré.

Forcément le cadre était magnifique : le jardinet intérieur nous servait de cour de gymnastique. Nous utilisions quatre grandes pièces, une réservée aux professeurs et les trois autres en tant que salles de classe pour la centaine d'écoliers. Pas de livre, pas de cahier et pas de chaise. Seules quelques tables étaient mises à notre disposition. Le tableau noir consistait en un carré peint à même le mur. Par contre les petits livres rouges nous étaient libéralement dispensés. Rien n'arrêtait mon zèle, récompensé chaque jour par un nouvel objet de curiosité.

Professeur Yang nous apprenait à chanter une chanson : « L'Orient est rouge, le soleil se lève, la Chine a fait naître un Mao Zedong. Il se dévoue pour son peuple, il est la grande étoile salvatrice. »

Le samedi, devant l'effigie de Mao, le professeur de gymnastique nous faisait répéter des pas de danse qui signifiaient « fidélité ». Quant au professeur de dessin, il nous enseignait comment peindre un grand soleil rouge aux gigantesques rayons dorés en dessous duquel nous nous appliquions à tracer « Vive Mao ».

Danse et chanson passaient encore : il me suffisait d'ouvrir grand la bouche ou de bouger dans tous les sens. Mais avec le dessin commençaient les complications. Il fallait que le soleil soit parfaitement rond et surtout l'exercice nécessitait des crayons de couleur.

L'œuvre de Zhou Qiang éclatait d'un beau rouge vif à côté de la mienne. J'en devais le triste gris à mon unique crayon à papier.

J'aurais sacrifié trois jours de nourriture pour une pochette de crayons de couleur tant j'avais honte. Mais je revoyais l'enveloppe de nos maigres économies; jamais elles n'auraient suffi à cet achat.

Un après-midi, alors qu'après avoir entonné le chant révolutionnaire tous les écoliers, en rang dans la cour, s'apprêtaient à rentrer chez eux, professeur Yang m'interpella devant tout le monde. J'ignorais son grief et regardais avec anxiété mes camarades s'en aller tranquillement. Son approche me pétrifia.

Elle me prit la main gentiment et me demanda pourquoi je n'avais pas rendu mon soleil. Comment l'avait-elle su? Je crus naïvement que le professeur de dessin avait cafardé.

Dès que je lui eus montré, elle blêmit.

– Comment se fait-il qu'il soit noir?

Je fixai la pointe de mes souliers en lui avouant la raison.

Professeur Yang s'assura alors que personne ne nous épiait et elle déchira promptement le dessin dont elle fourra les morceaux dans sa poche. Puis elle m'entraîna sans un mot dans la rue comme si elle craignait quelque chose.

Nous avons abouti dans une petite boutique où elle désigna au vendeur une pochette de pastels, vérifia qu'il y avait bien du rouge et me la tendit.

– Tiens, Niu-Niu, ne colorie plus jamais le soleil en noir.

La tête baissée, les lèvres closes, je n'osais prendre la pochette tant je me sentais coupable de causer du souci à professeur Yang. Elle me la mit de force dans la main en ajoutant avec le sourire :

– Tu dessines bien... ça manque seulement d'un peu de rouge. Refais un dessin pour demain, s'il te plaît.

Je m'inclinai très bas devant elle mais elle m'arrêta :

– Niu-Niu, si tu rencontres encore des difficultés, ne dérange pas ta grand-mère. Viens m'en parler.

– Pourquoi êtes-vous si gentille avec moi? Vous ne me détestez pas comme une enfant de malfaiteurs?

– Niu-Niu, apprends que tu es une petite fille adorable. Ne me répète jamais que tu es une enfant de malfaiteurs. Si ta grand-mère t'entendait, elle serait malheureuse... Je t'aime bien et je suis ton professeur. Si tu veux que je continue d'être gentille avec toi, il faut être une élève sérieuse et obtenir les meilleures notes. Je suis sûre que ta grand-mère et moi serons bientôt fières de toi...

Je jurai devant le ciel que je ne trahirais pas leur

espoir. Puis, après un tendre au revoir, nous nous sommes séparées.

J'avançais les yeux rivés sur ma pochette de pastels comme si c'était une boussole. J'étais véritablement comblée : elle était si finement décorée. Plus encore qu'un cadeau, je la regardais comme un témoignage de l'affection de professeur Yang et qui brûlait mon cœur de reconnaissance.

Chère professeur Yang, qui savait aussi se faire craindre et respecter. Et pas question de s'écrier quand elle nous faisait répéter « j'aime mes parents, mon école et mon pays » (dans un ordre politiquement peu orthodoxe) : « Je déteste mon père! C'est un malfaiteur! A cause de lui on nous insulte ma mère et moi et... » comme l'avait fait une fois un autre « vilain petit canard ». Alors Mlle Yang trouvait les mots fermes et doux qui redonnaient espoir.

Confiante, je racontai à Zhou Qiang l'histoire du dessin.

– Oh! Tout noir!

– Qu'est-ce qu'il y a de si bizarre? Tu as l'air aussi apeuré qu'une souris!

Ses sourcils relevés en toit de pagode et sa bouche en forme de pleine lune m'avaient fait éclater de rire; mais lui, sentencieux comme une grande personne, me sermonnait :

– Tu ne sais donc pas que le soleil doit absolument être rouge! S'il est noir, c'est une faute grave! Surtout, plus jamais de noir... Tiens, j'ai un petit pain pour toi.

– Pourquoi m'apportes-tu souvent des petits pains? Tu n'as pas faim?

– Chez moi, il y en a beaucoup! Mon papa a même une voiture. Est-ce que ton papa a aussi une voiture?

Comment aurait-il pu avoir une voiture? Presque personne n'en avait. De toute façon, je ne me souvenais plus de son visage. J'avais peur que Zhou Qiang me pose une autre question embarrassante.

– Bah! Il est temps de rentrer; Mamie va s'inquiéter.

A la maison, je me suis assise sur le seuil en bois en attendant le retour de ma grand-mère et je me suis laissé entraîner dans le vagabondage de mes réflexions. Pourquoi fallait-il que le soleil fût rouge? Qu'est-ce qui épouvantait à ce point professeur Yang et Zhou Qiang? « Révolutionnaire », qu'est-ce que ça voulait dire au juste? Mao était-il l'empereur ou bien un dieu? Pourquoi l'adulait-on avec la même rage que l'on mettait à rejeter ma famille?

Bien sûr j'en voulais à la Révolution culturelle, synonyme pour moi des réunions de critique, des coups, des insultes, de la faim et du froid, du départ de mes parents, de l'assassinat de mon grand-père et des larmes de ma grand-mère, de la passion sanguinaire dont nous étions les victimes. Mais tant de gens avait l'air de participer avec un tel enthousiasme à ce grand mouvement! Partout ce n'étaient qu'affiches de propagande tapissant les ruelles, drapeaux rouges en nuées, mots d'ordre à la volée, hymnes à la gloire du sage suprême, Mao qui, lui, avait miraculeusement trouvé le moyen de se faire aimer. Y avait-il deux mondes séparés par le seuil en bois sur lequel j'étais juchée?

Devais-je aller voir Mao dont les serviteurs avaient fait mon malheur? Quand j'en parlais à Mamie, elle pleurait et m'incitait aux bons sentiments.

A l'école, j'étudiais avec ardeur pour obtenir les meilleures notes afin de ne pas décevoir professeur Yang. Quand c'était mon tour de nettoyer la classe, j'astiquais tables et fenêtres pour les rendre rutilantes. A chacune de ces occasions, je m'imaginais que Mao, dont le portrait illuminait la classe, me voyait et qu'un jour, grâce à mon empressement, il condescendrait à lever son châtiment et à ne plus considérer mes parents comme des malfaiteurs. C'était ma façon de les aider, de concilier les deux réalités.

Pendant la danse du samedi devant la précieuse effigie, je me donnais corps et âme jusqu'à transpirer à grosses gouttes. Le moindre faux pas suffisait à me plonger dans les affres.

A la fin d'une séance Zhou Qiang vint me glisser :

– Tu es belle quand tu danses!

Son compliment me laissa sans voix, bouleversée de plaisir. Je me fis le vœu de lui rendre au centuple son amitié.

Et ainsi, je lui fis ses devoirs, je balayais la salle à sa place. Je lui ai offert le joli caillou que Papy avait trouvé pendant son travail et que j'avais jalousement gardé jusque-là. De son côté, il redoublait de gentillesse en m'offrant petits pains et crayons. En outre, il me fit part d'un secret : un souterrain dans notre quartier, inconnu de tous, qui menait au théâtre désaffecté.

Il m'y emmena un jour en cachette et depuis, nous nous retrouvions souvent sur la scène du théâtre en train de faire des galipettes en criant à tue-tête, nous amusant comme des petits fous. On faisait semblant de jouer des pièces; tandis que l'un faisait le pitre, l'autre dans la salle applaudissait avec entrain. Les longs rideaux nous servaient également de lianes ou de camouflage pour les parties de cache-cache. Nous avions découvert de jolies feuilles de papier coloré transparentes sur les projecteurs, à travers lesquelles le monde s'habillait pour nous de rouge, de bleu ou de vert. Ce fut notre trésor que nous ne partagions avec personne d'autre.

Un après-midi après la classe, Zhou Qiang m'invita à jouer chez lui. En arrivant dans le jardin intérieur, un souvenir brumeux m'apparut peu à peu : le départ de mes parents repassa alors très clairement dans mon esprit. Cette maison ressemblait beaucoup à notre ancienne demeure.

Je découvris ensuite un salon spacieux richement meublé d'un grand canapé, d'une table finement décorée posée sur un des nombreux et beaux tapis qui couvraient le sol. Sur les murs s'étalaient de jolies toiles. Je reconnus une copie de *La femme à la pivoine* de Tang Ying que grand-mère m'avait montrée en photo. Le père de Zhou Qiang devait être riche.

Sa chambre regorgeait de jouets : un petit train, des figurines en plastique, des bandes dessinées en abondance : tout un univers merveilleux qui tourbillonnait devant mes yeux comme un kaléidoscope.

Tout en jouant à un jeu de construction en bois, je vis une photo de Zhou Qiang avec son papa : son visage me disait quelque chose mais avant que je me souvienne où je l'avais déjà vu, la mère de mon ami entra dans la pièce et me dévisagea de la tête aux pieds.

Son air scrutateur m'impressionna tant et si bien que je vérifiai ma tenue : des vêtements sales et rapiécés et des chaussures trouées qui mettaient mes orteils à nu.

— Maman, je te présente Niu-Niu, ma camarade de classe.

— Quel nom bizarre !

Glacée d'effroi, je la saluai en m'inclinant mais elle m'ignora et s'adressa à son fils :

— Chéri, il faut que tu t'habilles pour rendre visite à tante Zhang.

Il n'obéit pas sur-le-champ en objectant qu'il préférait continuer de jouer encore un instant avec moi. Sa mère, dépitée, s'est mise à me regarder de travers.

— Où habites-tu ? Que font tes parents ?

Je lui ai répondu qu'ils travaillaient au loin et que j'habitais seule avec ma grand-mère.

– Où est ton grand-père ?

Ce n'était décidément pas un endroit pour moi. J'ai préféré ranger mes affaires pour me préparer à partir.

– Son grand-père est mort.

– Ah bon ! De quoi est-il mort ?

J'avais raconté à Zhou Qiang qu'il avait succombé à la suite d'une maladie. Je ne voulais pas réitérer un mensonge prononcé à contrecœur et je tournais mes pas vers la sortie quand soudain la mère de Zhou Qiang se frappa le front avec un sursaut de colère :

– Ah ! Je me rappelle qui tu es ! Effectivement tu t'appelles Niu-Niu et ton grand-père, Liu Tailong, était un malfaiteur et il s'est suicidé ! Voilà toute l'affaire !

Mes membres venaient de recevoir une décharge électrique, mon visage s'était mis à rougir et j'avais chaud comme si le feu intérieur qui me dévastait allait me faire exploser tout à fait.

Elle mentait elle aussi. Mon grand-père ne s'était pas suicidé. Il était mort sous les coups. Sous les coups de crosse des Gardes rouges. Mais bien sûr ! Le père de Zhou Qiang sur la photo me revint très nettement en mémoire. C'était lui le chef des Gardes rouges qui avait donné l'ordre d'achever Papy.

Avant que j'aie pu ouvrir la bouche pour répondre à l'accusation de Mme Zhou, un torrent d'insultes déferla sur moi.

– Vraiment, tu n'as pas d'honneur ! Oser jouer avec mon fils ! Oser venir chez nous ! Mais regarde-toi, loqueteuse ! Tu empuantis la maison. Sors d'ici !

Elle saisit mon sac et le jeta à travers la porte. J'étais choquée et honteuse à en mourir. Les larmes qui roulaient sous mes paupières anéantirent mon courage, m'empêchant d'affronter cette louve affamée.

Je suis sortie de cet endroit maudit, ramassant mon sac au passage, ignorant les appels de Zhou Qiang. Je le haïssais lui et ses parents. Je haïssais aussi ma propre famille et mon grand-père qui m'infligeaient un si cruel châtiment.

Partout on me considérait comme le chat noir qui porte malheur. Toujours. Je me suis jetée sur le lit en pleurant. Ma grand-mère, interdite, me demanda si je m'étais mal conduite à l'école. Cette question augmenta mon sentiment d'injustice. A qui pouvais-je maintenant confier ma honte et ma colère ?

– Partout j'ai des problèmes ! J'apparais à tous comme un oiseau de mauvais augure. Tout le monde me fuit. Même Zhou Qiang ne voudra plus parler avec moi ! Voilà, tu es contente : c'est son père qui a tué Papy et sa mère m'a traitée de tous les noms. Elle vient de me chasser de chez eux ! Qu'est-ce que c'est que ce monde affreux ! Je te déteste toi aussi ! Pourquoi êtes-vous des malfaiteurs ? Qu'est-ce que vous avez fait ? Pourquoi faut-il que vous soyez ma famille ?

Pour la première fois, je reçus de Mamie une gifle colossale. Je ne pleurais pas, ne criais plus, tant j'étais stupéfaite. C'était le bouquet ! Mamie me tapait dessus comme les autres !

– Niu-Niu, tu es idiote. Tu n'as pas de cœur de pleurer pour le fils de l'assassin de ton grand-père ! Comment peux-tu oublier la barbarie de ce type ? Il fait partie de la même bande de sauvages qui a emmené tes parents ! Non seulement tu ne les méprises pas mais en plus tu vas jouer avec leurs enfants ! Comment peux-tu haïr ainsi tes parents ?

– Mais Zhou Qiang est mon seul ami. Personne d'autre ne veut m'adresser la parole !

– Même si personne ne vient vers toi, je t'interdis de jouer avec lui !

– Si! J'irai chez lui et je jouerai avec lui! De toute façon, si tu te mets à me frapper aussi, je n'ai plus d'endroit où aller. Partout on me considère comme de la crotte!

Ma grand-mère sembla défaillir, prise d'une de ces crises qui la prenaient régulièrement depuis la mort de mon grand-père.

Je me précipitai :

– Mamie, qu'est-ce que tu as? Tu ne vas pas bien? Pardonne-moi, Mamie! Ne te fâche pas! tout ira bien.

Lentement, elle s'approcha du lit où elle s'allongea. Son cœur battait beaucoup trop vite et sa peau était glacée.

– Mamie, ça va? Tu veux un peu d'eau? Dis-moi où tu as mal.

Rongée par l'inquiétude, je pleurais de peur et d'impuissance. Elle agita alors sa main pour signifier qu'elle ne désirait qu'un peu de repos. Et moi, à côté d'elle, sans oser remuer les paupières, j'ai veillé.

Elle avait fermé les yeux en respirant profondément, maintenant elle pleurait en silence. Ses larmes déclenchèrent les miennes sans que j'y prenne garde.

A quoi tout cela rimait-il? Étions-nous si malfaisantes? Les autres ne pouvaient-ils absolument pas accepter une vieille dame et une gamine? Valions-nous moins qu'un porc ou qu'un chien?

Elle rouvrit doucement les yeux :

– Pardonne-moi Niu-Niu de t'avoir frappée... J'ai juré au départ de tes parents de ne jamais te faire de mal...

Je balbutiai :

– Non, c'est moi, c'est ma faute...

Nous étions bouleversées. La malheureuse délirait, me demandait pardon, m'incitait à la résignation, à ne plus me poser de questions.

Ce soir-là, c'est moi qui me suis chargée du

dîner. A table, Mamie a continué de me dire que mes parents étaient bons et incapables de mauvaises actions, qu'ils méritaient mon amour et mon respect.

J'avais foi dans ses paroles. Pourtant, après le repas, tandis que j'étais penchée sur mes boîtes d'allumettes, derrière mon apparence sereine, couvait en moi le feu trouble de mon désarroi et de mon incompréhension des choses de ce monde.

Quand je revis Zhou Qiang, je ne lui adressai pas la parole, ni ne posai le regard sur lui. Je ne cessais de penser que son père avait battu à mort Papy et que sa mère m'avait chassée de chez elle.

Il ne tentait pas non plus de me parler. Pourtant, quand j'avais besoin d'un taille-crayon, il me prêtait toujours le sien, en silence. Et quoiqu'il restât muet, je sentais encore mieux qu'auparavant quel bon cœur il avait.

Après la classe, l'un derrière l'autre dans les ruelles, nous marchions séparés par quelques pas, gardant le même silence pesant.

S'il se trouvait devant moi, il ralentissait; si c'était moi, je prétextais de lacer mes chaussures pour m'arrêter. J'aurais brisé ce mur si je n'avais pas donné ma parole à ma grand-mère. Et cette situation dura jusqu'au jour où professeur Yang m'appela dans son bureau.

— Niu-Niu, tu t'es disputée avec Zhou Qiang?

Je ne savais que répondre.

— Auparavant, vous ne vous sépariez jamais. Pourquoi cette distance à présent? T'a-t-il vexé ou t'a-t-il dit des méchancetés? Raconte-moi ce qui s'est passé!

J'hésitais.

— Professeur Yang, c'est vrai que vous ne me détestez pas?

— Bien sûr que non, Niu-Niu!

— Alors pourquoi tout le monde me déteste-t-il?

La mère de Zhou Qiang m'interdit de jouer avec lui et ma grand-mère aussi...

Elle avait compris quelque chose. Elle me tapota l'épaule pour me calmer et réfléchit un instant avant de me demander :

– Niu-Niu, veux-tu redevenir l'amie de Zhou Qiang?

Sans hésitation, je fis oui de la tête. Professeur Yang allait lui parler.

Quelques jours plus tard, Zhou Qiang vint me trouver.

– Niu-Niu, soyons les meilleurs amis du monde, comme avant. D'accord?

– Tu veux?

Il sourit gentiment en guise de réponse : j'étais au comble du bonheur. Son sourire balayait tous les tourments, il rétablissait l'ordre dans mon univers chaotique. Nous étions si heureux de ces retrouvailles que nous ne voulions pas perdre cette fin d'après-midi. Du coup, nous sommes allés en cachette, sans payer, dans le jardin public pour y chaparder les fruits sauvages et les petits cailloux près du ruisseau, en complices.

Si les parents de Zhou Qiang n'avaient pas été ce qu'ils étaient, si son père n'avait pas tué mon grand-père, notre bonheur aurait été sans tache. Si je n'avais pas été traumatisée par l'odieux mépris que je subissais à cause de ma famille, notre plaisir juvénile aurait été parfait. Si nous avions pu être éternellement liés tels que nous l'étions cet après-midi-là, si la vie avait pu faire un pas en arrière, mon cœur aurait chaviré dans une ineffable béatitude.

Et malgré tout, je n'étais pas loin de ce bonheur, tout en me demandant avec inquiétude si j'en avais bien le droit.

10

LA BANDE DE TUEURS

C'ÉTAIT le temps des jeux en secret. Zhou Qiang m'avait demandé pardon. Pour m'amadouer, il donnait tous les torts à sa mère. Ses efforts étaient superflus. Ma foi en lui, mon seul ami véritable, si précieux, était déjà rétablie. Malgré mon jeune âge, je l'avais mis hors de cause, comme je souhaitais que les autres m'apprécient.

Que ma grand-mère fût ou non au courant de notre réconciliation, elle ne le marqua pas. Son cœur d'or et sa finesse n'admettaient pas que les enfants héritent de la haine des parents. Néanmoins, prudents, Zhou Qiang et moi ne nous affichions pas.

En son absence, je retrouvais la solitude que j'aimais bien finalement. Traînant les pieds sur le seuil de notre masure, je regardais les feuilles mourir sur le sol, les oiseaux prendre leur envol ou le majestueux coucher du soleil. Ces distractions épuisées, j'avais encore la ressource de m'occuper du chat de Meiling, avant de rejoindre ma cage d'exclue, et l'ennui.

Une rumeur se mit à circuler en ville qui allait bientôt attirer ma curiosité. J'appris au hasard des conversations de la rue que de jeunes bandits à cheval, filles en croupe et fusil à la main, profitaient de la nuit pour voler, tuer et brûler. J'adorais ces histoires qui donnaient le frisson. Tout le monde se les racontait, jusqu'au plus timide d'entre nous qui donna sa version :

– Mon grand frère a croisé leur chemin au crépuscule. Ils sont une dizaine et il y a une très jolie fille avec eux. Chacun a son fusil, l'un d'eux porte un grand sac. Mon grand frère tremblait de peur, ils l'ont rassuré et lui ont même dit de les rallier. Comme il mettait en avant sa famille à charge et notre pauvreté, le chef lui a donné de l'argent en disant : « Nous ne tuons que les riches et soulageons les pauvres. Si tu es dans le malheur, viens nous trouver, nous t'aiderons. »

Nous restions sceptiques, mais le grand frère confirma l'aventure. Par gloriole, il se mit même à notre disposition pour contacter la bande, si besoin était. Dès lors, notre ami le timide garda la vedette.

A la nuit tombée, les portes des maisons se fermaient à double tour sur des adultes terrifiés et des enfants excités par le danger et le mystère.

Deuxième camarade, deuxième version : lui revenait avec sa mère de la campagne quand des militaires, débouchant sous leur nez, encerclèrent en courant un bâtiment.

– Les gens autour de nous hurlaient : « La bande de tueurs est dans l'immeuble! », et dans la panique, nous nous sommes pelotonnés sous un porche d'où nous voyions tout. La fusillade a éclaté d'un coup. Des balles ont percuté tout près. En un clin d'œil, les soldats se sont débandés, abandonnant des camarades abattus, et pour certains leurs armes. Les bandits ont surgi de l'immeuble à leur suite, un revolver dans chaque main. Ils sont jeunes, mais ils tirent comme des as!...

– Et les militaires ne leur ont pas donné la chasse ?

– Ils filaient comme le vent. Ils sont invincibles. On dit qu'avant chacun de leurs passages en ville, ils préviennent la police, qui n'en a pour autant arrêté aucun.

– Est-ce qu'ils ressemblent à des démons ?

– Non, ils sont comme nous, ils ont deux pieds et deux mains.

A partir de la mise en échec de l'armée, notre imagination ne connut plus de borne, jusque pendant les cours. Au point que nos professeurs durent organiser une assemblée générale pour nous mettre en garde. Ils demandèrent aussi aux parents d'élèves de ne plus évoquer les hors-la-loi devant nous. L'effervescence redoubla.

Mamie avait fait la connaissance de grand-mère Lei en fouillant les poubelles. Cette pauvre vieille, complètement analphabète mais dotée d'un cœur d'or, lui rendait souvent visite en voisine. En les écoutant, j'appris qu'avant la « Libération » elle vendait du thé chaud aux passants et partageait avec son mari, chauffeur de pousse-pousse, et son fils une existence simple mais heureuse. Après la « Libération » et jusqu'à la fin du « Grand Bond en avant », leur vie s'améliora petit à petit. Alors la tourmente les emporta. Son mari abattu par une balle perdue, restait son fils qui lui donna deux petits-enfants, fille et garçon, pour lesquels elle vivait aujourd'hui.

Quand la Grande Révolution culturelle se leva, son fils fut condamné à neuf ans de camp de rééducation, sans qu'elle comprît pourquoi. Chaque jour, des cadres du parti vinrent ensuite tâcher de convaincre sa bru de divorcer pour « rester dans la ligne », sous peine de subir le même sort. La jeune femme aurait d'abord préféré la mort à ce déshonneur. Mais ses collègues ne lui adressaient plus la parole, on lui avait soustrait la moitié de son salaire en la rétrogradant, on lui crachait dessus.

– En Chine, il n'y a vraiment plus de moralité, disait grand-mère Lei.

A bout de résistance, sa belle-fille signa l'acte de divorce qui devait l'éloigner, avec sa gamine, de son foyer. La mort dans l'âme, elle y laissait son fils. Elle s'interdit dès lors la moindre visite, à l'idée d'enfreindre la ligne.

– Nous habitions à deux pas. Je la voyais de loin guetter son fils.

Le même qui lorsqu'il eut vingt ans dégotta un fusil avec lequel il tua deux policiers, pour venger son père.

– Quelle catastrophe! Les malheurs s'acharnent sur nous. La police le cherche partout, voilà un an que je n'ai plus de nouvelle. Je pleure jour et nuit...

Ce soir-là, grand-mère Lei était venue consulter Mamie. Comme elle avançait que son petit-fils faisait partie de ceux que tout le quartier appelait « la bande de tueurs », Mamie la détrompa :

– Votre petit n'a jamais fait que venger son père, et cette bande sème la destruction.

– Ah! vous croyez madame Liu?

Tout à coup empressée, la vieille ferma la porte et la fenêtre de chez nous et s'assit juste à côté de Mamie. Elle sortit un petit papier froissé de son corsage :

– On l'a glissé sous ma porte hier soir, quand la bande, vous le savez, était en ville. Pouvez-vous le lire pour moi?

L'air hypnotisée, elle se pencha à le toucher sur le visage de Mamie qui déchiffrait dans un murmure, à la lumière de la bougie.

– Ma chère grand-mère, c'est moi ton petit

dragon. Tu me manques beaucoup. Comment vas-tu? Surtout ne t'inquiète pas de moi, je vais bien. Prends garde à ta santé, ne pleure pas trop, et tu me rendras heureux. Je vais essayer de venir te voir bientôt. Ton petit-fils bien-aimé.

En écoutant, grand-mère Lei en pleurs s'apitoyait.

– Dieu soit loué, il est toujours en vie! Comme il est adorable avec moi, aussi dévoué que son père. Pauvre garçon! Comment aurais-je pu m'imaginer qu'avant d'arriver à mon âge, je les aurais vus détruire ma famille et me réduire à la solitude? Nous aurions tant besoin les uns des autres!

– Ne vous inquiétez pas! Je suis sûre que votre fils survit lui aussi. Exaucez votre petit dragon : tranquillisez-vous.

– Vous avez raison! Je vais bien manger, bien dormir et apaiser mon âme pour qu'il soit content.

La porte à peine franchie, elle revint sur ses pas pour glisser à Mamie :

– Et vous savez, madame Liu, beaucoup disent que cette bande n'est pas si malfaisante. Ils ne s'attaquent qu'aux nantis et épargnent le petit peuple. Ont-ils jamais fait de mal dans notre rue?

Un après-midi, je liquidai mes devoirs avant d'aller dans la rue avec le chat. J'y trouvai d'innombrables portraits d'un jeune homme, soulignés de mentions telles que : « Malfaiteur », « Dangereux ». Je crus à l'imminence d'une de ces exécutions, toujours précédées de la promenade du « criminel » dans toute la ville, à l'arrière d'une camionnette. Pourtant, aucune date n'était précisée.

J'empruntai ensuite le souterrain du vieux théâtre, dans l'espoir d'y dénicher un nouveau trésor. Zhou Qiang m'avait raconté que quelques années auparavant, par crainte d'une attaque des Russes, on avait construit de nombreux abris comme celui-ci, réservé aux artistes, qui le danger passé fut oublié. L'air y sentait le moisi et le sol était jonché d'ordures. Par endroits, une végétation troglodytique poussait. L'atmosphère ténébreuse aidant, je commençais à regretter de m'être aventurée seule. A l'extrémité de la scène, je remarquai une porte ouverte, que nous n'avions jamais pu forcer. Je la franchis le cœur battant, enfilai un couloir, pénétrai dans l'une des pièces qui y donnaient et je m'arrêtai pile les yeux agrandis : les tiroirs entrouverts d'une jolie table rose surmontée d'un miroir laissaient voir des rubans, de petits accessoires de maquillage, toutes sortes de merveilles. Fébrilement, je m'en bourrai aussitôt les poches. Pour ce faire, je dus malheureusement poser mon chat qui s'échappa. J'entrepris de le chercher jusque dans les recoins de ce lieu sinistre, sans succès.

Je m'apprêtais à revenir le lendemain, la peur et le froid ayant eu raison de mon audace quand juste devant moi, dans le noir, une forme bougea. Je crus voir l'éclair d'un regard, la silhouette d'un nez. Un fantôme! Je hurlais d'épouvante, mais le spectre écrasait déjà sa main sur ma bouche.

J'étais couverte d'une sueur glacée, j'avais mal. Prête à m'évanouir, je rassemblais mes forces pour un dernier appel au secours quand la « chose » me chuchota :

– N'aie pas peur, je ne suis pas un fantôme.

Ils disent tous ça avant de vous manger.

– Si tu arrêtes de crier, je te relâcherai.

Je décidai d'en profiter pour m'enfuir mais quand il me libéra, restai coite et tremblante. Le souffle du monstre se rapprocha de ma nuque paralysée. Je fronçai les paupières. Surtout ne pas le voir me manger. Rien n'arrivait : je pivotai dans un sursaut pour découvrir... Comment? Un grand et beau garçon tout à fait normal, pourvu en prime du plus joli sourire.

– Alors c'est vrai, tu n'es pas un démon ? Tu ne vas pas me manger ?

Il eut beau le confirmer d'un hochement de tête, je continuai de l'examiner suspicieusement. Il m'invita alors à lui prendre les mains.

– Elles sont chaudes, tu sais... Un fantôme, c'est toujours froid.

C'était vrai. Je lui souris, détendue, quand un bruit subit venu de l'extérieur de la pièce le fît palir. Puis plus rien.

– Va voir s'il y a quelqu'un dans le théâtre et ne dis pas que je suis ici. – Je restai tétanisée. – Va vite ou je te mange ! – J'étais déjà sortie.

Il n'y avait personne dans le théâtre et j'aurais volontiers pris la poudre d'escampette si j'avais au moins pu récupérer mon chat.

– Il n'y a rien !

Il semblait soulagé et il commença à me demander mon nom. J'économisais mes paroles, je ne me sentais pas très à l'aise.

– Tu es courageuse, Niu-Niu.

Il m'avait flattée : ça suffisait pour me mettre dans sa poche. J'ai alors hasardé une question pour savoir ce qu'il fabriquait ici.

– Dehors, tout le monde me cherche pour me tuer !

– Pourquoi ? C'est la bande de tueurs qui te veut parce que tu es riche ?

Il me dévisagea, très surpris.

– Comment toi aussi tu connais cette bande ?

– Dans mon école on ne parle que de ça !

– Si tu rencontrais un jour un garçon de cette bande, tu aurais peur ?

– Pas du tout ! Il paraît qu'ils ne tuent pas les pauvres et moi je suis très pauvre !

– Tu es marrante !

– Toi aussi tu es marrant !

Décidément, il m'était très sympathique. En peu de temps nous étions devenus amis. Je lui ai demandé qui il était.

– Je fais partie de la bande... Maintenant la police me cherche partout. Je ne peux pas sortir... Mais n'aie pas peur, Niu-Niu...

Pensez-vous! C'était une chance inouïe, une aubaine de le rencontrer. Je pourrais frimer à l'école. Du coup, mille questions me venaient à l'esprit. « Pourquoi fais-tu partie de la bande ? Qui sont tes copains ? Pourquoi avez-vous tué tant de gens ? etc. » Je les ai posées dans un seul souffle. Et lui, doucement, me prit dans ses bras et commença son récit.

Il me dit qu'ils n'étaient pas des voyous. Tous ses copains avaient été des lycéens qui vivaient en famille. Au début de la Révolution culturelle, les professeurs les avaient incités à critiquer les mauvais éléments. Tous s'étaient fait une joie de participer au mouvement; on brandissait des drapeaux rouges, le petit livre de Mao et comme un déferlement de vagues, on prenait le train pour manifester dans les villes de Chine. On organisait des assemblées gigantesques pour critiquer les malfaiteurs et on alla ainsi jusqu'à Pékin.

– Là, nous avons vu Mao, en haut de la place Tian An Men.

– Il est comment ?

– Il a une sale gueule !

– Mais non, j'ai vu son portrait partout, il est beau. Tu ne l'aimes pas ?

– Non, c'est un vieux fourbe !

J'étais choquée : comment osait-il salir notre grande étoile à tous ?

– Avant, nous adorions tous Mao Zedong, on sacrifiait tout pour lui, parce qu'il nous avait dit qu'il fallait nettoyer les vieilles idées pour construire une nouvelle société, une Chine nouvelle. C'était exactement ce que nous désirions ! Après notre retour de Pékin, nous continuions de respecter les mots d'ordre. Mais tout bascula. Les gens de Mao nous ont déclaré que notre action était mauvaise, qu'il fallait nous amender. C'était à n'y rien piger; alors on a poursuivi notre mouvement : on était littéralement déboussolés. Forcément ce genre d'actions parallèles nuisait dangereusement à Mao. Il se prenait pour un empereur tandis que nous voulions irrémédiablement une autre Chine.

— Mais ma grand-mère m'a dit qu'il était déjà empereur! Même qu'en Chine on n'a pas le droit de s'appeler comme l'empereur et j'ai connu quelqu'un qui a appelé son fils « Mao Zedong » et qui est mort à cause de cela!

Il resta silencieux, son visage changea de couleur et prit une expression énigmatique. Après un long soupir, il poursuivit :

— ... Alors, l'armée, les militaires, les fusils sont venus nous abattre. Beaucoup de jeunes y sont restés. Les autres, s'ils n'allaient pas en prison, se sont enfuis dans la montagne. Mais là encore, l'armée leur courait aux fesses. On n'avait pas le choix; pour continuer à vivre, on a été obligés de tourner les fusils contre eux. Mais jamais, jamais on a tué le peuple, uniquement les cadres du Parti. Progressivement, de nouveaux garçons nous ont rejoints : certains dont les parents avaient été persécutés, d'autres qui s'étaient évadés, d'autres encore recherchés. Bref tous les exclus.

— J'ai entendu dire que vous possédiez deux revolvers chacun, c'est vrai?

— Et en plus on vise très bien! Tiens, regarde...

Il exhiba un gros morceau de ferraille : c'était très froid et excessivement lourd mais pas si terrible que ça.

— Mais comment la police pourrait-elle savoir que tu te caches ici?

— Quand je suis allé voir ma grand-mère, on m'a reconnu. Il y a quelques années, quand l'armée est venue nous mettre le grappin dessus, on n'osait plus continuer la lutte, alors je suis retourné à la maison. Un jour ma grand-mère m'a dit que mon père avait été mis en prison parce qu'il s'était disputé autrefois avec un type. Or entre-temps le mec était devenu un cadre du Parti et comme il haïssait toujours mon père, il a porté une fausse accusation contre lui en tourmentant ma famille comme un charognard. Plus tard j'ai appris que mon meilleur ami s'était fait trucider par les militaires. Je ne pouvais plus supporter ce merdier alors j'ai volé un fusil pour aller tuer le type qui avait fait mettre mon père en tôle et un flic par la même occasion. Ils m'ont cherché partout : c'est pour cette raison que j'ai rejoint la bande.

– Où est ta Mamie maintenant ?

Il baissa les yeux en m'indiquant la rue dans laquelle habitait sa grand-mère. Le monde était vraiment petit : il s'agissait de grand-mère Lei !

– C'est vrai que tu la connais, Niu-Niu ? Dis-moi vite si elle va bien !

– Oui ! Elle connaît bien Mamie, tous les jours elles vont ensemble chercher du papier dans les poubelles.

– La pauvre ! Si vieille, elle doit aller faire les poubelles pour vivre. Tout ça à cause de ces salauds qui se sont acharnés sur notre famille. Je les tuerai tous !

– Est-ce qu'il y a des enfants dans votre bande ? J'aimerais en faire partie pour venger ma famille.

Il eut pitié de moi et m'enlaça plus tendrement. Il me dit qu'il en parlerait à son chef.

– Qui est ton chef ?

– Notre ancien chef s'est fait descendre. Depuis, un bossu est arrivé et comme il est très intelligent nous l'avons élu notre nouveau chef.

J'avais du mal à le croire : la description qu'il me fit de ce garçon coïncidait en tous points avec celle de grand frère le Bossu.

– Depuis son arrivée, il ne parle que très peu. Il nous a dit qu'il avait tué des salauds et qu'il ne s'arrêterait pas là, il nous a donné l'ordre d'éviter les questions. Chacun dans notre groupe a une histoire terrible. Certains la racontent, d'autres pas ; on se comprend très bien et on respecte le secret des autres pour ne pas les blesser : c'est une règle. Parfois j'ai vu notre chef pleurer tout seul en évoquant sa sœur.

Il pleurait pour Meiling, plus de doute...

– Grand frère, dis-lui que tu m'as rencontrée. Je l'attends tous les jours et son petit chat est encore chez moi.

Il me promit de le faire en échange de quoi je devais dire bonjour à sa grand-mère de sa part. Comme des gamins nous nous sommes pris par le petit doigt pour jurer : « Un, deux, trois, qui ne tient pas sa promesse sera coupé en deux par la foudre du ciel. »

Il me demanda ensuite de revenir lui apporter à manger : il était tapi dans cette cachette depuis deux jours sans avoir rien avalé.

Apparemment il ignorait l'existence du passage secret et non sans fierté, je l'ai mis au courant.

En claquant des dents j'avançais dans la rue, j'avais l'impression qu'on voyait clairement ce que j'étais en train de faire. Je courais de plus en plus vite et en repassant devant les affiches, je me suis rendu compte que le portrait du criminel était celui de mon grand frère caché dans le théâtre. Il fallait absolument l'aider à fuir.

A la maison, j'ai récolté tout ce que nous possédions de comestible pour le mettre dans un sac. Et je suis repartie comme le vent jusqu'au théâtre. Pas le temps d'aller rendre visite à grand-mère Lei pour le moment.

La police cernait l'endroit. Avait-elle déjà découvert grand-frère-en-cavale ? Je me suis rapprochée d'eux pour écouter leur conversation : quelqu'un avait vu un tueur entrer dans le théâtre par la fenêtre et l'avait dénoncé à la police.

Ouf! Ils ne l'avaient pas encore attrapé. J'étais soulagée et j'ai continué ma course folle vers la trappe en bois sur le terrain vague. Personne ne m'avait suivie.

– Ils... La police!

Dès que je le revis, je pleurai de peur. Je lui tendis les maigres victuailles que j'avais rapportées et je l'ai supplié de s'enfuir au plus vite. Mais il était tellement affamé qu'il ne se préoccupait que d'avaler le wouwoutou de mon déjeuner du lendemain. Il s'essuya la bouche, satisfait.

– Ne t'inquiète pas, Niu-Niu. Je ne sortirai pas maintenant, ce serait trop dangereux... Tiens, voilà ton petit chat, je l'ai caché ici parce que j'avais peur qu'il fasse du bruit. Allez, montre-moi ce passage souterrain. Je l'emprunterai ce soir. Surtout n'oublie pas de dire à ma grand-mère que je l'aime.

Je priai très fort pour qu'il puisse s'en sortir sain et sauf.

– Niu-Niu, où étais-tu? Je t'ai cherchée partout! J'ai eu si peur pour toi!

– Mamie, mon grand-frère va mourir!

– Mais de qui parles-tu?

Très agitée, je racontai tout à Mamie. Elle prit un air préoccupé et finalement me sourit affectueusement.

– Niu-Niu, tu es vraiment courageuse. Tu as fait une bonne action. Mais ne raconte ton aventure à personne, sinon grand-mère Lei aura de gros ennuis.

Nous avons passé une nuit blanche à prier pour que grand-frère-en-cavale puisse échapper à ses poursuivants. Le lendemain, nous avons entendu la bonne nouvelle de l'échec des policiers.

Quelques semaines plus tard, nous avons été réveillées par des grattements sourds. Des pas s'éloignèrent. La lueur bleutée de la lune envahissait la pièce. Je me suis réfugiée dans les bras de Mamie qui tremblait autant que moi.

Une fois le choc passé, elle alluma la bougie : non loin de la fenêtre, il y avait un sac rempli de riz blanc avec une lettre ! Dans l'enveloppe avaient été glissés cinq yuans.

Nous avons tout de suite refermé et caché ce trésor sous le lit puis, à la lueur de la flamme, ma grand-mère lut en murmurant : « Chère grand-mère Liu, c'est moi, je suis toujours en vie. Je suis heureux que vous le soyez aussi. Depuis ma fuite, j'ai rencontré la bande de tueurs. Ils ont été bons envers moi. Je n'ai pas osé venir vous voir parce que j'avais peur de vous causer des embêtements. Voici un peu de riz et de l'argent pour vous remercier, bien que cela ne suffise pas. Je voulais vous témoigner ma gratitude. Pardonnez-moi grand-mère de ne pouvoir venir me prosterner à vos pieds pour vous remercier de tout ce que vous avez fait pour ma famille. Je vais continuer ma vie jusqu'à ce que je réussisse à abattre tous ces chiens. Au revoir, chère grand-mère et gentille Niu-Niu. Longue vie à toutes les deux. »

Ainsi grand frère le Bossu ne nous avait-il pas oubliées ! Elle relut la missive pour elle seule et la brûla pour préserver notre sécurité.

A dater de ce jour, nous avons vécu dans l'angoisse de recevoir de mauvaises nouvelles de la bande.

Deux mois plus tard, on entendait dire que l'armée avait encerclé la maison dans laquelle se cachait la bande de tueurs en leur intimant l'ordre de se rendre les mains en l'air. Ils avaient parlementé durant une journée entière mais on disait que finalement, les gars se seraient suicidés et qu'aucun ne se serait rendu. D'autres racontaient que l'armée leur avait tiré dessus pendant des heures.

Cela avait été un carnage, quelques-uns avaient réussi néanmoins à s'échapper mais ils avaient été rattrapés par les militaires. Pour ceux-là c'était la prison à vie y compris pour la fille qui les accompagnait.

Dans les différentes versions de l'histoire, le bilan demeurait : la bande de tueurs n'existait plus.

Mamie et moi sommes allées sur les lieux de la capture : personne, comme s'il ne s'était rien passé, pas même une trace de sang par terre. Là, au milieu des passants indifférents, nous nous sommes assises pour pleurer en silence.

La ville retrouva son calme, on ne parlait plus de la bande de tueurs. C'était vraiment fini. Ces pauvres justiciers avaient disparu, happés par la grande roue impitoyable de notre société devenue folle.

11

LA RÉVOLTE DES ENFANTS

La disparition de la bande de tueurs colora l'atmosphère générale de gris. Un conte se terminait et la vie d'écolier reprit son cours ordinaire : on n'abordait plus ce sujet qu'avec des soupirs de tristesse.

Un nouvel été arriva et une année supplémentaire me donna sept ans. Mon corps avait grandi et mon cœur avait mûri. Je savais plus de choses : qu'il fallait une longue vie à Mao et la mort instantanée pour les malfaiteurs; le soleil devait être rouge et la Révolution nécessitait qu'on la poursuive jusqu'au bout.

La société était faite de Zhou Qiang et de professeur Yang... et des autres. Certaines choses n'avaient pas de pourquoi mais on les disait indispensables et c'était tout; cette logique, cette absolue manière de raisonner me permettait d'assimiler le monde et de faire avec.

L'été apportait les fleurs et la chaleur ainsi que des nouveautés scolaires. Les professeurs prévoyaient de choisir, après un an d'études, les meilleurs élèves dans trois disciplines : les études intellectuelles, le travail manuel, le chant. Chacune des trois classes devait d'abord élire ses quatre meilleurs éléments.

Pour en faire partie, j'ai nettoyé la salle et ses fenêtres avec effort, j'ai étudié bien plus que de coutume afin d'obtenir les notes les plus élevées dans chaque matière. Le regard de Mao posé sur moi m'encourageait. Aucun sacrifice ne me semblait trop grand pour enfin contrarier le cours des malheurs qui s'abattaient sur ma famille. Effectivement au moment de l'élection, un nombre suffisant d'écoliers avait levé le doigt pour moi, ce qui récompensait ma patience et ma résolution. Les quatre élus devaient ensuite entendre la décision finale du professeur et celui qui restait en fin de parcours avait le privilège de recevoir sur l'estrade des mains des professeurs le fameux foulard rouge. L'assistance applaudissait alors à grands renforts de félicitations. C'était un honneur inestimable pour l'écolier qui faisait figure de modèle de conduite pour ses camarades.

Professeur Yang nous enseigna que le foulard rouge représentait le Drapeau rouge, dont la couleur signifiait le sang des martyrs de la Libération. C'était le symbole du pays; les enfants de mon âge avaient grandi sous le Drapeau rouge grâce au Parti qui nous garantissait une existence aussi douce que le miel. Il convenait donc que notre reconnaissance s'exprimât dans notre cœur par une ardeur aussi flamboyante que le drapeau, que nous aimions notre patrie et Mao Zedong, que nous vivions et mourions pour eux. Il nous fallait suivre les pas de ces martyrs et continuer la révolution.

Comme chaque élève, j'étais persuadée que l'affaire était d'importance vitale. J'avais l'ambition d'être élue pour que mon cœur soit rouge vif et surtout pour que Mamie soit fière de moi. J'avais finalement été choisie parmi les quatre prétendants et je n'attendais plus que la décision des professeurs. Cette épée de Damoclès pendue au-dessus de la tête, j'épiais leurs visages.

Une semaine passa ainsi et tous les écoliers sur le qui-vive s'agitaient comme des fourmis sur une poêle chaude. Professeur Yang vint me trouver :

– Niu-Niu, tu es une gentille petite fille, très intelligente et consciencieuse...

Je protestai timidement, mais j'étais flattée de recevoir ces éloges. Je croyais plus que jamais que professeur Yang allait me dire qu'elle était fière de mon élection. Je la regardais ravie, une lune accrochée à mon visage.

Mais elle affichait une tristesse inattendue. Elle me prit les mains, sur le point de m'avouer quelque chose et se tut, poussant un long soupir de désespoir.

– Professeur Yang, je suis reçue, n'est-ce pas ?

J'étais si impatiente de l'entendre me dire oui. Pourtant, elle ne savait pas comment réagir. Les yeux mouillés, elle se contenta de me sourire.

– Niu-Niu, tu m'aimes bien ? Si ça te fait plaisir, je t'emmènerai au parc après l'école.

– Oh, merci ! Je vais le dire à Zhou Qiang.

Après la classe donc, nous sommes d'abord allés chez elle. Elle cohabitait avec sa collègue dans une chambre, dans laquelle se trouvait un poêle qui servait à faire la cuisine. C'était si propre chez professeur Yang : une étagère remplie de livres, deux petits lits et deux bureaux. Elle nous offrit à chacun deux bonbons en nous disant :

– Niu-Niu, j'ai un très beau cadeau pour toi. Devine ce que c'est !

– Un crayon ?

– Non !

– Un taille-crayon ?

Elle souriait énigmatiquement et sortit d'une valise de dessous le lit une adorable petite robe à fleurs. J'étais aux anges et je me jetai dans ses bras. Je sentais bien aussi que je méritais d'être désignée.

– Ce n'est rien Niu-Niu, tu es déjà une grande fille. Ça me fait plaisir que tu sois très belle.

Je suis vite allée passer la robe : Zhou Qiang écarquillait les yeux et professeur Yang applaudissait. Puis main dans la main nous avons pris le chemin du parc.

Comme nous sortions de la chambre, le professeur de dessin posant un regard étrange et inhospitalier sur moi chuchota quelque chose à l'oreille de professeur Yang, qui la retint par le bras, furieuse :

– Comment osez-vous ? Ce n'est qu'une gamine !

Et elle nous reprit par la main pour continuer notre chemin. Je supposais qu'il avait été question de moi, mais le bonheur que m'avait procuré le somptueux cadeau de professeur Yang ne m'y fit pas prêter beaucoup d'attention.

Zhou Qiang demanda pourquoi le professeur de dessin se trouvait là.

– Nous partageons la même chambre, c'est l'école qui nous loge.

Arrivés au parc, nous avons pris d'assaut la balançoire et le toboggan, puis professeur Yang nous a fait faire un tour en barque sur le lac. Pour finir, elle me demanda de m'asseoir par terre pour prendre une photo. J'ai gardé cette photo jusqu'à ce jour.

Quand elle me raccompagna à la maison, j'étais gênée de la faire entrer dans une pièce si sale et si désordonnée. Ma grand-mère essaya de ranger un peu sans que cela camoufle vraiment l'état de décrépitude de notre cabane.

– Ne vous inquiétez pas grand-mère... Un verre d'eau suffira ; je ne peux pas rester longtemps. J'ai à vous parler.

Elle semblait embarrassée de ma présence et ma

grand-mère me pria d'aller chercher un seau d'eau afin d'en faire bouillir pour professeur Yang.

L'endroit où se vendait l'eau se trouvait relativement loin de la maison : je pressentais qu'on me cachait quelque chose. Quand je suis revenue, professeur Yang était déjà partie.

Le soir après dîner, Mamie m'invita à m'asseoir à côté d'elle pour m'entretenir d'une affaire grave.

– Niu-Niu, professeur Yang et moi savons que tu es une fille sérieuse... Je dois te dire... mais il ne faut pas en être triste...

Que se passait-il donc encore? Le ton de ma grand-mère était inquiétant. J'avais peur d'avoir fait des bêtises.

– Professeur Yang m'a dit que tu n'es pas... Tu n'as pas réussi à être élue la meilleure de la classe... Mais ce n'est pas grave parce que les autres écoliers t'ont élue quand même. Professeur Yang te demande de ne pas être triste. La prochaine fois peut-être...

– Comment ça? mais j'ai été élue, je pouvais même être désignée la meilleure de l'école et... Mamie, que me reprochent les professeurs?

– Rien... C'est seulement que... tu n'es pas assez bonne. Il y a des élèves meilleurs que toi. Je t'aime Niu-Niu. Professeur Yang t'aime aussi. Essaie la prochaine fois... La prochaine fois...

Je ne voulais plus pleurer et je me suis mordu les lèvres pour supporter le choc, mais c'était trop dur. Mon cœur glacé me disait qu'il n'y aurait pas de prochaine fois.

Le lendemain, j'ai trouvé un morceau de tissu dans les poubelles et je me le suis noué autour du cou : voilà, je venais de m'attribuer le foulard honorifique; il n'était pas rouge mais il n'en était que plus joli et m'aida à supporter la cérémonie de remise des prix. Zhou Qiang remportait celui des études intellectuelles.

Peu après, toute l'école arrêta les leçons pour aller à la campagne aider les paysans à arracher les mauvaises herbes dans les champs et à mettre de l'engrais naturel. Les professeurs nous avaient expliqué que cela faisait partie d'un programme éducatif nommé « Étudier à la campagne » et que dans le futur, nous aurions d'autres programmes éducatifs spéciaux en usine et dans l'armée. Ces activités étaient soi-disant indispensables pour relever le niveau du pays et pour stopper le révisionnisme. Pour nous, c'était l'occasion de jouer dehors : on se cachait, on gambadait, on cherchait les fruits sauvages. Quant au révisionnisme, on ignorait ce que c'était.

Durant ces deux semaines d'escapade champêtre, professeur Yang se perdait souvent dans ses pensées, comme déchue de sa joie de vivre. Elle se tenait à l'écart de ses collègues. Zhou Qiang m'accompagna pour lui parler.

– Professeur Yang, êtes-vous malade ? Etes-vous fatiguée ?

Elle resta muette et nous l'avons suivie jusqu'au petit ruisseau. Tous trois avons assisté au coucher du soleil.

– Professeur Yang, nous avons de nombreux médicaments chez nous, si vous en voulez...

Elle gardait le silence, seulement troublé par la musique de l'eau argentée.

– Vous êtes mes élèves préférés. Je ne sais pas si je vous porte chance...

Elle s'est mise à soliloquer :

– On dirait que c'est un monde sans amour... C'est vraiment compliqué de vouloir le bien d'autrui.

– Qu'est-ce que vous avez, professeur Yang ?

– Niu-Niu, Zhou Qiang, quand vous serez adultes, il faudra être bons, même si l'entreprise est hardie et difficile. Il faut être bon !

Le soleil mourait dans l'horizon, le vent lointain

nous apportait le son du gong tandis que les paysans quittaient les champs pour rentrer chez eux. Les corbeaux croassaient d'une manière sinistre comme s'ils avaient entonné un chant funèbre.

A la fin de notre séjour à la campagne, les paysans nous ont invités à « la fête des souvenirs amers et des pensées douces ». Sur la minuscule place du village, tous les écoliers se sont assis par terre pour écouter les gens du coin raconter leurs expériences. Ils nous dirent qu'avant la Libération, les propriétaires fonciers étaient méchants avec eux, les battaient et les privaient de nourriture; un an de labeur ne suffisait pas à payer les impôts. Ils étaient obligés de vendre leurs enfants pour vivre. Mais après la Libération, ils eurent assez à manger, des maisons confortables. Leurs enfants morts avaient été consacrés martyrs de la Révolution. Nos hôtes désiraient que nous n'oubliions pas la dureté de naguère et que nous appréciions l'existence d'aujourd'hui. Ils nous servirent un repas de circonstance pour clore la cérémonie : « le plat des souvenirs amers et des pensées douces » fait d'un mélange de maïs et de légumes. Je n'y trouvai rien d'amer et m'en gavai sans me poser de questions.

Une vieille paysanne répétait que la vie s'était améliorée, que tout allait bien à présent; elle radotait comme une pauvre malheureuse, manifestement soucieuse de bien répéter sa leçon. Professeur Yang en riait gentiment sous l'œil noir du professeur de dessin. L'intermède avait pris fin. Nous allions reprendre le train-train.

Deux semaines plus tard, professeur Yang nous donnait son cours habituel quand soudain des gens entrèrent dans la salle et stoppèrent la classe en l'insultant.

— Tu t'es cachée pendant longtemps pour

112

bafouer la Révolution. Mais le papier ne peut cacher le feu : on découvre toujours les coupables !

Ils lui ligotèrent les mains dans le dos et l'emmenèrent. Elle n'avait pas du tout résisté et s'était laissé embarquer sans dire un mot. Nous étions tous sous le choc et appelions professeur Yang à grands cris déchirants.

Le chef du détachement de Gardes rouges qui était bien évidemment le père de Zhou Qiang frappa du poing sur le bureau pour nous interdire de crier :

– Écoliers ! Elle n'est pas votre professeur ! C'est une contre-révolutionnaire depuis longtemps. Elle a commis de mauvaises actions dont vous ignorez la nature ! Elle a même osé dire du mal de notre grand Mao. Tous les écoliers de toute l'école doivent la mépriser et la haïr. Je vous demande d'écrire chacun un article de dénonciation contre elle !

Il s'en alla, nous laissant anéantis. Comment professeur Yang pouvait-elle contrer la Révolution ? C'était encore un de ces mensonges ! Elle se montrait aimable avec tous les élèves et nous enseignait sans faillir « Aime Mao, aime le Parti ». Jamais nous ne l'avions entendue prononcer une phrase contre Mao !

La classe avait sombré dans le silence. Personne ne bougeait de son siège pour essayer de comprendre ce qui nous arrivait. Subitement une poussée de colère monta en moi, capable de faire exploser ma tête. J'ai regardé Zhou Qiang dans le blanc des yeux :

– C'est encore un coup de ton père ! Pourquoi est-il si méchant ?

Les autres avaient entendu et tournèrent leur regard sur le pauvre garçon qui baissait les yeux ; ses cils étaient mouillés et j'ai aussitôt regretté mes paroles violentes. Zhou Qiang aimait professeur Yang aussi fort que moi.

A midi, personne ne sortit de la salle, seul résonnait le bruit des mâchoires qui broyaient les casse-croûte. Dehors les professeurs paraissaient très nerveux et faisaient les cent pas dans la cour. Ils chuchotaient.

Au début de l'après-midi, le professeur de dessin arriva enfin pour nous annoncer d'un ton sec :

– Votre professeur de chinois n'est plus la directrice de cette école. C'est un mauvais élément de la société. Elle a toujours eu des contacts avec les malfaiteurs. Elle est allée jusqu'à accepter que leurs enfants s'inscrivent dans l'établissement! C'est inadmissible! A partir d'aujourd'hui, c'est moi qui serai votre professeur principal. La priorité sera donnée au nettoyage de votre esprit pollué par professeur Yang.

Zhou Qiang se redressa sur son siège pour lui lancer :

– C'est vous l'empoisonneuse! C'est vous la malfaisante! Je le sais! C'est vous qui avez dit du mal de professeur Yang!

Un brouhaha anarchique survola la classe. Zhou Qiang révolté poursuivait ses accusations :

– Je le jure sur ma vie!

On ne tenait plus en place; tous les élèves se sont levés et brandissaient le poing vers le professeur de dessin.

– On veut professeur Yang! On ne veut pas de vous! Allez-vous-en! Partez!

Rouge de confusion, elle ne savait plus quel parti adopter.

– Zhou Qiang, j'avertirai ton père si tu continues tes inepties!

Mais sa voix était couverte par nos hurlements vindicatifs. Il ne lui restait plus qu'à sortir de la classe. Nous nous sommes rassemblés autour de Zhou Qiang pour le féliciter :

– Bravo, tu es vraiment courageux ! Dis, Zhou Qiang, tu n'as pas peur de ton père ?

Très ému, il nous rassura : non il n'aurait pas peur. Il avait l'air de prendre sur lui de sauver professeur Yang. Un camarade demanda s'il était vrai que le professeur de dessin avait dénoncé notre chère mademoiselle.

– Oui, ces jours derniers, elle est venue sans arrêt à la maison et j'ai écouté aux portes. Elle a dit à mon père que professeur Yang était une mauvaise personne. Elle avait lu des « propos subversifs » dans son journal intime. Ca voulait dire qu'il n'y avait que de vilaines choses écrites. Et puis, elle a dit encore que professeur Yang n'était pas une bonne directrice d'école et que si elle-même était directrice à sa place, l'école marcherait mieux... Mais moi, je ne croyais pas tous ses mensonges : elle était jalouse !

Nos cheveux se sont dressés sur notre tête et nous nous sommes mis à l'insulter à l'unisson. Le professeur de mathématiques entra pour nous sermonner : nous avions mal agi envers le professeur de dessin et si nous continuions, les autres professeurs feraient une grande réunion en présence des parents.

Les leçons de l'après-midi furent annulées, nous devions rentrer chez nous pour nous préparer à la réunion de critique de professeur Yang qui aurait lieu le samedi suivant et où tous les écoliers devraient prendre la parole.

Au coin de la rue, nous avons juré de ne pas avoir peur de nos parents ou des conséquences fâcheuses de ce que nous avions projeté de faire : ne dire à aucun prix du mal de notre professeur bien-aimé. Celui qui romprait le serment serait banni par les autres.

Le jour arriva. L'assemblée, la présence impressionnante des parents refroidissaient notre détermination. Et puis il y avait professeur Yang.

Elle se trouvait dans la posture de mes grands-parents, les mains dans le dos et une pancarte autour du cou marquée : « contre-révolutionnaire ». On lui avait rasé la moitié du crâne pour lui faire honte, pour signifier qu'elle n'était plus qu'une demi-personne, un résidu de l'humanité. En si peu de temps elle semblait avoir vieilli de plusieurs années.

Le père de Zhou Qiang annonça que le professeur de dessin dirigeait l'établissement scolaire et qu'il convenait de se montrer poli et obéissant envers elle, sous peine de renvoi.

Chaque enseignant avait prononcé en haut de l'estrade son article de dénonciation. Le discours le plus long fut forcément celui de l'ignoble directrice. En l'écoutant, nous sommes restés tête baissée et silencieux, comme convenu. Les professeurs commençaient à s'en inquiéter, mais il était trop tard.

– Écoliers ! Dites quelque chose !

Nous restions sereins. Des rires sous cape se répandaient dans nos rangs : c'était bien fait pour ces méchants professeurs !

La traîtresse descendit de l'estrade et s'approcha de nous pour s'adresser au chef de classe :

– N'as-tu pas écrit un article de dénonciation ? Alors monte sur l'estrade pour le lire !

Sans lui laisser une seconde de réflexion, elle le tira par la manche. Il tremblait de tous ses membres sous nos regards durs. Il n'avait pas le droit de dire du mal de professeur Yang qui avait été adorable à son égard.

Il déplia une feuille, regarda notre professeur, se retourna vers les autres enseignants et les Gardes rouges assis au fond de l'estrade. Soudain, il fit preuve d'un courage qui nous stupéfia tous en déclarant fortement :

– Je ne connais pas ce texte ! Je ne sais pas lire !

Ce n'est pas moi qui l'ai écrit, je n'en comprends pas les caractères.

Quel génie! Nous nous sommes tous mis à l'applaudir et notre chère Yang releva la tête pour nous sourire en pleurant. Nous connaissions ce sourire par cœur, mais aujourd'hui il était si pathétique qu'il nous noua les entrailles. Nous soupirions des « professeur Yang » en chœur, mais ce fut Zhou Qiang qui se montra le plus téméraire de nous tous. Il se rebiffa subitement :

– Professeur Yang n'a jamais rien dit de mal en classe!

Son père se leva en furie :

– La ferme! Si tu dis encore n'importe quoi, je te rosserai à la maison!

Mon ami se rassit aussitôt, mais le professeur de dessin avait déjà perdu la face devant le père de Zhou Qiang et elle s'inclinait devant lui en secouant la tête comme un chien devant son maître :

– Pardonnez-moi, cadre Zhou, c'est ma faute, je ne les ai pas bien renseignés. Ne vous mettez pas en colère! Je vais continuer à nettoyer le poison que Yang leur a mis dans l'esprit.

– Oui, c'est votre faute en effet! Il va falloir que vous mettiez le paquet pour les rééduquer à fond. Cette réunion ne me satisfait pas du tout! Il faudra en faire une autre!

A notre avis la réunion se terminait parfaitement, c'est-à-dire dans une pagaye monstrueuse. Tout le monde partit sauf Zhou Qiang retenu par le professeur de dessin. Les copains l'attendaient dans la ruelle. En fin de compte elle n'avait fait que le prier de demander pardon à son père.

– Elle t'a insulté?

– Non, elle n'a pas osé parce que c'est grâce à mon père qu'elle devient directrice de l'école.

– Est-ce qu'il va te flanquer une raclée?

– Ma mère l'en empêchera de toutes les façons!

Nous avons ensuite demandé au chef de classe s'il était vrai que la lettre de dénonciation n'avait pas été écrite par lui. Il répondit que c'était bien le cas. Le professeur de dessin était venu discuter avec ses parents :

– Comme j'étais le délégué de classe, c'était à moi de dénoncer professeur Yang. Elle nous a laissé l'article qu'elle avait rédigé. Je ne voulais pas le lire et c'est maman qui m'a donné l'idée de dire que je ne comprenais pas les caractères.

Notre assemblée se termina par nos prières auprès de Zhou Qiang pour qu'il persuade son père de ne pas refaire de réunion.

La réunion n'eut pas lieu mais professeur Yang ne remit pas les pieds à l'école. On disait qu'elle s'était suicidée. Le matin, les élèves de notre classe venaient en cours les yeux gonflés et rouges, le mouchoir à la main.

Un après-midi, Zhou Qiang m'appela :

– Niu-Niu, est-ce que tu veux aller voir professeur Yang? Ce n'est pas une blague. Ils ont fait une grande réunion. Viens, suis-moi...

On s'est mis à courir en haletant jusqu'au théâtre désaffecté.

Du fond de la salle, on voyait une silhouette assise sur une chaise au milieu de la scène. On a foncé vers elle. C'était notre professeur Yang chérie. Immobile et impassible, elle gardait les paupières closes. Sa peau était blanche comme du papier. J'avais envie et peur à la fois de regarder ce visage qui m'avait apporté tant d'amour et de bonheur. Elle avait tellement changé que je ne la reconnaissais plus très bien.

– Professeur Yang! Vous dormez? C'est moi Niu-Niu. Vous m'entendez? Je suis venue vous voir. Réveillez-vous et je ferai ce que vous m'ordonnerez.

Ma gorge se serrait, Zhou Qiang tremblait de tout son corps en disant :

– Pardonnez-moi professeur Yang. Vous savez que je hais mon père, je me hais moi-même. Professeur Yang, vous allez revenir ? Nous irons encore au parc tous les trois, n'est-ce pas ?

Nous nous sommes alors agenouillés, la tête sur ses genoux froids en pleurant à en perdre le souffle. Nous nous méprisions de ne pouvoir noyer la ville dans nos larmes. Nous nous haïssions de ne pouvoir avec nos cris faire exploser le théâtre. Zhou Qiang murmura :

– Je crois que professeur Yang a très froid !

Sans discuter, nous nous sommes dirigés vers les affiches de propagande et d'accusation que nous avons arrachées une par une jusqu'à la dernière et nous en avons recouvert professeur Yang, complètement, afin qu'on ne la vît plus. Et puis nous nous sommes installés à ses côtés, comme au bord du ruisseau pour assister au coucher du soleil.

Quelques jours plus tard, la rumeur disait que la police avait recherché partout ceux qui avaient osé déchirer les affiches de propagande pour en recouvrir un malfaiteur dont le cadavre venait à peine d'être recritiqué. Nous étions heureux que la police s'empêtre dans son enquête. Plusieurs soirs de suite nous avons continué d'arracher les affiches dans la rue : c'était notre unique moyen de venger la mort de professeur Yang. On croyait qu'elle habitait la lune désormais et qu'elle était contente de nous de là où elle nous regardait.

Ma grand-mère m'avait enseigné que dans le monde il y a des yeux et des cœurs inépuisablement bons. Un jour, ils consumeraient la mauvaiseté du monde. Moi aussi, j'allais utiliser mon petit cœur pour combattre le mal, pour mon grand-père, mon grand frère Bossu et pour ma si chère professeur Yang.

12

DIS BONJOUR A MAO

Jusqu'à la fin de l'année, j'ai été obsédée par la
mort de professeur Yang et la fuite de grand-
frère-en-cavale. Puis l'été est arrivé, et avec lui les
vacances. Les autres enfants allaient à la piscine,
mais je ne pouvais les imiter car je n'avais ni
maillot de bain ni argent pour payer l'entrée.
Alors, après avoir aidé ma grand-mère à fouiller les
poubelles, je prenais un seau d'eau et je m'asper-
geais; finalement je m'amusais autant que dans
une piscine.

Zhou Qiang m'invita un jour à aller au parc pour
pêcher la nourriture des poissons rouges que son
père venait de lui offrir. Sur place, il m'offrit une
glace, un luxe que ma grand-mère ne pouvait se
permettre.

Le même soir, grand-mère Lei proposa de m'emmener à la campagne. Un de ses oncles l'avait
conviée pour aider aux récoltes et elle était sûre de
revenir avec des denrées. Il fallut supplier ma
grand-mère de me laisser y aller; elle se faisait déjà
du souci.

Deux jours plus tard, nous étions en route. J'exultais à l'idée de séjourner à la campagne tandis que ma grand-mère me regardait partir en pleurant.

Nous avons voyagé derrière un camion, puis le trajet s'est poursuivi dans une charrette tirée par des buffles; le paysage en dehors de la ville était magnifique : jaune, vert, brun-rouge, toutes les cultures avaient, une fois épanouies, des couleurs différentes. Les plants de riz mûrissaient en jaune, et les feuilles de maïs resplendissaient, vertes, au-dessus de la terre brune.

– Niu-Niu, tu verras que tu auras de nombreux amis; tout le monde sera très gentil avec toi.

Grand-mère Lei n'avait pas tort : dès notre arrivée chez son oncle, les enfants m'ont gentiment observée du coin de l'œil; ils étaient six, quatre garçons et deux filles. Pour célébrer notre venue, ils avaient préparé un grand plat de patates douces et de riz. J'en ai englouti trois bols pleins jusqu'à ce que mon estomac n'en puisse contenir davantage.

Cette famille demeurait au milieu des champs dans un enclos de bambou. Un ruisseau coulait devant la maison.

Les six enfants et moi sommes vite devenus de grands amis; nous dormions tous dans le même lit où nous nous amusions à nous chatouiller et à chahuter comme des petits fous. Dans la journée, nous allions chercher les herbes sauvages et après les avoir hachées, nous les donnions à manger aux porcs. Nous aidions aussi les adultes à lier les bottes de riz dans les champs. Notre travail consistait en fait à ramasser les plants éparpillés afin de n'en pas laisser perdre un seul. Nous trouvions alors des sauterelles que nous faisions griller pour notre goûter ou bien nous allions chaparder le maïs des voisins. Du coup, leurs enfants nous menaçaient avec un bâton et nous donnaient la course. Nous filions jusqu'à la rivière pour leur échapper et nous plongions dans l'eau fraîche en attendant que le soleil se couche. Alors arrivait le moment de scruter les champs avec une torche pour trouver des grenouilles que nous dégustions crues après leur avoir ôté la peau et les avoir nettoyées sommairement dans l'eau de la rivière.

Nous jouions sans aucune notion du temps jusqu'à ce que retentisse de toutes les maisons du village l'appel à la soupe, lancé à l'aide d'une cuillère en bois frappée sur une vieille casserole. La vieille casserole en question restait éternellement accrochée à l'extérieur et servait aussi à chasser les oiseaux ravageurs de récoltes.

Grand-mère Lei trouvait que j'avais pris du poids et des couleurs.

Je connaissais tous les enfants du village; comme je venais de la ville ils me posaient mille questions : était-il vrai qu'en ville il y avait beaucoup de vélos et de voitures, que les maisons avaient plusieurs étages? Ils voulaient aussi savoir à quoi ressemblaient les citadins, s'ils étaient tous aussi bien habillés que moi : finalement, mes vêtements miséreux prenaient une allure d'atours de princesse. Ils me demandaient à quoi cela servait de savoir lire et écrire. Ils avaient semblé incrédules quand je leur avais appris que je fréquentais une école : dans leur région il n'y avait qu'un établissement minuscule situé à des dizaines de kilomètres de chez eux et leurs parents considéraient plus utile de les faire travailler aux champs, puisqu'on se procurait ainsi directement de quoi se nourrir, plutôt que de les envoyer à l'école. Ces enfants ne recevaient donc pas la moindre instruction.

Je leur ai enseigné des bribes d'écriture et de lecture et eux, en retour, m'ont appris les travaux des champs. Ils m'avaient surnommée « professeur Niu-Niu ». La vie me paraissait si douce que j'appréhendais le retour en ville.

Une fin d'après-midi, nous étions en train de nous baigner dans la rivière quand quelque chose sur l'eau s'est approché de nous. C'était un bébé dans ses langes ! J'ai poussé un cri d'épouvante, mais mes amis se sont moqués de mon étonnement. Je leur ai demandé d'aller chercher les parents du nouveau-né. Ils m'ont répondu que c'étaient eux qui l'avaient jeté à l'eau. Sûrement un bébé mort de faim, rien que de fort banal pour ces paysans, une vision choquante pour une jeune citadine comme moi. Un de mes compagnons avait perdu son petit frère de la même façon quelques mois plus tôt; sa mère lui avait promis de lui en donner un autre... Ici, on ne perdait pas son temps à pleurer.

Les deux semaines de vacances passèrent vite et je remontai dans la charrette tirée par des buffles, suivie à pied par mes petits amis jusqu'au carrefour quelques kilomètres plus loin.

Ma grand-mère me bombarda de questions sur mes activités, mes sensations et mes nouvelles conquêtes.

– Demain, nous irons te peser sur la balance publique pour savoir combien de kilos tu as pris.

La rentrée des classes avait lieu deux semaines plus tard. Nous reprenions tous le chemin d'une nouvelle école pour continuer à apprendre les citations de Mao et les hymnes à sa gloire. Le professeur principal avait ajouté un nouveau devoir d'écriture : « Le communisme est grand. Vive le communisme. »

Je continuais d'étudier sérieusement : je connaissais les anciennes et les nouvelles citations par cœur et je nettoyais la classe consciencieusement.

Une semaine après la reprise des cours, le professeur nous annonça qu'après avoir clamé « bonjour Mao », nous devrions tous les matins répondre à quatre questions : « Aimes-tu Mao ? », « Suivrastu Mao toute ta vie? », « Es-tu un bon enfant de Mao? », « As-tu quelque chose à confesser à Mao? ».

Pour les trois premières questions, on devait répondre sans hésitation : « Oui, j'aime le grand Mao, je suivrai Mao toute ma vie, je fais tout mon possible pour être un bon enfant de Mao. »

Quant à la quatrième, c'était plus corsé. Quand les écoliers avaient commis des fautes comme s'être bagarrés ou ne pas avoir fait leurs devoirs, ils devaient dire : « J'ai des fautes à confesser à Mao : hier, je me suis battu avec mon camarade... J'ai bavardé pendant le cours... Je demande à Mao de me pardonner et je demande à tous mes camarades de classe de me pardonner aussi. Je vais me corriger tout de suite. »

Le rituel s'accomplissait de cette façon tous les matins avant le début effectif des leçons. Même si nous ne comprenions pas tout, nous devions répéter les réponses par cœur; ainsi que Mao l'avait dit : « Si tu comprends, fais mieux; si tu ne comprends pas, fais d'abord et comprends ensuite. »

Ce matin-là, j'ai répondu avec le reste des écoliers aux trois premières questions à l'unisson. Puis j'ai dit :

– Hier, j'ai fini mes devoirs, je ne me suis battue avec personne. Je n'ai rien à confesser à Mao. Je suis une bonne enfant de Mao.

– Non Niu-Niu! Surtout pas une bonne enfant de Mao! Pense à ce qu'étaient tes parents! N'oublie pas qu'ils sont en camp de rééducation pour les fautes qu'ils ont commises. Tu dois haïr tes parents et tu as forcément quelque chose à confesser à Mao. N'oublie pas que tu es une fille de malfaiteurs. Tu n'es pas une enfant de Mao!

Toutes les têtes se sont tournées vers moi, les regards me dévisageaient d'une manière terrifiante, comme des couteaux qui me perçaient le cœur. Je voyais la haine dans leurs yeux : j'étais réduite à moins que rien. Je me suis frotté frénétiquement les mains sans savoir quoi faire. Je voulais me justifier mais aucun son ne parvenait à franchir mes lèvres. Mes cordes vocales restaient coincées comme si on essayait de m'étrangler. Je n'avais plus qu'à fuir sur-le-champ, mais mes pieds étaient cloués au sol. Je haïssais ce sol qui ne m'offrait pas un gouffre béant où me cacher pour toujours.

– Tu dois écrire ton autocritique pour tes fautes d'aujourd'hui !

– Je préférerais mourir plutôt que d'écrire ça ! Vous êtes un menteur. Mes parents travaillent au loin; ce ne sont pas des malfaiteurs ! C'est vous le méchant, c'est vous le criminel !

Je n'avais pas fini que deux lourdes gifles s'abattaient sur mes joues. J'étais si éberluée que j'en ai poussé un hoquet de surprise.

J'ai lancé au professeur un regard noir de haine. Je voyais sa bouche s'ouvrir et se fermer et je voyais cette main odieuse qui venait de me frapper. Soudain un feu intérieur m'a embrasée, j'ai perdu la tête, je ne pouvais plus rien supporter. Je ne pouvais plus vivre comme un chien errant. C'était cette main oscillant devant mon visage qui avait tué mon grand-père, qui avait déporté mes parents. Le cœur brisé, les poumons en lambeaux, je me suis subitement mise à hurler en fonçant sur lui et je lui ai saisi la main pour la mordre. Pour la mordre en concentrant toutes mes forces sur mes dents. Je les sentais s'enfoncer dans la chair, atteindre l'os.

On me tirait de tous les côtés, mais je ne craignais rien et je continuais pour que le sang chaud coule dans ma bouche, pour avaler, pour boire ce sang. Puis j'ai lâché prise et j'ai craché au visage du professeur un mélange de salive et de sang au goût exquis de vengeance.

Les autres professeurs qui étaient venus à l'assaut m'ont jetée dans une petite pièce noire fermée à clef.

J'ai donné des coups de pied contre la porte, des coups de poing contre le mur en hurlant :

– Vous n'êtes que des menteurs! Vous avez tué mon grand-père et emmené mes parents! Je sais qu'ils sont innocents! Ce ne sont pas des criminels! Rendez-moi ma famille! Rendez-moi tout ce que vous m'avez volé!

J'ai hurlé, j'ai pleuré jusqu'à l'épuisement de mes cordes vocales qui étaient comme déchirées.

J'ai griffé le mur avec mes mains. J'ai frappé la paroi de béton avec mon dos, jusqu'à ne plus pouvoir remuer. J'ai tout essayé pour aboutir à un résultat, pour obtenir une once de compassion qui m'aurait apporté quelque apaisement, comme une brise légère par temps d'orage. J'espérais que quelqu'un viendrait ouvrir cette maudite porte, même pour m'insulter, mais au moins que quelqu'un m'adresserait la parole. J'espérais un peu de pitié, je ne voulais pas rester seule dans le noir.

On m'avait abandonnée comme une pestiférée. J'étais exténuée de me battre pour avoir une place dans ce monde intraitable.

Avec sérénité, je me suis allongée contre le ciment glacé et j'ai regardé le rayon de lumière qui passait sous la porte. Mon esprit avait quitté mon corps et s'envolait dans un autre monde comme une feuille au gré du vent. Là-bas, il y avait des fleurs et du soleil, des oiseaux et un lac; je me laissais porter légèrement au-dessus des eaux bleutées, dans les nuages vagabonds, là où il n'y avait pas âme qui vive, tout ce que je désirais.

Pendant que je faisais ce rêve halluciné, la porte s'était ouverte sans que je m'en aperçoive. Tout était blanc et vide. Je ne me souviens de rien.

Zhou Qiang m'attendait au loin, adossé contre un arbre. J'avais besoin de lui parler, un mot seulement, mais machinalement mes jambes ont pris une autre direction. Plus rien n'était réel. Ma grand-mère et mes parents me paraissaient des fictions sordides dans cet univers de mensonges. Je haïssais ce monde où je n'aurais jamais dû naître, ce chaos où j'étais de trop.

Le soleil avait disparu de l'horizon et maintenant les lampadaires usurpaient sa place dans l'obscurité. Quelques charrettes de paysans qui chargeaient les ordures de la ville circulaient encore dans les rues. J'errais sans but, sans désir de rentrer à la maison et je me suis endormie dans un lieu inconnu.

Quand j'ai ouvert de nouveau les yeux, un autre jour inutile venait de se lever. Je me suis retrouvée dans mon lit. Ma grand-mère me veillait en pleurant.

Je compris à son regard qu'elle savait déjà ce qui s'était passé. Je l'aimais et la haïssais à la fois pour m'avoir meurtrie, pour m'avoir fait croire que mes parents travaillaient au loin. Je l'aimais parce qu'elle m'aimait et parce qu'elle était ma grand-mère chérie.

Je suis restée au lit pendant toute la journée, sans bouger, sans manger. J'avais peur de retourner à l'école et je me faisais mal à moi-même en me répétant que mes parents étaient des criminels et que je n'étais rien d'autre que leur méprisable rejeton.

On me haïssait et j'étais devenue une créature sans nom. Pas un être humain, pas une bête, mais quelque chose d'aussi répugnant qu'un asticot blanc sur la viande moisie.

Ma grand-mère nettoyait le sang sur ma main ou bien elle posait une compresse froide sur mes paupières gonflées; elle s'est occupée ainsi de moi, du matin jusqu'au soir, tout en s'essuyant les yeux sur sa manche. Si elle pleurait pour moi, ce n'était vraiment pas la peine! Pourquoi n'était-elle pas allée ramasser du papier! J'aurais au moins pu me lamenter tout mon soûl. Dans cette société, une larme ne valait rien.

– Niu-Niu, je t'ai préparé un dîner. Mange un peu, je t'en supplie.

J'étais effectivement morte de faim. Je me suis levée vers la table : c'était un bol de riz blanc! Il sentait si bon que je n'ai pas pris le temps de le déguster. Je m'aperçus que son bol à elle ne contenait que la pitance habituelle. La moitié du riz blanc, que je venais d'engloutir, se transforma en une pierre lourde accrochée à mon ventre; je n'avais plus le cœur de finir l'autre moitié.

D'une main tremblante, j'avançai vers ma grand-mère mon bol qu'elle repoussa et plusieurs allers et retours firent s'épancher nos larmes.

– Mamie, j'ai...

– Niu-Niu ne dis rien. Tu n'as pas besoin de parler... Je sais tout. Ce n'est pas ta...

La table tremblait sous nos soubresauts et nos battements de cœur.

Deux jours plus tard, avant l'aube, ma grand-mère me réveilla pour me dire qu'elle m'emmenait de nouveau à l'école. Je n'ai pas dit non. Après l'histoire du riz blanc, j'aurais fait tout ce qu'elle désirait.

Elle a dû s'avilir, s'humilier, gémir et supplier à genoux pour arracher l'accord du professeur. Il exigea néanmoins que je rédige mon autocritique pour la lire lors de la prochaine réunion.

Même si l'éducation consistait à écrire des pages entières de citations maoïstes, ma grand-mère tenait absolument à ce que j'étudie le maximum de caractères.

Devant ma feuille blanche, je suis restée bloquée, incapable de rédiger la confession de mes fautes. Ma grand-mère, fort embarrassée, ne trouva que des mots de réconfort : « La honte et les ennuis, Niu-Niu, il faut les endurer et les laisser passer, sinon on est fragile comme un œuf qui se fracasse contre les pierres. Le bambou plie et ne rompt pas. Il faut avoir confiance en toi. En ce moment tu es courbée par le vent, mais bientôt tu retrouveras ton équilibre. »

Je me suis soumise aux désirs de Mamie parce que mon amour pour elle surpassait ma haine du professeur. C'était elle la personne la plus forte que j'aie jamais rencontrée. Elle que deuil et misère n'avaient pu briser et qui jour après jour, pour mon seul bonheur, endurait les fatigues et les humiliations. Quand j'étais faible, elle me communiquait sa joie, quand je renonçais, elle me poussait en avant. J'ai rédigé deux pages d'autocritique dont elle m'avait dicté la majeure partie.

Le jour venu, le directeur de l'établissement prit la parole : « Chers écoliers, maintenant la Révolution fait de grands pas. Tout le peuple, sur toute l'étendue du territoire, travaille activement et chaleureusement à la construction du pays. Partout gazouillent les loriots et s'envolent les hirondelles. Dans cette atmosphère d'allégresse générale, notre école doit faire un pas en avant, suivre la direction que Mao nous montre. Mais il faut être vigilant, faire attention aux mauvaises influences que nous devons immédiatement corriger et balayer. Dans notre école une de ces mauvaises influences a déjà frappé. C'était mardi dernier, en classe de deuxième année, une écolière a osé battre un professeur ! Cette écolière se nomme Niu-Niu. Ses parents, des contre-révolutionnaires, des détracteurs de Mao, sont en camp de rééducation par le travail en train d'accepter l'enseignement des masses. Mais elle, elle n'a pas compris l'exemple de ses parents. Mardi matin, elle a commis une faute au cours de la séance de salut à Mao. Son professeur principal l'a gentiment aidée, mais elle a proféré des insultes à son égard. Elle est même allée jusqu'à le mordre !

« Chers écoliers, ceci est un événement insupportable. Nos professeurs ont tout fait pour qu'elle se rééduque. Maintenant, la coupable va lire son autocritique pour que nous l'aidions à corriger ses fautes. Écoutons-la. »

Après ce long discours de mensonges, ma haine rejaillit. Je voulais de nouveau hurler mon innocence. Mais pour l'amour de ma grand-mère, pour le réconfort qu'elle m'avait procuré, cette fois-ci j'ai pris sur moi, j'ai serré les dents et lentement je me suis acheminée sur le haut de l'estrade. Je surplombais une marée de têtes noires tandis qu'à côté de moi, les professeurs me toisaient avec mépris.

Je n'avais plus peur, je trouvais tout cela si ridicule et si drôle, comme une grosse farce. Pourquoi étaient-ils tous installés à perdre leur temps avec autant de conviction pour moi ?

Progressivement, je dépliai ma feuille qui avait préalablement été corrigée par le professeur et je débitai le chapelet de mes fautes et de mes repentirs :

« Chers professeurs, mes camarades de classe, maintenant, je vais me confesser devant vous solennellement. Mardi matin, pendant que professeur Wang me renseignait aimablement, j'ai utilisé des mots vicieux envers lui. Mais il ne s'est pas fâché et il a continué patiemment à me parler. Je n'écoutais rien cependant, je m'obstinais et je l'ai mordu jusqu'à ce que le sang coule à flots. Puis d'autres professeurs sont venus l'aider à me maîtriser. Et de nouveau, j'ai proféré des insultes en les frappant et en déchirant leurs vêtements.

« Mes fautes sont extrêmement graves et impardonnables. J'ai honte, mais je vous prie néanmoins de continuer à m'aider à corriger mes fautes. Ces fautes s'expliquent dans la mesure où je n'avais pas compris le sens de la Grande Révolution culturelle et que je n'aimais pas assez Mao. Je dois encore étudier les citations de Mao avec acharnement durant toute ma vie. Je dois aimer beaucoup le Parti et... »

Enfin je conclus mon long article que je ne comprenais pas entièrement et je retournai à ma place.

Pour m'amender, je devais nettoyer la cour où avait eu lieu la réunion. Je m'amusai à faire virevolter mon immense balai autour de moi. De toute façon, cette cour n'était jamais propre et j'étais de corvée pendant une semaine : je n'allais pas me fouler !

Soudain Zhou Qiang s'avança dans ma direction, nous ne nous étions pas vu depuis une semaine.

– Niu-Niu, veux-tu que je t'aide ?

– Non, c'est à moi de le faire ! C'est ma punition.

– Niu-Niu, c'est vrai que tes parents sont...

– Oui, ils sont en prison ! Qu'est-ce que tu veux encore ? Tu veux peut-être savoir comment mon grand-père est mort ? Oui, c'était un malfaiteur et moi je suis une enfant de malfaiteurs !

Je ne voulais pas qu'il me prenne en pitié, comme on s'apitoie sur un chat errant.

– Mes parents ne sont pas aussi bien placés que ton père, le chef des Gardes rouges !

J'avais tout dit. Je me sentais vidée de mes forces. Je me suis assise par terre en pensant qu'il était clair que Zhou Qiang ne m'adresserait plus la parole. Je n'osais plus le regarder : mes oreilles n'attendaient plus que le bruit de ses pas s'éloignant. Mais à la place, de jolies paroles me mirent du baume au cœur.

– Niu-Niu, je sais que tu n'es pas coupable. Nous sommes de très bons amis, n'est-ce pas ? J'ai confiance en toi.

Mon humiliation s'en allait avec mes larmes de bonheur. Il a ensuite sorti une feuille de papier de sa sacoche et je lui ai tendu un stylo pour qu'il écrive sérieusement deux lignes : « Je jure de ne jamais quitter Niu-Niu et si je ne tiens pas ma promesse, je me transformerai en chien. »

Mais je voulais qu'il appose son empreinte digitale à l'encre rouge. Comme nous n'en avions pas sous la main, nous avons craché sur les affiches de propagande à gros caractères rouges de l'école et il appliqua ses cinq doigts sur son serment.

– Avec cinq doigts, c'est plus sûr, n'est-ce pas ?

J'ai précieusement rangé le morceau de papier dans la poche intérieure de ma veste (je l'ai d'ailleurs depuis toujours conservé). Et tous les deux, nous nous sommes mis à balayer la cour et à brûler les détritus.

– Niu-Niu, sais-tu qu'au Tibet ils dansent autour du feu !

Alors il m'apprit la danse du feu ; il fallait crier et sauter énergiquement : Zhou Qiang m'a fait oublier l'incendie qui ravageait mon âme.

Dès le lundi qui suivit, quand on accomplissait le « bonjour à Mao », je devais dire : « Grand Mao, je suis fautive. A cause de ma famille, je suis une enfant de criminelle. Je vais essayer de me corriger. Je ferai ce que vous m'ordonnerez. »

Le manège dura tous les matins jusqu'à ce que le professeur s'en lasse. Il me plaça alors dans un coin de la classe, comme si j'étais une marionnette. Il ne m'adressa plus la parole. Lorsque je levais la main pour répondre aux exercices, jamais il ne consentait à m'interroger. Mes devoirs de classe étaient constellés de zéros : il ne les corrigeait plus. Mon nom était cité à titre de contre-exemple :

– Si vous continuez à mal agir, il vous arrivera ce qui est arrivé à Niu-Niu : vous serez banni dans un coin au fond de la classe et vous aurez à vous confesser en public à la réunion de l'école.

Ce nouvel état me poussa dans mes derniers

retranchements. Je me fichais de tout, il fallait bien que je mérite ma mauvaise étiquette : je n'étudiais plus, je nettoyais la classe par-dessous la jambe...

Mes camarades ne m'adressaient plus la parole; c'était tant mieux car je n'avais rien à leur dire. S'ils me disaient des gros mots, j'enchérissais. Les voyous de la rue que je m'étais mise à côtoyer m'avaient appris à me comporter de la plus infâme des manières. C'était tellement plus simple de se surpasser dans le mal. Zhou Qiang seul et unique me restait inconditionnellement fidèle.

13

LES MENOTTES EN PAPIER

Les voisins de notre ruelle vivaient très modeste-
ment. Leur métier était de rassembler les morceaux de charbon émiettés, ou bien ils fabriquaient
des chaussures en tissu, c'étaient de petites gens.

On habitait ici depuis trois ans : l'endroit avait
été une dizaine d'années auparavant une décharge
publique. A la suite d'un tremblement de terre, les
locataires des immeubles touchés avaient démé-
nagé ici pour construire de petites cabanes en bois.
Les immeubles ne s'étant finalement pas effondrés,
ils avaient regagné leurs appartements en désertant
leur refuge de fortune. Les paysans leur avaient
succédé, à la recherche d'un travail en ville. Ils
protégèrent les cabanes contre le vent en les cou-
vrant d'un crépi de sable, d'eau et de poussière de
terre jaune et de charbon. Ils plantèrent peu à peu
des arbres dans la ruelle et, s'étant définitivement
débarrassés des dépôts d'ordures, lui donnèrent un
nom pour exprimer leurs espoirs : « rue du Trésor ».

Ces dernières années, la rue était devenue célèbre. Mao n'avait-il pas dit : « plus on est pauvre, plus on est honorable; plus on est pauvre, plus on est révolutionnaire » ?

Les derniers arrivés étaient comme nous des gens qui avaient « commis des fautes » ou dont la famille avait une mauvaise étiquette de classe. Ils avaient été chassés de leur ancienne demeure et relogés dans cette rue, la plus misérable, pour accepter la condition des travailleurs et la critique des masses.

Mais souvent, les événements prennent une autre tournure que celle prévue. Après une longue période de vie en communauté, tout le monde s'acharnant à travailler très durement pour subsister, personne n'avait plus le loisir de nous tourmenter. Au contraire, nous étions devenus intimes avec nos anciens accusateurs parce que nous, les mauvais éléments de la société, nous savions lire et écrire et ils venaient souvent nous trouver pour les aider à rédiger leurs lettres ou à lire leur courrier. A l'occasion des fêtes, nous calligraphions pour eux les formules à coller sur les portes des maisons, c'est ainsi que Mamie avait lu à grand-mère Lei la lettre de son petit-fils. Et puis nous rendions service en protégeant, dans les queues, les objets que les gens y avaient laissés pour garder leur tour, casseroles, boîtes de conserve... Bien sûr, il y avait le Comité de quartier qui surveillait toujours les faits et gestes de chacun, mais l'ambiance était un peu meilleure dans le quartier. Tous habillés en « bleu Mao », nous étions tous logés à la même enseigne.

Dans la ruelle venaient souvent des bonshommes qui portaient une palanche, garnie sur un plateau d'un soufflet et sur l'autre d'un petit fourneau. L'homme claironnait : « Boum maïs en fleur ! Boum maïs en fleur ! » Chez nous, toute la population étant pauvre, personne ne pouvait se permettre d'acheter des bonbons, des gâteaux ou bien des fruits, alors le pop-corn était la seule friandise.

Mamie m'en offrait fort rarement. Aussi, j'allais regarder les autres apporter leur maïs pour le faire griller et avec d'autres gamins, je rattrapais les grains éclatés éparpillés dans le sable : nous les avalions sans les essuyer de peur qu'on nous les ôte de la main. C'est au cours d'une de ces séances de bataille pour les grains égarés que j'ai fait la connaissance de Jinyan, la seule fille de la bande des gosses les plus gourmands et les plus pauvres.

Sa maison étant proche de la mienne nous sommes devenues de bonnes amies. Elle était mon aînée de quatre ans. Ses parents étaient employés dans une grande manufacture de textile, sa mère aux machines et son père dans les bureaux. Son petit frère s'appelait Jinguo. Leur intérieur, deux fois plus spacieux que le nôtre, était vide : une table qui servait à tous les usages, une grande armoire, des chaises et un unique lit familial où les adultes dormaient d'un côté et les enfants de l'autre, tête-bêche.

Les parents de Jinyan parlaient peu mais leur gentillesse était touchante. Ils m'offraient une noix, un petit morceau de wouwoutou, quelques pois grillés ou bien du pop-corn.

Ce que je savais de leur vie provenait de mes conversations avec mon amie. Son père avait été cultivateur. Grâce au chef de son village, il avait pu entrer à l'université des paysans et des ouvriers où il avait étudié pour devenir à son tour professeur. Il créa une classe près de chez lui.

Les enfants cependant étaient retenus par leurs parents pour les travaux des champs. Il n'avait réussi qu'à en attirer trois. C'était un début.

Malheureusement quelque temps après, le bienveillant chef du village fut remplacé par un autre, absolument hostile à l'enseignement : il ferma l'école.

Le père de Jinyan s'est donc exilé en ville pour y trouver un emploi. Au début il travaillait devant les machines, mais la propagande de la Révolution culturelle exigeant la rédaction d'affiches, on l'a muté dans les bureaux. Il savait écrire.

Pour les fêtes du nouvel an, toujours célébrées dans la fièvre et occasion d'honorer les ancêtres, la famille de Jinyan retournait au village pour rendre visite aux grands-parents et aux oncles, et c'était traditionnellement l'occasion de tuer un porc qui était entièrement cuisiné. Certes les meilleurs morceaux étaient destinés au chef du village : les pieds, la tête et les entrailles.

Bien entendu, la perspective de manger de la viande de porc attisa ma convoitise. J'avais hâte de me faire paysanne. Finalement, le papa de mon amie m'invita à passer les prochaines fêtes du nouvel an avec eux.

J'étais prête à partir comme une flèche bandée sur un arc. Pourtant, il fallait veiller à ne pas trop rendre visite à la famille de Jinyan pour leur éviter des ennuis. Si nous oubliions entre nous notre étiquette de malfaiteurs, quelqu'un d'autre aurait pu s'en souvenir à notre place.

Comme il possédait le même nom de famille que ma grand-mère, elle me dit d'appeler le père de Jinyan « oncle Wang ». Il souhaitait que sa fille et moi devenions très intimes et nous raccommodait quand nous nous chamaillions. Dans ces cas-là il disait que l'aînée devait céder à la plus jeune et il nous posait les deux mains l'une sur l'autre pour nous faire promettre une amitié fidèle.

L'hiver s'annonça enfin, avec le nouvel an. La campagne et la viande de porc étaient au programme.

Un matin, la fenêtre dévoila un étrange spectacle. J'en ai eu si peur que j'ai appelé ma grand-mère à grands cris.

– Niu-Niu, c'est de la neige. Tu n'en as encore jamais vu. Regarde comme c'est intéressant, c'est comme dans le conte de la petite marchande d'allumettes.

Elle m'expliqua que cela faisait de nombreuses années que la neige n'avait pas été aussi dense; la raison en était peut-être qu'elle ouvrait la voie de l'année du Tigre.

– La neige blanche purifie tout. L'année prochaine, nous aurons de la chance.

C'était la première fois que je voyais de la vraie neige et effectivement je vivais un conte de fées. Je ne m'étais pas imaginé qu'elle pût transformer la ville en une magnifique cité. Sur les trottoirs, les arbres et les toits, ses cristaux semblaient autant de diamants. Et puis elle apportait dans son manteau tant de nouveaux amusements. On pouvait faire un bonhomme et le cribler de boules. On pouvait aussi avoir des glaces sans payer !

En pareille circonstance, quand elle était petite, la famille de ma grand-mère payait une troupe itinérante pour jouer *Neige de juin,* une pièce d'opéra qui racontait l'histoire d'une jeune fille décapitée à la suite d'une erreur judiciaire; avant de mourir, elle dit que cette injustice allait attrister le ciel et elle lui demanda de faire tomber la neige en été. Elle se fit traiter de folle, mais l'année de sa mort, au mois de juin, s'abattit durant trois jours une tempête de neige dévastatrice. Des lamentations flottaient dans l'air glacé. La neige ne tua que le mauvais juge qui avait prononcé l'arrêt de mort de la misérable jeune fille et ceux qui l'avaient traitée de démente.

Le récit de ma grand-mère me porta à croire que nous devions la neige qui couvrait la ville au fantôme de quelqu'un qui avait subi une injustice.

Je me rendis un jour chez Jinyan pour l'inviter à faire une bataille de boules de neige. Mais la porte resta close, ainsi que les jours suivants. Étaient-ils déjà partis pour la campagne? Oncle Wang avait pourtant promis de m'emmener! Peut-être avaient-ils peur que je mange trop de viande de porc…

Deux jours avant le nouvel an, Mamie avait acheté des pétards pour que j'écarte les mauvais esprits et que j'accueille l'année du Tigre. Je sortis, pleine d'espoir de trouver Jinyan enfin chez elle : nous aurions pu ensemble faire éclater les pétards et reprendre nos chères disputes.

Le cadenas était défait. Par l'entrebâillement je vis mon amie seule à l'intérieur et j'étais folle de joie de savoir qu'ils n'étaient pas partis sans moi.

– Jinyan, c'est moi! C'est Niu-Niu!

Elle ne bougeait pas d'un pouce. Je ne voyais d'ailleurs que son dos.

– Jinyan, fais-moi entrer. J'ai une très bonne nouvelle à t'annoncer.

Mais elle restait impassible. Elle ne m'entendait peut-être pas. Ou bien me faisait-elle la tête? A cause de ma famille? Non, elle était au courant depuis le début de ma mauvaise étiquette de classe!

– Jinyan, qu'est-ce que tu as? Si j'ai fait quelque chose de mal, dis-le-moi : je me corrigerai. Nous sommes de très bonnes amies, alors pourquoi ne m'ouvres-tu pas la porte?

Elle se retourna enfin. Elle pleurait!

– Niu-Niu, ne reviens plus me voir. Ce n'est pas à cause de toi, c'est… Mon père… L'étable… Va-t-en… C'est moi qui viendrai te voir.

Elle éclata en sanglots, je tentai mon possible pour la calmer, mais en vain. Je pris donc la décision de revenir le lendemain.

J'ai fait éclater mes pétards toute seule puis je me suis promenée en regardant la viande sécher à l'extérieur des maisons. J'espérais que son père ne se trouvait pas à « l'étable ». Les caïds du village y mettaient à l'écart les récalcitrants. C'était en quelque sorte une prison privée. Les malheureux pouvaient y réfléchir sur leurs fautes pendant des années. On l'appelait « l'étable » car Mao avait un jour surnommé les intellectuels « démons de la vache » allusion à des génies malfaisants de la mythologie chinoise. L'expression fut ensuite le plus souvent réduite à « vaches » et appliquée à toutes les catégories de « révisionnistes ». On appela tout naturellement « étables » les lieux où ces parias politiques étaient parqués.

Insensiblement, je me suis rapprochée des deux cabanes qui constituaient l'étable et qui n'étaient même pas gardées. A travers une fenêtre je vis une bougie qui éclairait faiblement un homme penché sur une table. C'était le père de Jinyan.

– Oncle Wang, qu'est-ce que tu fais ici ?

J'allais pénétrer à l'intérieur, quand il cria comme s'il avait vu un diable :

– Niu-Niu, n'entre pas !

J'épiai de tous côtés pour vérifier qu'il n'y avait personne. Tout paraissait fort calme.

– Niu-Niu, va-t'en vite. Prends garde qu'on ne te voie pas ici.

Il semblait au comble de l'anxiété. J'ai jeté un coup d'œil à l'intérieur : il y avait un lit et sa couverture, la table, des livres, des papiers, des stylos.

– Oncle Wang, qu'est-ce que tu écris ? Tu étudies pendant le nouvel an ?

– Niu-Niu, va-t'en s'il te plaît... Va chercher Jinyan pour jouer avec elle.

Il se mettait presque en colère.

– J'y suis allée mais elle pleure et ne veut pas m'ouvrir la porte.

– Elle pleure ! Quelle folie !

Le tenant pour malade, je lui ai proposé d'aller

chercher sa femme et sa fille pour le soigner. Il refusa d'un geste de la main.

– Si tu veux m'aider, va voir si elles se portent bien et dis-leur de ne pas pleurer.

Ma grand-mère pressentit le pire. Pourtant il s'agissait d'un homme honnête et sans faille. Nous sommes retournées toutes les deux auprès de Mme Wang. Son pauvre mari était bien assigné à « l'étable ».

D'habitude peu loquace, elle ne contrôlait plus son débit de paroles.

– Je pense que vous êtes déjà au courant que nous avons de sérieux ennuis. Nous n'aurions jamais imaginé nous-mêmes qu'on remette sur le tapis une histoire vieille de quatre ans! A cette époque, il s'était rendu à Pékin pour une réunion. Il en avait profité pour m'acheter des graines de fleurs que je lui avais demandées; quelques jours plus tard, la police arrêtait un espion dont le contact était un homme très maigre portant des lunettes qu'il devait retrouver chez le grainetier. En recherchant tous les clients de la journée fatidique, on aboutit à mon mari : un homme très maigre certes, mais sans lunettes! Et puis comment un villageois aurait-il pu faire de l'espionnage? Bref, l'affaire a été rapidement clarifiée à Pékin. Vous nous connaissez bien, grand-mère Liu, nous sommes des gens paisibles et discrets. Nous avons toujours fait en sorte de ne jamais nous mêler des histoires qui ne nous regardent pas. A l'usine, nous travaillons comme tout le monde, nous suivons les ordres du directeur à la lettre, sans nous écarter de la bonne ligne. Nous ne désirons qu'une vie tranquille, pourvue du nécessaire. Mon mari sachant lire et écrire a quitté les machines pour les bureaux : une promotion qui ne lui a pas valu d'augmentation de salaire mais la jalousie des collègues. Il y a une semaine, au cours de la réunion politique de l'usine, un camarade qui l'enviait a relancé l'histoire d'espionnage en jurant que mon mari était venu se cacher dans cette ville. C'est pour cette raison qu'ils l'ont enfermé sans rien vérifier, en lui ordonnant d'écrire son autobiographie critique.

– Mais pourquoi n'avez-vous pas demandé qu'ils consultent les résultats de l'enquête ? Ils doivent bien être classés quelque part !

– Alors ils nous traiteront de menteurs et pour le coup, nous serons considérés comme de véritables espions. Mon mari m'a conseillé de laisser tomber. Le chef nous a formellement interdit d'aller le voir jusqu'à ce que le problème soit résolu.

– Est-ce que nous pouvons vous être d'un quelconque secours, madame Wang : lui apporter quelque chose peut-être ?

Elle repoussa l'offre avec frayeur; « ils » ne seraient pas d'accord.

– Mamie, pourquoi n'essaient-elles pas d'aller le voir à la nuit tombée ? Les gardes sont peu nombreux et j'ai entendu dire qu'on pouvait s'arranger avec eux.

– Elles ne le peuvent pas... Elles ont des menottes en papier.

Je ne saisissais pas l'expression.

– Oui, nous avons des menottes invisibles, des menottes aussi fragiles que du papier...

– Mamie, si on ne les voit pas, si elles sont aussi fragiles que du papier, alors on peut les déchirer.

Ce n'était pas aussi simple.

– Vois-tu Niu-Niu, depuis des millénaires, les gens vivent dans la peur. C'est cette peur qu'on appelle les menottes en papier. Par exemple, les enfants craignent leurs parents, les étudiants leurs professeurs, la femme son mari et le peuple a peur des dirigeants et de l'empereur. L'individu suit la tradition. On dit souvent qu'on doit ravaler l'amertume et laisser faire le temps. C'est le seul moyen de survivre. Il arrive que des personnes osent lancer des défis en criant la vérité mais leur tête tombe avant qu'ils n'ouvrent la bouche. Autrefois c'était l'entourage du récalcitrant qui subissait les conséquences. On a parfois exterminé les neuf cents personnes les plus proches d'un malheureux qui avait contrevenu à la ligne impériale. Enfin, maintenant les usages sont moins sauvages, on n'extermine plus aussi systématiquement les familles. On éloigne la femme du mari, les amis, les enfants. Ton père et ton grand-père ont été trop sincères et leur franchise leur a valu à l'un l'éloignement, à l'autre la mort.

– Mamie, est-ce que toi aussi tu as des menottes en papier?

– Oui et elles sont très lourdes.

– Mais moi, je n'en veux pas de ces menottes. Si elles sont en papier, alors je les brûlerai!

– Niu-Niu, je sais que depuis ta naissance tu es un vrai Cheval de feu. Bouddha t'a donné la vie pour que tu accomplisses de grandes choses. Tu ressembles à ton père et à ton grand-père; ton sang est bien trop chaud, j'en ai peur. Je ne veux pas que tu t'attires des ennuis. Tu es si intelligente, si mignonne...

Les roses que mon grand-père m'avait promises, ne pourrais-je les recevoir qu'après avoir vécu dans le mensonge? Alors je n'en voulais plus. Quand viendrait-il le jour où l'empereur ne donnerait plus de menottes à son peuple? J'étais certaine que la neige qui tombait ce soir-là était destinée à venger les malheureux. Elle allait rendre le monde blanc et propre, pensais-je. Ces fleurs immaculées se sacrifiaient pour nous.

14

LE MAUVAIS COTON

La neige n'avait pas été aussi bénéfique que l'avait présagé Mamie. Au contraire, le sud de la Chine, n'y étant pas habitué, avait assisté à la mort de ses récoltes.

L'année du Tigre apportait de grandes catastrophes. Les gens chassés de leurs villages par la faim étaient venus se réfugier en ville pour mendier.

Dans la rue, on entendait les pleurs des enfants. « Aidez mes enfants, donnez-nous à manger. Ce sont les seuls qui me restent, les autres sont morts; donnez-nous quelque chose je vous en prie! » Les plaintes des femmes emplissaient la cité.

Les paysans avaient mangé les feuilles des arbres, les écorces. En ville vint le tour des rats puis de la colle des affiches de propagande (grave crime contre la Révolution).

La misère qui m'avait fait grandir dans une cabane humide et ouverte aux quatre vents avait fait apparaître sur ma peau d'innombrables pustules purulentes. Pas d'argent chez nous pour acheter des médicaments. Une pommade achetée une fois à force de sacrifices n'avait réussi qu'à engendrer de nouveaux boutons. Parfois des voisins bienveillants nous donnaient un peu de teinture d'iode et Mamie m'en badigeonnait le dos. La peau me brûlait atrocement. Je frissonnais mais je tenais bon; le plus pénible c'était les démangeaisons, surtout le soir. Je me grattais jusqu'au sang. Le pus s'écoulait comme un fleuve mais la torture continuait.

Sur ma couverture ou mes vêtements, partout des taches rouges et jaunes, répugnantes, mais ma grand-mère restait impuissante. Elle concoctait des mixtures traditionnelles d'herbes sauvages qu'elle cueillait jusque loin en dehors de la ville. Rien n'y faisait.

J'avais honte de faire sécher ma couverture dans la rue au vu de tous. Je préférais l'étendre dans la petite cour derrière la cabane. Mes précautions restèrent vaines. Les enfants de la ruelle ou bien les camarades d'école m'avaient trouvé des surnoms abominables : « l'abcès », « la poubelle », « peau moisie » ou encore « peau de serpent ». On s'en donnait à cœur joie pour me cracher dessus ou me tirer les cheveux. Il m'arrivait de retourner des gifles par-ci par-là quand l'affront dépassait les bornes. Heureusement, je m'étais musclée en aidant ma grand-mère à porter des ballots de papiers et je savais faire mal. Mais les sobriquets dont ils m'avaient affublée me désarmaient la plupart du temps et surtout j'avais si peur d'être renvoyée de l'école et que les yeux sans lumière de ma grand-mère perdent leur dernier espoir. Alors j'en venais à feindre l'indifférence, à faire semblant de ne pas entendre. Cela les excitait davantage et ils me lançaient des pierres et des détritus.

Zhou Qiang prenait ma défense et les insultait à ma place.

— Si quelqu'un ose encore dire des cochonneries à Niu-Niu, je lui casserai la figure et je demanderai à mon père d'organiser une grande réunion de critique !

Ses menaces enfantines clouaient le bec de ces vautours avides du malheur des autres. Je ne m'étais jamais imaginé que son père que je haïssais pût me protéger. Une de ces plaisanteries douteuses de la vie !

J'avais adoré le soleil de l'été, les jeux d'eau dans la chaleur caniculaire. Maintenant, j'abhorrais cette saison. Je supportais autant que possible les manches longues qui me faisaient transpirer, la sueur coulant sur mes boutons me démangeait plus atrocement : mon corps entier baignait dans une mer de sel. Mais si je me découvrais, le regard des autres me faisait l'effet d'une décharge électrique.

Les robes ont peu à peu disparu de mon enfance, le cadeau de professeur Yang restait sur l'étagère.

L'ambiance générale était désastreuse. On ne parlait plus que de la lutte contre les « tentatives d'annuler la Révolution culturelle ».

A la maison, le bouillon s'éclaircissait toujours. Mon ventre gargouillait en permanence et je partais tous les matins à l'école aussi robuste qu'une guimauve.

Ce jour-là, après la classe, je traînais dans la rue pour glaner quelques bricoles à grignoter. Les sons et les effluves alléchants qui s'échappaient des cuisines de restaurants et des arrière-cours me faisaient baver. Les étals dans la rue de Shaobi se moquaient de moi, me donnaient des visions hallucinantes. Pour qui étaient toutes ces merveilles ? Je n'étais pas trop exigeante : un tout petit wouwoutou m'aurait comblée. Je rêvais de devenir impératrice pour trôner au milieu d'une montagne de viande, pour picorer comme bon me semblerait, jusqu'à gonfler mon ventre comme celui d'une femme enceinte...

En créant des chimères, j'arrivai machinalement devant un étalage de *baozi*. Il dansait devant mes yeux, il me narguait comme un authentique mirage. Je pris un baozi et m'enfuis en courant.

Il était si chaud dans ma main, je sentais qu'il allait être succulent. Des gens dans mon dos hurlaient : « Attrapez-la », je courais vite, le vent me sifflait dans les oreilles. Je m'égarai et butai sur un grand mur.

Je mis le baozi dans ma poche et m'agrippai des mains et des pieds pour escalader le monstrueux obstacle. Bouddha m'aida et je réussis à sauter de l'autre côté.

Sans prendre le temps de me relever, j'engloutis mon baozi en trois bouchées. Ils pouvaient me rattraper maintenant.

Mais personne ne vint et je m'essuyai la bouche en me relevant. C'est à ce moment là que je me suis aperçue que la chute avait été violente : j'avais mal aux fesses. Bah ! je serais tombée dix autres fois pour un seul petit pain.

Je suis rentrée en boitant à la maison, apaisant l'inquiétude de ma grand-mère par des mensonges. Malheureusement mon succès m'avait fait goûter le bon côté du vol.

Je commençai donc à chaparder tout ce qui se trouvait à ma portée, non seulement de la nourriture mais aussi le linge que les gens faisaient sécher dans la rue, que j'allais revendre au vieux chiffonnier itinérant contre quelques centimes qui me servaient à acheter à manger.

L'inévitable survint quand les gens me maîtrisèrent après que j'eus volé cinq fens. Ils m'ont conduite devant ma grand-mère. Là ils m'ont violemment giflée en exhibant la pièce pour faire honte à Mamie.

– Élevez-la mieux que ça !

Ils m'ont ensuite abandonnée à ma grand-mère, muette. Elle m'obligea à rester debout devant elle, mais, rongée par la honte, je ne pouvais soutenir son regard.

– Ce n'est pas vrai, n'est-ce pas ? Ce sont les autres qui sont injustes ?

Elle avait une telle confiance en moi, j'en eus plus mal que si elle m'avait frappée très fort. Je gardais la tête basse.

– Niu-Niu, mon cher bébé, excuse-moi. Je ne te donne pas assez à manger. Je vais essayer d'aller chercher plus de papier dans les poubelles et de faire plus de boîtes d'allumettes...

– Mamie, j'ai volé, ils ont dit vrai ! Je suis une voleuse.

Je n'avais plus le courage de rester une seconde de plus et je suis sortie de la maison pour trouver un coin noir où me terrer. J'étais sûre que ma grand-mère me détesterait à partir de ce jour. Je l'avais trahie, elle qui lavait mes vêtements, faisait la cuisine, travaillait comme une bête de somme pour moi, elle qui me réservait toujours la plus grande part de nourriture.

Je me suis assise sur un trottoir à me maudire jusqu'à la tombée de la nuit, j'entendais ses appels dans les ruelles mais je n'osais rentrer.

Aux douze coups de minuit, j'étais épuisée, je tombais de sommeil et je me suis décidée à retourner chez nous.

La lumière était éteinte. J'ai doucement ouvert la porte et à la lueur de la lune je vis que Mamie dormait. C'était mieux comme ça. Je me suis glissée sous la couverture mais la peau me démangeait.

– Niu-Niu, doucement ! Tu as mal, n'est-ce pas ?

Bien sûr qu'elle ne dormait pas, elle ne trouvait jamais le sommeil tant que je ne montais pas dans le lit.

J'attendais avec effroi qu'elle engageât la discussion, mais rien ne troubla le bruit des rats rongeant le bois.

Les jours passèrent. Effectivement elle travaillait beaucoup plus qu'avant et la soupe était un peu moins claire.

Un jour, au retour de l'école, je trouvai Mamie allongée sur le lit, l'air souffrante; je me suis aussitôt approchée d'elle pour lui tâter le front comme elle le faisait pour moi.

– Mamie, qu'est-ce que tu as? Tu es malade?

– Non, ce n'est pas grave... Il y a de l'argent sous le lit. Tu peux aller acheter à manger.

C'en était trop : même paraissant à la dernière extrémité, Mamie se préoccupait de moi.

J'ai couru chez grand-mère Lei pour qu'elle vienne à mon secours. Mamie lui avoua qu'elle se sentait faible et que son cœur battait très vite.

– Il faut manger, madame Liu! Vous êtes malade de faim!

L'argent sous le lit n'aurait pu suffire qu'à l'achat d'un wouwoutou, alors qu'elle avait besoin de viande et de riz. Je savais que si grand-mère Lei avait mieux à proposer, elle nous l'aurait déjà offert. Cette fois-ci, je suis allée voler pour ma grand-mère : c'était immoral, mais nécessaire.

Avec l'argent que j'ai réussi à échanger, j'ai acheté du riz et deux œufs pour préparer un bol de soupe.

En me regardant bizarrement, elle me demanda où j'avais trouvé ce festin. J'ai menti en racontant que c'était la maman de Jinyan qui m'avait donné cette nourriture.

– Mais ils n'ont pas grand-chose non plus; ils sont vraiment gentils.

Et puis je lui ai dit que j'avais dîné chez mon amie.

– Mamie, mange vite sinon ton cœur va s'arrêter!

Le lendemain son état de santé s'améliora un peu, ce qui me réconforta. Mais peu après, elle me reprocha mon mensonge.

– Niu-Niu, c'était la dernière fois, n'est-ce pas? Je ne suis pas en colère parce que je comprends que tu l'as fait pour l'amour de moi. Mais promets-moi de ne jamais recommencer.

– Mamie, c'est vrai que je ne veux pas être une voleuse; j'ai la frousse chaque fois que je vole. Je te jure que je ne le ferai plus.

Je n'ai pas tenu ma promesse. Sans réfléchir, j'avais petit à petit pris cette vilaine habitude. Ma grand-mère menaçait de se suicider pour que je change, mais je n'avais que ce moyen pour l'aider, et elle allait au-delà de ses forces, ses pieds avaient parcouru tous les trottoirs de la ville et ses mains manipulé tant de boîtes d'allumettes. Nous étions pourtant affamées et rongées par la maladie. Je ne comprenais pas pourquoi certains mangeaient à leur faim et s'habillaient proprement : nous ne travaillions pas moins qu'eux. Alors pourquoi n'avions-nous pas le droit au strict minimum vital? Je n'admettais pas que ma grand-mère s'affaiblisse d'heure en heure jusqu'à son ultime souffle de vie. Je ne pouvais pas vivre sans elle : elle m'avait élevée et c'était mon tour de faire quelque chose pour elle. J'avais pris la décision de voler et je ne voulais pas faire marche arrière.

J'allais acheter du maïs et de l'huile que je mélangeais à nos provisions. Les coups que j'encaissais de ceux qui me rattrapaient, je les supportais plus que la misère et leurs insultes, je les considérais comme adressés à eux-mêmes. Je faisais seulement attention de bien nettoyer ma bouche pleine de sang avant de rentrer. J'évitais de sévir dans notre quartier. Mon sale boulot, je le faisais proprement.

Un jour, tandis que je cachais de l'argent dans

l'enveloppe de Mamie, elle rentra sans crier gare. Elle jeta ce qu'elle tenait dans la main et sa colère monta tel un feu jusqu'au ciel. Elle m'attrapa par le col en hurlant :

– Va remettre l'argent là où tu l'as volé! Tu as trop grandi pour obéir maintenant! Tu es une mauvaise enfant. J'ai perdu mes forces et mes espoirs en vain pour toi!

Et me jetant l'argent au visage elle poursuivait dans sa fureur :

– Reprends ça! Je préfère mourir plutôt que de toucher de l'argent si puant!

– Ah bon! Mais même si tu meurs, personne ne dira que tu étais honnête! Pour eux, nous sommes déjà des malfaiteurs. Je veux voler et je tuerai si c'est nécessaire! Puisqu'ils ne s'en privent pas, pourquoi pas moi? Je volerai toute ma vie!

Avant que je n'achève, une tempête de gifles s'abattit sur mon visage. Surprise, je me suis mise à brailler comme un animal :

– Très bien! Frappe-moi! Sais-tu que je te déteste? Je vous hais tous y compris ces deux individus qui étaient mes parents! C'est à cause de vous, des criminels, des malfaiteurs, que je suis devenue ce que je suis aujourd'hui. A cause de vous les gens peuvent me frapper et m'humilier. Il ne leur reste plus qu'à me déshabiller en public!

Ma grand-mère s'arrachait les cheveux et se couvrait la face avec ses mains en poussant un cri déchirant. Mais je n'y prenais pas garde et je continuais à gueuler, trouvant des ressources de méchanceté qui m'étonnent encore. Dieu que l'on peut blesser ceux que l'on aime!

– Pourquoi tu pleures? Parce que je suis devenue voleuse ou bien parce que ma peau est pourrie? Moi aussi, ça me donne envie de chialer! Mais mes yeux sont secs pour vous. Tu m'entends bien? Dès aujourd'hui, moi, toi et les deux inconnus n'avons plus rien à voir ensemble! Je préfère être orpheline et abandonnée dans un ruisseau que d'être avec vous!

Ma grand-mère s'était effondrée sur le sol et tendait un bras vers moi en se traînant sur les genoux.

– Niu-Niu, qu'est-ce que tu racontes? Tu divagues.

Elle voulait me prendre dans ses bras, mais dans ma sauvagerie, je la repoussai en lui répétant que je la détestais et qu'elle ne devait pas me toucher. Pour finir je lui envoyai une gifle colossale.

La terre venait de trembler. Elle porta la main à sa peau rougie. J'étais hébétée.

Je me suis mise à trembler frénétiquement, la main qui venait de frapper Mamie brûlait comme du fer incandescent. Comment avais-je pu frapper aussi fort le visage de Mamie? Non ce n'était pas moi, c'était quelqu'un d'autre!

Soudain, j'ai senti ma grand-mère déposer un baiser et souffler une haleine chaude sur ma main, pour moi devenue griffue comme une patte de bête.

Je voulais parler, crier, appeler Mamie, mais toute force m'avait quittée et j'étais à deux doigts de m'évanouir. Un murmure parvint à mes oreilles :

– Ma petite Niu-Niu. Je sais que tu ne voulais pas...

Un liquide chaud me brouilla la vue. Je pris sur moi et m'entendis balbutier :

– Mamie, ma Mamie... Je tiens si fort à toi...

Puis je m'écroulai aux pieds de ma grand-mère. Je buvais ses larmes comme un nouveau-né le lait de sa mère. Ses paroles douces atteignaient mon cœur dans un brouillard.

– Niu-Niu, je suis là. Je t'aime. Tu représentes tout pour moi. Je resterai toujours à tes côtés. Nous serons bien toutes les deux.

J'eus un frisson :

– Frappe-moi Mamie! N'importe comment, mais frappe-moi! Je t'en supplie, bats-moi!

– Non Niu-Niu. Je ne le peux pas.

Les sanglots de Mamie plus précieux que l'or me firent jurer de ne plus jamais voler et si ça me reprenait, de me couper moi-même les mains et les pieds. Malgré notre pauvreté et notre famine, je suivrais l'exemple de ma grand-mère, en serrant les dents.

Chaque fois que la convoitise me prenait, je me donnais une claque violente, chaque fois que mes mains voulaient s'emparer de quelque chose, je les mordais jusqu'au sang. Tout plutôt que blesser Mamie.

15

QUI SUIS-JE ?

Pour faire plaisir à ma grand-mère, je m'étais remise à étudier dur. Elle m'avait appris ce poème de Li Po :

« Vous ne voyez pas l'eau du fleuve Jaune qui va du ciel à la mer sans retour.

« Vous ne voyez pas le miroir de la grande salle qui reflète votre blanche et triste chevelure, tels des fils de soie bleue au matin, et le soir pareille à la neige.

« Quand la vie vous sourit, il faut aller jusqu'au bout du bonheur, ne laissez pas votre tasse en or vide devant la lune.

« Si le ciel veut que j'aie du talent, je dois m'en servir, même si mille pièces d'or se dispersent, elles reviendront un jour. »

C'était mystérieux mais réconfortant.

– Vois-tu Niu-Niu, les grands poètes avaient aussi des moments de misère et de chagrin. Mais ils savaient les surmonter. Je suis sûre que tu as ce talent.

Sur ses conseils, je rédigeais mon journal intime

avant de me coucher; elle corrigeait mes erreurs et je recopiais ensuite sur un autre cahier qu'elle avait acheté pour la circonstance.

Ce jour-là, j'avais inscrit : « Ça fait longtemps que je n'ai vu Jinyan. Oncle Wang est toujours reclus dans l'" étable ". Mamie ignore quand il sera libéré. Hier j'ai entendu grand-mère Lei dire que Jinyan fréquentait des petits voyous. Je ne peux pas le croire. »

Ma grand-mère me félicita pour ma page d'écriture. Elle m'autorisa à aller voir Jinyan si j'évitais toutefois ses mauvais amis. J'avais du mal à comprendre comment on pouvait être plus mauvais qu'un enfant de malfaiteurs.

Elle avait raison d'être inquiète. La ville sombrait dans le chaos. Beaucoup de gens dormaient dans la rue, où le jour se succédaient les parades des Gardes rouges.

A l'école, tous devaient apporter un fusil de bois pour mimer l'éxécution des malfaiteurs et des ennemis. Le professeur nous emmenait au cinéma voir les huit films officiels qui se sont joués pendant toute la période de la Révolution culturelle. Les histoires se ressemblaient, il s'agissait de montrer comment le peuple avait découvert les ennemis ou comment l'Armée rouge avait gagné la guerre. Il fallait se priver de manger pour payer le billet d'entrée, les séances étaient obligatoires.

Les affiches de propagande pullulaient, contre l'impérialisme américain, contre Khrouchtchev, que sais-je encore... Sans chercher à comprendre nous devions crier les slogans avec les adultes.

Dans cette ambiance hystérique, j'eus neuf ans.

Jinyan me présenta à Dajun, un garçon de seize ans qui habitait seul en banlieue, dans un petit débarras situé au fond d'une usine.

– Bienvenue dans notre bande. Jinyan m'a dit que tes parents ont eu des problèmes et ont été emmenés; elle m'a dit aussi qu'à l'école, on est méchant avec toi...

Il avait l'air d'un cadre du Parti comme au cinéma.

– J'ai décidé de t'aider. Demain tu nous montreras ceux qui t'embêtent le plus à l'école pour que nous leurs offrions un déjeuner de claques dans la figure!

– Mais pourquoi veux-tu...

– J'accepte seulement dans ma bande ceux qui sont en difficulté. Comme ça on peut s'entraider.

Effectivement, le lendemain matin, Dajun, mon nouvel ami, est venu avec deux autres copains pour passer à tabac celui que je leur avais désigné, non sans l'intimider et le prévenir avant de le laisser sur le carreau que s'il m'embêtait à nouveau, on lui servirait un autre déjeuner dans le même style. Dajun m'avait rendu ma fierté.

Je fis ensuite la connaissance des autres membres de la bande. Il y avait Tianye, un garçon de treize ans. Ses parents étaient des musiciens; mais quand il eut neuf ans on emmena sa mère. Son père décida de divorcer : on disait qu'il devait cesser toute relation avec les malfaiteurs. Tianye avait préféré partager la misère avec sa sœur plutôt que de demander l'aide de leur père à qui ils ne purent jamais pardonner. Le directeur du conservatoire musical était venu conseiller à sa sœur de renier sa mère. Devant son refus le père ne voulut plus les revoir et s'était remarié.

– Un jour, ma sœur et moi avons brisé en nous chamaillant un magnifique trophée qui récompensait les talents d'actrice de maman. Ma sœur a ramassé les morceaux en pleurant et m'a demandé de ne plus nous disputer en souvenir d'elle.

Nous avions tous un destin familial tourmenté, mais quand nous étions réunis, nous ne nous posions aucune question; celui qui voulait raconter ses misères le faisait s'il en ressentait le besoin.

Tianye étudiait tout seul la peinture : c'était la seule chose qui comptait désormais pour lui. Sa sœur travaillait dans une usine pour les faire vivre et pour acheter son matériel.

Il y avait dans le groupe une fille de mon âge, A Qiao, comme moi couverte de pustules, ce qui renforçait notre amitié. Ses parents avaient été professeurs d'université et étaient eux aussi incarcérés dans une « étable ». Ses frères avaient été envoyés à la campagne pour être rééduqués par le travail. Elle avait vécu chez sa tante, une femme méchante qui l'avait exploitée en tant que fille de peine, ne se gênant pas pour la frapper et la forcer à dormir dans la cave. A Qiao s'était enfuie.

L'histoire de Dajun me fut racontée par Jinyan, qui était la seule à la connaître. Ses parents étaient des militaires de l'Armée rouge. Ils avaient été mis à mort à coups de ceinturon pendant la Révolution culturelle. Son frère avait fait partie de la bande des tueurs. Dajun l'avait suivi jusqu'à ce que la fameuse bande soit anéantie par l'armée. Il avait réussi à prendre la fuite tandis que son frère était en prison pour quinze ans. Depuis il vivait en solitaire, mangeant ce qu'il volait.

Nous étions une dizaine de gosses dans le même genre, dont tous les mouvements étaient savamment organisés par notre chef. Le jour nous nous bagarrions contre des bandes rivales et nous volions notre nourriture dans les usines et dans les magasins. Le soir, nous sortions arracher les affiches de propagande ou bien nous brisions les fenêtres des immeubles à coups de pierres jusqu'à ce que les occupants viennent à la fenêtre nous insulter. Puis nous nous sauvions en sifflotant.

Ils m'avaient appris « le coup des deux doigts ». Il fallait s'entraîner à se frotter l'index et le majeur pour les assouplir et les muscler afin de les introduire dans la poche des passants sans en frôler les bords et saisir, en le pinçant, ce qu'il y avait à voler. Il y avait aussi « la technique de la rencontre ». Quand on voyait quelqu'un dans la rue un sac à la main, peu importait qu'il le portât à gauche ou à droite, on le suivait jusqu'à ce qu'il y ait moins de monde dans les parages. On le pinçait alors fortement au coude, mais il ne fallait pas rater l'endroit exact où serrer le tendon afin d'ôter au quidam toute sensation pendant une minute. On avait ainsi le temps de s'emparer du sac et de le passer à un complice sans que le pigeon ne s'aperçoive de quoi que ce soit. Autrement, notre boulot dans le bus nécessitait quatre participants. Tout d'abord, nous devions repérer celui qui était le mieux habillé et qui avait les poches bombées. L'un de nous surveillait les passagers, les autres entouraient la victime pour faire écran aux regards indiscrets et dénonciateurs. Nous devions travailler de chaque côté, pour fouiller toutes les poches.

Si l'un de nous se faisait attraper, les trois autres ne se défilaient jamais et recevaient les coups avec lui.

La loi du groupe voulait que l'on fêtât toute bonne pêche au restaurant, en mangeant et en buvant de l'alcool.

La première fois que j'ai reçu cinq maos de ma part de butin, j'ai acheté un cadeau à Zhou Qiang : un petit cahier en témoignage de notre amitié. Il était aux anges, bien qu'il ne comprît pas comment j'avais pu me permettre cet achat. Je lui avais monté un bateau comme quoi j'avais trouvé un petit boulot...

Nous avions piqué un gros porte-monnaie qui contenait presque cinq yuans : une fortune pour nous! Pendant que les garçons allaient faire les courses pour notre festin du soir, les filles préparaient les bols, les baguettes et les tasses à alcool. Au beau milieu du repas, à la stupéfaction générale, Dajun nous fit part de son mariage avec Jinyan. Tianye s'offusqua qu'ils se soient passés de l'accord des parents. Dajun ne savait pas lui-même pourquoi ils se mariaient, par jeu sans doute, pour singer les adultes et surtout parce que nous avions tous été mis au ban de la société et que nous avions besoin de nous en récréer une, la nôtre, celle des enfants de malfaiteurs, les exclus de la nation.

D'ailleurs le rite consistait pour cette cérémonie à manger et à boire comme on l'avait vu faire au cinéma. Et comme dans les films, nous avons levé notre verre en proclamant à notre manière : « Mariage marrant, mariage heureux. »

Jinyan était promue « grande sœur ».

Nous discutions souvent de nos projets d'avenir. Tianye voulait devenir un grand peintre, Jinyan serveuse dans un restaurant pour picorer tout en travaillant, Dajun voulait se faire soldat pour tuer les méchants avec son fusil. Les méchants, il était seul à savoir comment les reconnaître... Quant à moi, je voulais être enseignante, pour rendre hommage à professeur Yang. Cependant ils auraient aimé que je n'en cesse pas pour autant mes activités au sein de notre bande parce que j'avais une bonne technique.

Quand je rentrais le soir, je mentais à ma grand-mère pour ne pas l'inquiéter, je lui racontais que j'avais passé la soirée avec Jinyan ou à la porte de l'étable d'oncle Wang.

Quelque temps après son « mariage », j'ai interrogé Jinyan pour connaître ses impressions, savoir ce qui avait changé dans ses rapports avec Dajun. Elle rougit jusqu'aux oreilles et j'eus grand-peine à lui tirer les vers du nez. Elle m'avoua alors que Dajun avait lu dans un manuel de sexologie qu'un mari devait toucher les seins de sa femme. Quand je lui ai demandé ce que ses seins avaient de spécial, elle me répondit :

– Rien du tout. Ils sont à peu près comme les

tiens, sauf que quand on est marié, il faut les caresser.

Je pensais que si j'épousais Zhou Qiang, il toucherait aussi ma poitrine.

Je voulais également savoir si Dajun se comportait gentiment avec elle, s'il ne la frappait pas.

– Si, deux fois déjà. Mais c'est normal. Mon père quand il était fâché battait ma mère.

J'espérais que Zhou Qiang m'épargnerait. Enfin, si l'envie l'en prenait, je le laisserais faire. Je n'avais jamais vu Zhou Qiang frapper quelqu'un, alors j'aurais été curieuse de voir ce que ça donnait.

– Niu-Niu, tu sais en fait que Dajun est très gentil. La première fois que je l'ai vu, il paraissait fort et dur. Mais j'ai vite compris que c'est une allure qu'il se donne pour jouer les chefs.

Plus tard, j'ai demandé à ma grand-mère pourquoi il fallait qu'un mari touche les seins de sa femme. Elle sembla confuse et me traita de tous les noms.

– Je t'interdis de dire de telles insanités, sinon tu recevras une gifle!

Je lui avouai que j'avais su la chose par Jinyan. J'avais dû commettre une erreur de jugement car Mamie, loin d'être apaisée, alla droit chez mon amie.

La pauvre! Derrière la porte de leur maison, j'entendis ses pleurs et ses cris et par l'entrebâillement je pus la voir agenouillée sur la planche à laver, tendant les mains pour recevoir de la baguette de bambou. Sa mère semblait hors d'elle.

J'ai eu honte de moi mais j'avais néanmoins la certitude qu'elle avait commis une faute grave, sinon les adultes n'auraient pas tous été si remontés contre elle. J'en tirais également la leçon que je devais être plus prudente dans mes confidences à ma grand-mère.

Un jour que nous nous apprêtions à apporter à Dajun un gros portefeuille chapardé dans un autobus, nous avons remarqué un attroupement au milieu duquel une vieille criait et pleurait. Après nous être faufilés entre les jambes des grandes personnes, nous pûmes voir une vieille femme assise par terre, qui se frappait la tête et les mains contre le sol, hurlant qu'on lui avait volé son argent :

– Mon fils est à l'hôpital et cet argent m'a été prêté sous serment par des amis paysans ! Mon fils est en danger ! Je vous en prie, rendez-moi mon argent !

J'avais la bouche sèche. Nous avions été dégueulasses d'avoir pris ce fric. Dans un grand élan, et sans à vrai dire être sûre qu'il lui appartenait, je le lui tendis.

– Grand-mère, c'est peut-être ton argent ! Je l'ai trouvé là-bas.

Je n'avais pas le courage de la regarder et je partis à toutes jambes. Ses remerciements me fendaient le cœur.

– Merci mon Dieu ! Merci ma bienfaitrice ! Merci !

Je continuai de courir. L'image des yeux gris inondés de larmes passait sans cesse devant mes yeux. Je ne voulais plus voler, je n'avais pas le droit de continuer cette vie. Au début c'était pour jouer, c'était drôle. Mais je venais de prendre conscience de mon infamie : j'étais devenue une authentique délinquante.

Dajun, à qui nous avons fait notre rapport, ne se fâcha pas. Il accepta ma démission. Je pouvais stopper mes activités de voleuse, à condition que je fasse toujours partie de la bande. Notre amitié restait inébranlable. Un banquet payé par les propres deniers du chef marqua ma cessation d'activité.

En 1976, un matin d'automne, le temps était si mauvais que le ciel semblait sur le point de s'abattre sur nous. J'allai à l'école comme d'ordinaire, mais quelque chose dans l'air sonnait bizarrement. Le silence régnait, c'était à croire que les bicyclettes avaient perdu leurs sonnettes et les visages étaient graves. Je pensai fugitivement au tremblement de terre de Tangshun qui en juillet avait fait plus d'un million de morts.

La classe n'était plus animée comme les autres jours, je me faisais toute petite à ma place, le professeur n'était pas encore arrivé. Que se passait-il donc ? Les haut-parleurs diffusaient une musique funèbre comme pour la mort de Zhou En Lai.

Le professeur entra finalement, les yeux gonflés de larmes. Arrivé devant son bureau, il nous regarda avec une profonde tristesse. Il mit un temps interminable avant de proférer un son, sa bouche avait l'air de servir de réceptacle à ses pleurs.

– Chers élèves ! J'ai une calamité à vous annoncer. Notre... grand... notre grande étoile, notre bienfaiteur, le président Mao nous a quittés pour longtemps.

En achevant, il s'écroula sur sa chaise en poussant des râles bouleversants.

Tous les écoliers cherchaient la réponse de l'énigme sur le visage des autres. Comment était-il possible qu'après que nous eûmes noirci des cahiers entiers de « Longue vie à Mao », celui-ci ait pu mourir ? S'il était effectivement mort, cela signifiait que nous n'avions plus de soleil rouge, ni de timonier ; alors qu'allions-nous devenir ? Nous lui avions tant de fois souhaité une vie de dix mille ans comme Mamie disait qu'on le faisait aux empereurs autrefois.

Dominant les gémissements du professeur, la voix du directeur sortit des haut-parleurs :

– Chers élèves! Nous allons arrêter les cours pendant trois jours pour porter le deuil de notre grand président Mao. Nous allons confectionner des fleurs blanches en papier et des couronnes mortuaires pour la réunion de cet après-midi. Tout le monde devra porter un brassard noir.

Il pleurait aussi dans le micro.

Ce matin-là, pour la première fois depuis que j'allais à l'école, nous n'avons pas dit le « bonjour à Mao ».

Le professeur nous fit découper des fleurs en papier. Il ne cessait de sangloter, d'abord imité par quelques-uns, puis par toute la classe. Toute l'école y allait d'un désespoir sincère.

Je n'ai pas pleuré, j'avais trop faim, je n'avais encore rien mangé le matin. J'étais triste pourtant.

Nos fleurs furent accrochées sur les fenêtres, les portes et autour du portrait de Mao. Les écoliers devaient en épingler une sur leur manche droite, ajuster le brassard sur l'autre, et l'après-midi se rassembler dans la cour, très tranquilles et très sages, bien plus qu'ils ne l'avaient jamais été auparavant.

Sur l'estrade, un grand portrait de Mao entouré de fleurs et de gros caractères noirs surplombait des conifères en pot. Après un long moment de silence, le directeur, d'une voix basse, nous adressa la parole :

– Levez-vous! Nous allons témoigner à Mao notre affliction profonde. Nous allons nous prosterner trois fois.

Puis il nous demanda d'observer trois minutes de silence : le signal en fut donné par l'interruption de la musique funèbre qui tombait des haut-parleurs. Chacun se tenait droit comme un stylo mais gardait la tête penchée.

Le bruit des pleurs faisait trembler la terre et le ciel. Et dans cette atmosphère macabre, je me suis mise aussi à mouiller mes paupières. Toute mon éducation avait été centrée autour de Mao; je ne connaissais rien de plus haut que lui. Il était bon, il était le fondateur de la Chine nouvelle et sans lui notre existence aurait été nulle. Il représentait tout : le soleil, le père, l'étoile salvatrice.

En pleurant sur son triste sort, je regrettais amèrement que mes parents aient commis des fautes envers lui et j'étais déçue de n'avoir pas eu le temps d'accomplir ma rééducation pour devenir un de ses bons enfants, une bonne enfant de Mao.

Après que l'école eut fini son débordement d'émotions, le directeur nous dit de lever le poing droit pour jurer que notre cœur était à Mao, en répétant ses paroles :

– Notre Mao adoré, notre soleil rouge, nous sommes tristes de porter ton deuil, tu continues de briller dans ton sommeil éternel. Ce n'est pas seulement une catastrophe pour notre pays mais c'est aussi une calamité mondiale! Ton grand corps, ton tendre visage resteront à jamais avec nous. Nous transformerons notre chagrin en force pour suivre la direction que tu nous as montrée, sans dévier, jusqu'à ce que tout le monde arrive au communisme.

L'assemblée était terminée. Nous étions exténués et abattus par la douleur.

A mon retour à la maison, ma grand-mère ne comprit pas pourquoi j'avais pleuré; j'étais moi-même étonnée de m'apercevoir qu'elle n'avait pas les yeux rouges. Alors je lui ai annoncé la funeste nouvelle, qu'elle connaissait déjà. Quand elle voulut savoir pourquoi j'avais pleuré, je lui ai répondu que j'avais fait comme tout le monde. Mamie paraissait outrée, mais se contint. Je l'entendis grommeler : « Mao, toi qui parlais toujours d'âme dans tes discours, prends soin de la tienne... » Puis elle me tendit des livres qu'elle venait de dénicher dans les poubelles :

– Tiens Niu-Niu! Tous ces livres sont extraordinaires; ils te serviront à cultiver ton cœur, ton âme et ton esprit. Lis-les, ma chérie. Je sais que tu y trouveras ce qui peut t'intéresser. Mais cache-toi bien, tu sais que c'est interdit de lire autre chose que des livres de Mao.

Je pris les livres et m'assis sur le lit pour calmer mon trouble. Mais je n'y parvenais pas. Mes yeux posés sur les caractères engendraient d'autres images. Je suis tombée dans l'agitation la plus violente. Qui étais-je donc? La chérie de ma grand-mère? La fille de mes parents? Ou bien une bonne enfant de Mao? Étais-je venue au monde pour voler et vivre comme un chien?

Quelques mois après la mort de Mao, des pétards et des coups de gong retentissaient dans les rues. Les gens dansaient ou se rassemblaient en petits groupes pour discuter, les autres collaient de nouvelles affiches de propagande sur les anciennes, en souriant.

J'ai suivi la foule vers la place publique pour avoir le fin mot. Les sourires avaient réapparu sur les lèvres, les yeux grands ouverts exprimaient le soulagement. La population en liesse frappait sur des bols avec des objets en fer-blanc pour faire le plus de bruit possible. Certains portaient des pancartes dont ils criaient joyeusement les slogans : « A bas la bande des Quatre! Ils sont déchus! La Révolution culturelle est terminée! »

Personne ne prit le temps de m'expliquer qui était cette bande, ils continuaient à hurler : « A bas Jiangqing! A bas Zhang Chunqiao… »

Je savais que Jiangqing était la veuve de Mao. Comment osaient-ils la traîner dans la boue? Et puis on avait toujours dit qu'il fallait continuer la Révolution jusqu'au bout, alors comment pouvait-elle être terminée? La situation n'était pas si brillante... Voilà des intrépides qui n'avaient pas peur de mourir.

Ces événements dépassaient aussi ma grand-mère. Pour elle, on avait découvert quatre nouveaux malfaiteurs et la population s'en réjouissait particulièrement, voilà tout.

Dans les semaines qui suivirent, j'appris que c'était à cause des quatre individus en question que nous avions subi dix années de Révolution culturelle. Les « nouvelles des petits chemins » (le bouche à oreille) faisaient aussi état d'un nombre de libérés encore plus important que celui annoncé par le journal *Drapeau rouge* : deux cent mille... Ma grand-mère avait écouté les haut-parleurs pendant cinq heures d'affilée. Elle avait secoué la tête sans discontinuer durant les deux dernières. Elle me désignait le haut-parleur :

– Niu-Niu, est-ce que tu as entendu? Comment cela peut-il être vrai? La Révolution est finie, vraiment finie... Mon Dieu, tout va changer...

Elle ne tenait plus en place, ces cinq heures d'écoute l'avaient transformée et elle invoquait son fils :

– Tailong, est-ce que tu as entendu? Est-ce que tu as vu? Tout va changer. C'est fini! Enfin ces années de souffrance sont terminées!

Elle me prit dans ses bras en poussant un grand cri et se mit à pleurer en silence. Quand elle fut à bout de force, elle me lâcha et s'enfonça au fond du lit pour fouiller pendant un bon bout de temps et elle dénicha une photo noir et blanc déjà jaunie.

– Mon fils, enfin ce jour est arrivé. Est-ce que tu vis encore? Reviens vite vers moi. Laisse ta mère te regarder et t'embrasser, mon enfant. Sais-tu que ces années passées, tu m'as tellement manqué? Laisse-moi te regarder encore une fois, même si je dois mourir ensuite. Ainsi je pourrais te rendre Niu-Niu. Mon fils, entends-tu l'appel de ta mère?

Après des semaines de fêtes populaires, d'assemblées pour critiquer la bande des Quatre et leurs complices, l'environnement avait beaucoup changé. Grand-mère Lei pouvait entrer chez nous sans se cacher et en plein jour. A l'école, le nouveau professeur notait mes devoirs, et bien.

Zhou n'avait pas mis les pieds à l'école depuis une semaine. Je suis allée chez lui mais la porte demeurait close et dessus on avait collé deux bandes de papier croisées qui indiquaient que l'endroit était interdit d'accès. Sur les murs de la maison des affiches de propagande se chevauchaient; quelques mots ne m'avaient pas échappé : « Le malfaiteur Zhou Pinghua a enfin été découvert par le peuple. »

Je n'en croyais pas mes yeux. J'avais dû mal lire! Qui pouvait se permettre de critiquer le chef du quartier? Était-il tombé en même temps que la bande des Quatre?

Pendant une semaine, je suis repassée par cette maison abandonnée pour essayer d'y rencontrer Zhou Qiang, mais en vain.

Ce jour-là, à la fin de la classe, je le vis enfin, appuyé contre notre arbre.

– Zhou Qiang, tu m'as tellement manqué! Pourquoi n'es-tu pas venu à l'école?

Il ne me sourit pas comme je l'espérais. Sans un mot, il gardait la tête baissée.

– Zhou Qiang, que se passe-t-il? Tu peux tout me dire... Tu sais que tous les copains de la classe pensent à toi.

Dans un chuchotement inaudible il me dit :

– Niu-Niu, je suis ici depuis le début de l'après-midi pour te voir.

Quand il releva la tête, je m'aperçus que les

traits de mon beau Zhou Qiang trahissaient le plus profond désarroi.

– Niu-Niu, tu veux toujours être mon amie? Est-ce que tu m'aimes bien encore?

– Bien sûr! Ça fait une semaine que je vais chez toi pour te voir!

Il m'a finalement avoué que ses parents avaient été enfermés. Les gens avaient dit qu'ils étaient des tueurs et des malfaiteurs et qu'ils n'avaient plus le droit de loger dans leur maison. Zhou Qiang vivait désormais chez la sœur de son père.

Mon prince charmant, mon adorable Zhou Qiang subissait aujourd'hui le même revers de fortune que moi.

Nous nous sommes assis au pied de l'arbre, il pleurait et je ne savais que faire pour le réconforter. La liquidation de la Révolution culturelle exigeait des coupables.

– Niu-Niu, ma tante m'a dit que mes parents resteraient longtemps en prison. Je sais que tu ne les aimes pas... mais ils me manquent si fort!

Je le comprenais très bien. Je souhaitais qu'il retrouve sa gaieté et je lui ai juré que jamais je ne le quitterais.

– Zhou Qiang, tu sais que j'ai envie de me marier avec toi. Ne sois pas triste pour tes parents. Je viendrai te faire la cuisine et nettoyer tes vêtements. Même si tu me bats, je ne te quitterai pas.

– Mais maintenant, je n'ai plus de gâteries à te donner!

– On pourra chercher du papier comme ma grand-mère.

Il me demanda si je lui enseignerais la manière de s'y prendre et je lui promis, toute fière, de la lui indiquer sans faute.

Nous sommes restés côte à côte sous les frondaisons de notre arbre jusqu'à ce qu'il soit rassuré, jusqu'à ce qu'il sache qu'il avait encore une amie. Puis je suis rentrée chez moi.

J'ai demandé à Mamie la permission d'épouser Zhou Qiang. Elle éclata de rire et me répliqua qu'il était encore trop tôt.

La similitude de nos infortunes nous avait encore rapprochés. Il venait souvent à la maison et ma grand-mère oubliait qui était son père. Elle était aussi prévenante envers lui qu'envers moi. Quand elle achetait quelque chose de bon, nous le partagions immanquablement tous les trois. Nous fabriquions les boîtes d'allumettes ensemble et Mamie nous enseignait les poèmes à tous deux.

Petit à petit, il se faisait à cette nouvelle existence misérable. Je lui avais présenté mes amis, Dajun, Jinyan et les autres qui l'avaient accueilli les bras ouverts.

Un an passa. J'avais à l'époque un peu plus de onze ans. Hua Quofeng était au pouvoir. Les gens se permettaient parfois d'exprimer leurs doléances sur des dazibaos. C'était risqué. Jinyan habillée avec une certaine élégance vint me faire part de la libération de son père, qui en quittant « l'étable » avait reçu ses arriérés de salaire. Le Bureau du logement avait installé sa famille dans un appartement où elle m'invita.

– Niu-Niu, comment trouves-tu mes nouveaux vêtements?

J'en étais verte de jalousie. J'aurais tant donné pour revoir mes parents. Je ne pouvais plus attendre. J'ai refusé l'invitation de Jinyan parce que je n'aurais pas supporté d'être en face d'une famille heureuse d'être réunie.

La mère de Tianye était revenue de la campagne et ils étaient eux aussi installés dans un immeuble. Elle avait acheté vêtements, victuailles et matériel de peinture. Tianye m'avait demandé si je savais quand mes parents reviendraient. Cette fois-ci je n'ai pas refusé son invitation. Leur appartement était spacieux, bien décoré et très agréable à vivre. Sa maman m'offrait des bonbons à profusion.

En rentrant dans notre cabane, j'ai posé ces questions que je n'avais plus osé poser depuis une éternité :

– Mamie, est-ce que tu sais quand mes parents vont revenir? Est-ce qu'ils sont encore en vie? Où est ma sœur?

Dès lors, jour et nuit nous attendions leur retour. Sur le seuil à guetter l'horizon sans relâche, nous épiions la foule où pouvaient surgir les visages familiers. Quand, du lit, nous entendions des bruits de pas, ma grand-mère les appelait par leur nom et moi par des « Maman » et « Papa » anxieux.

Nous avons économisé de la farine pour le jour de leur retour. Mais comme les affiches et les papiers officiels s'étaient raréfiés, ma grand-mère n'avait plus grand-chose à ramasser dans les poubelles. Notre existence devenait donc de jour en jour plus misérable. Pourtant nous tentions tout notre possible pour mettre de côté le maximum de bonnes choses pour l'arrivée hypothétique de mes parents.

Mais la Grande Révolution culturelle avait pris fin depuis deux ans, que l'ombre de mes parents n'apparaissait toujours pas.

Ma grand-mère soliloquait en se frottant les paupières devant la photo jaunie tandis que je rêvais que je me jetais dans les bras de ceux qui devenaient peu à peu des fantômes. Peu à peu l'attente trompée nous a refroidi le cœur.

16

LE RETOUR

Un dimanche du printemps 1978, j'étais assise sur le seuil en bois de la porte à feuilleter un bouquin. Le soleil était bien accroché dans le ciel et le parfum des fleurs et des arbres semblait enivrer les oiseaux qui chantaient sur les fils électriques. L'atmosphère enchanteresse me rappela un poème de Li Po qui me berçait de ses vers à la fois simples et voluptueux. Pour profiter d'une journée qui me mettait de bonne humeur, je suis allée cueillir des fleurs sauvages jusqu'à quatre heures de l'après-midi. Et de retour à la maison, j'ai repris ma position sur le seuil pour former mes bouquets tout en grignotant la patate douce que Mamie m'avait cuite.

Des inconnus se présentèrent devant moi, vêtus encore plus misérablement que je ne l'étais. La puanteur de l'homme rasé qui tenait un cabas me heurta les narines. L'autre avec un chapeau portait un enfant noir de crasse et noyé de morve. Ils restèrent tous les trois devant moi à me dévisager pendant un long moment. Craignant qu'il s'agisse de mendiants, je les ai froidement avertis que nous n'avions rien à donner. Puis je me suis remise à la confection de mes bouquets.

Mais ils restaient plantés, continuant de poser leur regard étrange sur moi et sur l'intérieur de la cabane. L'homme au chapeau me demanda avec une voix inquiète :

– Tu t'appelles... Niu-Niu, n'est-ce pas ?

J'étais tellement épouvantée qu'il connaisse mon nom que je bougeai la tête en signe de dénégation. L'autre type s'approcha de moi et s'accroupit pour me détailler. Ma terreur arrivant à son comble, j'appelai grand-mère au secours. Elle accourut et je lui désignai les deux individus louches !

– Ils me font peur !

Ma grand-mère leur adressa aimablement la parole pour savoir ce qu'ils désiraient. Ils restèrent muets et, avec ce même regard inquiétant, fixèrent Mamie avec insistance.

– Si vous voulez quelque chose à manger, je n'ai qu'une ou deux patates douces à vous offrir.

Ma grand-mère allait les chercher, quand elle tourna subitement les talons et plissa les yeux vers les intrus.

Tout le monde se dévisageait mutuellement en silence. L'homme au chapeau laissa son enfant pour avancer lentement jusqu'à Mamie et bredouiller :

– Tu... Tu ne nous reconnais plus ?

Ma grand-mère vacilla. Elle écarquilla les yeux et posa la main sur sa bouche grande ouverte. Son visage avait complètement changé d'expression.

– C'est vrai ? C'est vous ? Vous êtes toujours en vie ?

– Oui, c'est nous, tes enfants... Maman, toi aussi tu es vivante ?

– Mes enfants, mon fils !

Tous les trois se jetèrent dans les bras les uns des autres en s'appelant, en pleurant à chaudes larmes, en bafouillant. Le petit enfant très salé tira sur la manche de l'homme au chapeau en l'appelant « maman ». C'était plutôt cocasse! Et comme ces adultes en émoi ne s'occupaient plus de la fillette, elle vint vers moi ou peut-être vers la patate douce que je savourais. Elle bavait devant d'une manière que je trouvais impolie et totalement dépourvue de dignité.

Pourtant, son allure comique et sympathique – elle portait de gros vêtements d'hiver ouatés en pleine chaleur printanière et la queue de cheval au sommet de son crâne ressemblait à un pétard du nouvel an – m'incita à lui donner avec plaisir mon délicieux légume. Elle était tellement affamée qu'elle me l'arracha des mains sans dire merci et l'engloutit en un éclair. Puis, elle s'essuya la bouche sur le revers de sa petite main et me gratifia d'un charmant sourire coquin.

Elle convoita ensuite mes fleurs avec la même avidité et je ne résistai pas à l'envie de lui en offrir quelques-unes. Elle avait vraisemblablement obtenu ce qu'elle était venue chercher et elle alla rejoindre l'homme au chapeau.

– Maman, regarde les fleurs : elles sont à moi. C'est joli n'est-ce pas?

Son accent était tellement fort que j'avais du mal à la comprendre.

Enfin, ils avaient pleuré tout leur soûl et Mamie les pria d'entrer. Je restais derrière elle, comme derrière un bouclier, pour observer les étrangers. Elle sembla se souvenir que j'étais là et m'interpella soudainement :

– Niu-Niu, ce sont eux! Ce sont tes parents! Ceux que tu attends depuis longtemps!

Et elle me poussa devant l'homme au chapeau pour que je l'appelle « Maman ».

Cet homme s'avança doucement, avec précaution et crainte, comme si j'avais été un trésor. Il me caressa la tête, les cheveux et le visage en répétant :

– Tu m'as tellement manqué, ma fille. Ces huit années n'ont pas connu un jour sans que je pense à toi.

Malgré la tendresse de ses paroles, je ne pouvais concevoir que cette personne puisse être ma mère. Elle portait un chapeau si masculin et quand elle me prit dans ses bras décharnés, leurs os saillants me meurtrirent. Je courus me camoufler derrière Mamie.

Je tentais aussi fort que possible de découvrir dans les traits de ces personnages une quelconque ressemblance avec le portrait que je gardais de mes parents, mais pas le moindre détail ne concordait. Ils essayaient néanmoins de ranimer mes souvenirs :

– Niu-Niu, c'est nous! Tes parents. C'est nous qui te menions au parc quand tu étais petite.

Enfin, j'avais si puissamment besoin de revoir mes parents que j'avais bien envie de les appeler papa et maman. J'avais pensé à eux tous les jours et avais préparé des phrases et des gestes pour nos retrouvailles, mais là, je ne murmurai qu'un « bonjour messieurs » maladroit.

Ils en pleurèrent. Ma grand-mère leur expliqua que je n'étais pas encore réaccoutumée.

Le soir, Mamie utilisa tout l'argent que nous possédions pour acheter un morceau de lard. Et avec la farine parcimonieusement économisée, elle prépara une grande soupière de nouilles.

Pendant le repas, chacun ouvrait la bouche pour dire quelque chose et la refermait aussitôt en silence. On portait le bol à sa bouche et on n'osait pas y toucher. Les adultes inondaient la table de larmes muettes et la gamine me fixait toujours de ses grands yeux curieux.

– Maman m'a dit que j'avais deux sœurs, tu es laquelle ?

J'ignorais comment répondre et pour détourner la conversation lui demandai son nom.

– Je m'appelle Ningning. J'ai presque huit ans déjà.

Elle m'envoûtait tant elle était adorable. Je venais de découvrir ma petite sœur, celle qui plus tard deviendrait belle et intelligente, celle pour qui j'eus un coup de foudre dès la première rencontre.

Cette nuit-là, nous nous sommes serrés dans l'unique lit, si chaud et si doux. En plein sommeil, j'ai été réveillée par une conversation entre ma grand-mère et mes parents : ils se racontaient tout à compter du jour où le camion les avait emportés.

Les Gardes rouges avaient tout essayé pour leur faire avouer les crimes qu'ils n'avaient pas commis. Puis ils les avaient enfermés chacun dans une cellule.

– Jamais je n'aurais cru que Ningning pût naître et grandir.

Après quatre ans d'incarcération, ils furent conduits, ainsi que de nombreux autres intellectuels, dans une autre province, à la campagne. Ils nous avait envoyé de nombreuses lettres, jamais arrivées et ignoraient si nous étions encore en vie.

Deux ans auparavant, ils avaient entendu dire que la Révolution était terminée et désormais réprouvée par le gouvernement. Pleins d'espoir, ils avaient écrit une demande de réhabilitation au chef du village. Mais on continua de les traiter comme des criminels.

Ils étaient découragés quand, il y avait une semaine, ils furent conviés au bureau du maire. On leur annonça que leurs problèmes étaient réglés et qu'ils pouvaient retourner chez eux à condition de ne jamais révéler ce qu'ils avaient vécu.

Dès leur arrivée dans notre ville ce matin, ils

étaient allés à notre ancienne maison où personne n'avait su leur dire où nous habitions. Ils ne l'avaient appris qu'en fin d'après-midi.

Jusqu'à la veille, ils avaient fortement douté de nous revoir un jour.

Ma grand-mère expliquait évidemment combien j'avais souffert, sans évoquer son cas. Elle présenta une version largement édulcorée de la mort de Papy.

Je restai jusqu'au petit matin aux aguets sous la couverture, comme derrière les coulisses d'un drame qui s'achevait enfin.

Au moment de me préparer, ce fut ma mère qui me coiffa et mon père qui m'apporta le petit déjeuner. Pour la première fois de ma vie, mes parents m'ont donné la main pour me conduire à l'école.

Grâce à leur retour, je n'étais plus une enfant sauvage et j'avançais gravement, la tête haute, entre les deux piliers de ma fierté reconquise. J'en profitais pleinement, dégustant ces moments intenses.

Cependant, avant qu'ils ne disparaissent derrière la porte de ma classe, je me suis retournée pour les dévisager encore. J'aurais souhaiter les appeler « papa » et « maman », mais je n'y parvenais toujours pas.

Je n'ai rien écouté des leçons du jour; le visage de mes parents m'obnubilait. Je me demandais pourquoi ils étaient revenus si tard.

Deux jours plus tard ma mère nous emmena Ningning et moi aux douches publiques, parce que, disait-elle, elle voulait des filles propres et coquettes.

Quand j'ai retiré mes vêtements, la vision de mon corps lui souleva le cœur. Elle alla vomir dans un coin. Quant à moi, je regardais nonchalamment les boutons, le pus et la moisissure jaune et noire auxquels j'étais habituée. Mais prise d'un accès de honte et de rage je me suis rhabillée et enfuie sans écouter les appels de ma mère. Je haïssais mon corps laid et répugnant. Je haïssais mes parents qui en étaient la cause. Je haïssais encore plus ces yeux horrifiés et ce cœur qui s'était soulevé.

J'avais tenté de me rapprocher de mes parents et tout venait de s'écrouler. Je me disais que cette mère étrangère me détestait et je ne voulais plus que me jeter dans les bras chéris de Mamie qui m'adorait.

– Je n'aime pas ces deux personnes! Je les hais!

– Mais de qui parles-tu?

– De mes parents! Ces deux individus que je ne connais pas!

Huit ans de vie avec ma grand-mère avaient estompé le besoin naturel de la présence de mes parents.

Pendant les jours qui suivirent, je les ai laissé venir, traitant leurs avances par le mépris. Enfin je dus me rendre à l'évidence : ils me voulaient le plus grand bien. Ma mère avait nettoyé mes vêtements en les faisant bouillir. Mon père venait me chercher à l'école et me donnait parfois un bon-bon. Je m'aperçus qu'avec Mamie et Ningning, ils se montraient aussi très prévenants. Ils avaient empêché ma grand-mère de s'éreinter au travail et s'activaient à nous procurer une vie meilleure à tous les cinq.

Mimi ne tarda pas à revenir, elle aussi. Mes parents avaient écrit à sa bienfaitrice pour la prier de nous rendre ma grande sœur. J'avais beaucoup pensé à elle. Elle m'avait laissé le petit crayon en me demandant de lui rendre visite...

Grand-mère avait cessé assez vite de lui écrire pour ne pas la compromettre.

A la gare, le jour de son arrivée, la foule s'étalait partout. Enfin, le train surgit de sa vapeur et stoppa le long du quai. Nous n'étions pas au bout de nos peines : Mimi était dans le train suivant et c'est seulement après quatre heures dans le bruit des appels et des machines, au milieu d'un véritable essaim humain, que le nouveau train apparut. Mais quelle déception encore : personne! En avançant, désespérés, vers la sortie, nous avons croisé deux jeunes paysannes. Ma mère tomba en arrêt devant l'une d'elles, comme frappée par la foudre :

– C'est elle! Je sens que c'est elle!

Après un moment d'hésitation, nous tombâmes dans les bras les uns des autres. Enfin nous étions réunis, à l'exception de Papy, et c'était une sorte de miracle!

Mimi avait changé, ses cheveux avaient poussé et sa peau avait bruni sous le soleil de la campagne. En comptant bien, je sus qu'elle avait dix-huit ans. Ses traits étaient ceux d'une adulte. Elle aussi avait sans doute goûté l'amertume.

Huit interminables années de malheurs prenaient fin, et chacun s'appliquait pour ne pas ternir nos retrouvailles, à évoquer le moins possible, et toujours en les adoucissant, ses sombres souvenirs.

Trois semaines après le retour de mes parents, nous obtenions le droit d'emménager dans un appartement de deux pièces et une cuisine, les toilettes étant sur le palier. Le déménagement fut très commode puisque nous ne possédions rien; il suffisait d'emporter sous le bras les bouts de bois, les morceaux de tissu et les livres.

Mon père nous fabriqua, à Ningning et moi, un petit lit qui prenait tout l'espace de la cuisine. L'unité de travail de mes parents en avait prêté deux, un pour Mimi et ma grand-mère dans une pièce, l'autre pour eux dans la deuxième. Nous jouissions en somme de trois pièces, où nous dormions deux par deux. La table, les chaises et les étagères avaient également été fournies par l'unité de travail qui possédait l'immeuble. Mes parents s'étaient engagés à rembourser ces meubles avec leur prochain salaire.

L'argent qu'on leur avait donné en dédommagement des huit années de prison améliora à peine notre ordinaire pendant deux malheureux mois.

J'avais laissé notre vieille cabane avec regret. Mon enfance atroce ou souriante y avait laissé sa marque. Sur les murs étaient restés collés les journaux qui protégeaient du froid et mes dessins innombrables qui me prévenaient du désespoir.

Ma mère m'emmena un jour en consultation chez un médecin. Je n'avais pas envie d'ôter mes habits pour découvrir mon corps odieux mais elle me dit que nous venions justement le soigner.

Après l'examen, il déclara que la maladie était incurable et expliqua très froidement à ma mère qu'il n'avait pas le temps d'argumenter.

Elle l'agrippa alors par le col de sa blouse en l'invectivant :

– Vous n'avez pas le droit ! Il faut la soigner. On ne peut pas la laisser dans cet état toute sa vie.

Je ne savais pas encore que ma mère pût se mettre en colère. J'essayai de la consoler en lui disant que ce n'était pas grave.

Elle relâcha le médecin et dit en pleurant qu'elle chercherait coûte que coûte quelqu'un pour me guérir, au risque d'y laisser toutes ses ressources.

En effet, elle se démena du matin au soir, sortie la première et rentrée après les autres. Elle dégota finalement un expert en médecine traditionnelle, non rattaché à un hopital, un vieux monsieur que j'appelai plus tard « Papy ». C'était un brave homme qui, connaissant notre pauvreté, ne nous a jamais fait payer ses consultations.

Il commença par me nettoyer toute la peau du corps, puis il sortit son scalpel pour racler les moisissures jusqu'à ce que la chair propre et saine réapparaisse. A chaque coup tranchant, j'avais l'impression que l'on me cisaillait les nerfs. Il me badigeonna avec une substance noirâtre pour finir par me recouvrir de pansements.

Ma mère semblait souffrir plus que moi. Je compris alors qu'elle m'aimait beaucoup. Sa main tremblait le jour où elle a nettoyé elle-même mes plaies; je souffrais le martyre mais je sentais désormais la force de son amour et je n'ai rien voulu lui dire. Je serrais les dents pour ne pas hurler... pour ne pas la faire pleurer.

– Non, je ne peux pas, Niu-Niu! J'ai l'impression que je suis en train de te tuer. Pourquoi ne pleures-tu pas, ça m'aiderait.

– Mais tu ne me fais pas mal du tout, Maman. Je ne pleure pas pour ne pas te troubler.

– Mon Dieu! Tu m'as appelée « Maman »! Je ne rêve pas ? Tu sais que ce mot-là, je l'attends depuis si longtemps!

Elle se jeta en pleurant dans mes bras.

– Je t'aime, Niu-Niu, tu sais. Je regrette tellement tout ce que tu as subi à cause de nous. Pardonne-moi. Je te supplie de m'appeler « Maman » encore une fois!

J'en mourais d'envie mais m'en montrai tout à coup incapable. Compréhensive, elle n'insista pas et poursuivit les soins.

Que c'était dur de se réhabituer à avoir une maman. Huit années Mamie avait pris sa place dans mon cœur et j'avais du mal à être spontanée.

Un mois s'écoula. Mes parents ne laissaient plus Mamie chercher du papier dans les poubelles. Ils nous apprenaient à lui marquer le plus grand respect, à lui éviter toute peine et tout travail fatigant. A table, les meilleurs morceaux lui étaient destinés. Nous veillions avant tout à sa santé.

Mes parents s'occupaient aussi énormément de nous. Mimi, qui à la campagne avait continué ses exercices quotidiens de danseuse depuis l'âge de six ans, suivait maintenant les cours d'un professeur, ancien ami de mes parents. Et puis ils surveillaient étroitement notre éducation à Ningning et à moi.

Leurs attentions à notre égard me touchaient profondément, et je souffrais de leurs cauchemars. La première fois, ma mère avait pleuré derrière la porte de la chambre. Elle demandait à mon père s'il était bien vrai que nous étions tous réunis, si tout était terminé, s'ils étaient effectivement revenus. Elle gémissait. Elle n'arrêtait pas de répéter qu'elle avait peur de tout. Elle disait qu'elle avait pitié de ma grand-mère, de Mimi et de moi. Elle s'horrifiait des tourments que nous n'avions pas manqué d'endurer. Elle se culpabilisait pour la mort de mon grand-père et avait honte de ne pouvoir rendre hommage à ses cendres.

J'avais été mortifiée par son chagrin. Je ne voulais plus la blesser. Je ne voulais plus qu'elle attende que je me jette dans ses bras. Et dès le lendemain matin, quand elle évoqua de nouveaux souvenirs, après qu'elle m'eut tendrement réconfortée en me soignant, je me suis précipitée dans ses bras.

– Maman, je t'aime ! Tu m'as tellement manqué. Je t'ai attendue pendant si longtemps. Depuis le jour où tu es partie, j'ai besoin de toi. Je suis si heureuse d'être une fille normale avec une maman qui m'aime.

Mes parents ont repris leur travail. Maman se levait à l'aube pour pratiquer sa gymnastique et ses exercices de chant. Elle se préparait à jouer son premier rôle au théâtre depuis son retour.

Comme les douches communes se trouvaient en dessous de nos fenêtres, nous étions réveillés tous les matins par ses vocalises de sirène. Mon père en riait de plaisir, disait que cela lui ouvrait l'appétit; malheureusement nous n'avions pas grand-chose à grignoter. Quoi qu'il en soit, je m'aperçus que leur amour était intact. Peut-être en exagéraient-ils devant nous les manifestations pour sceller l'union familiale.

Mon père ne travaillait plus au théâtre mais dans un studio de cinéma pour lequel il commençait à écrire un scénario. Il pleurait en rédigeant l'histoire d'une chanteuse pendant la Révolution culturelle. Il semblait ne pas craindre la censure, certain que la Chine allait véritablement faire peau neuve.

Le jour de leur première paie, papa et maman sont sortis durant tout l'après-midi pour acheter les cadeaux qu'ils projetaient depuis longtemps de nous faire : une paire de souliers pour Ningning, une robe pour Mimi, des vêtements chauds pour ma grand-mère, et un joli pantalon pour Niu-Niu! Ils ne s'étaient rien offert à eux-mêmes à part un paquet de cigarettes pour mon père.

Les répétitions de la pièce étaient terminées et ma mère allait se produire en public après huit ans d'éclipse. Elle avait été nerveuse tout le jour et nous avait demandé si nous croyions qu'elle allait bien jouer, si elle plairait aux spectateurs, si elle n'était pas trop vieille pour ce rôle... Elle n'avait rien pu avaler avant de partir.

Nous nous étions tous mis sur notre trente et un. Papa nous avait acheté un esquimeau à chacune. Nous n'étions pas les seules à vociférer comme des petites folles, à claironner dans la salle que c'était notre mère qui jouait sur la scène. Mon père ameutait les gens pour décrire sa femme, « habillée en bleu sur la gauche de la scène »! Heureusement, malgré le boucan que chacun faisait pour manifester sa joie de voir un membre de sa famille reprendre du service après les années stériles de la

Révolution culturelle, la pièce s'est déroulée nor-
malement.

Maman était géniale et magnifique ! Nous versions des larmes de bonheur tout comme nos
voisins dans les fauteuils, émus de cette preuve de
la fin de dix années de « Révolution culturelle par
le vide ».

Notre premier nouvel an ensemble arriva. La
veille, mes parents avaient fait des provisions de
pétards, de viande, de bonbons et de fruits grâce à
six mois d'économie. Ningning était chargée de
saupoudrer la table de travail, ma grand-mère et
Mimi roulaient la pâte et fermaient les raviolis;
quant à moi, je les alignais de telle façon qu'ils ne
se touchent pas et je préparais l'eau de cuisson.

Nous avons partagé ces symboliques raviolis en
formulant pieusement des vœux. Nous les avons
dégustés lentement, heureux d'être ensemble et de
croire au bonheur.

17

MES PLUS GRANDS ESPOIRS

Depuis leur retour, notre existence avait changé. Je n'étais plus la fille de malfaiteurs, la cible des violences verbales d'une population vindicative et aveuglée. J'allais maintenant au lycée tandis que Ningning était entrée dans mon ancienne école. Mimi, ma grande sœur, dansait tous les jours. Nous avions repris du poids, ma guérison prenait bonne tournure et deux petites fleurs rouges s'épanouissaient sur nos joues bien rondes.

Mes parents travaillaient beaucoup. Le plus heureux était mon père qui venait de recevoir l'approbation de son scénario. Il disait que la famille Liu n'était pas brisée et il était certain que tout irait de mieux en mieux pour nous.

Quelques mois plus tard, ma grande sœur avait, contre toute attente, réussi l'examen d'entrée à l'université. En tant qu'ex-enfant de malfaiteur, elle était toujours plus sévèrement notée que les autres. Mais parents rechignaient à la laisser partir pour Pékin, alors qu'elle venait de rejoindre le cocon familial depuis un an à peine. Cependant, pensant à son avenir, ils lui présentèrent leurs félicitations en pleurant. La veille de son départ, à l'exception de Ningning, personne ne se coucha pour s'entretenir avec elle. Ma mère et ma grand-mère l'aidèrent à préparer ses bagages et papa lui fit ses dernières recommandations.

– Mimi, ne pleure pas. Ne sois pas triste de nous quitter. Tu sais que tu as une chance extraordinaire de pouvoir entrer dans la seule université de danse du pays. Maman et moi sommes plus fiers de toi que tu ne saurais l'imaginer... La seule chose que je te demande, c'est de nous écrire quand tu auras du temps de libre. Tu sais que nous savourerons les moindres détails de ton récit comme des morceaux choisis. Enfin..., je ne sais pas où je trouve moi-même le courage de te laisser partir...

Mimi promit d'avoir les meilleures notes pour remercier nos parents de l'amour qu'ils lui témoignaient. Mais maman, essuyant ses larmes, lui répliqua que c'était plutôt à elle de la remercier de pardonner à sa maman le peu de temps qu'elle avait eu pour s'occuper d'elle.

– Ce nouveau départ nous déchire le cœur. Nous avons honte de ne pouvoir t'offrir plus de vêtements et d'argent. Là-bas, dans le Nord, tu devras mener ta nouvelle existence en ne pouvant compter que sur toi-même. Tout de ce que nous pourrons faire sera de prier pour que tu sois heureuse et couronnée de succès dans tes entreprises.

La nuit se déroula ainsi dans les sanglots et la nostalgie jusqu'à ce que sonne l'heure du départ.

Notre famille ne comptait plus que cinq membres mais la pauvreté ne nous avait pas complètement abandonnés : le salaire de mes parents, cent vingt yuans en tout, était entamé des trente-cinq yuans qu'ils envoyaient chaque mois à Mimi. Maman nous expliqua qu'elle devait se nourrir bien pour avoir assez de force. De plus, une jeune fille de vingt ans se devait d'être présentable pour sortir... Ainsi les quatre-vingt-cinq yuans qui restaient pour cinq étaient utilisés pour la nourriture, mes médicaments, le loyer de l'appartement ainsi que l'électricité et les frais scolaires. Malgré les comptes d'apothicaire de ma mère pour serrer le budget au maximum, les fins de mois ne nous laissaient pas le moindre centime. Mamie avait proposé de se remettre à fabriquer des boîtes d'allumettes, ce que mes parents avaient immédiatement refusé, préférant se priver de manger plutôt que de la voir se tuer au travail.

Pour équilibrer notre alimentation, maman nous mijotait chaque semaine une soupe aux pieds de porc et au soja qui nous faisait tout le week-end. Quant aux fruits, elle achetait les moins chers uniquement en saison. Un jour, elle avait fait l'acquisition onéreuse d'une livre de cerises que nous devions partager Ningning et moi et qu'elle me dit avoir rangée dans le placard que mon père avait installé sur le palier. À ma stupéfaction, il n'en restait que trois dans le bol, dont l'une était aussi minuscule qu'un petit pois, une autre véreuse et la troisième encore verte : ma petite sœur avait déjà englouti ma part. Mais, avant de découvrir le pot aux roses, je me mis à maudire ma mère, pensant qu'elle m'avait fait là un piètre cadeau. La fautive ne tarda pas à être démasquée, elle avait eu d'ailleurs très peur que maman la battît; c'était une fâcheuse habitude qu'elle avait de réclamer – ou de s'octroyer – plus que les autres. Ningning, mon adorable petite sœur, m'amusait tellement que je ne lui en voulais jamais.

Un soir, nous fûmes réveillés par une dispute entre nos parents. Mon père demandait à ma mère, qui tenait les cordons de la bourse, quelques dizaines de centimes pour s'acheter un paquet de cigarettes, en arguant qu'il n'avait jamais d'argent sur lui.

– Ce n'est pas parce que je ne veux pas t'en donner, mais nous n'en avons pas assez! Même pas pour acheter une troisième paire de sous-vêtements à chacun.

Papa ne voulait rien entendre et ils continuaient de se quereller. Soudain, le bruit d'une gifle retentit derrière la porte et Ningning et moi, épouvantées, fonçâmes dans leur chambre pour éviter qu'ils ne se battent. Papa, regrettant son accès de violence incontrôlé, demanda pardon à ma mère et lui jura de ne plus recommencer.

– Non, tu n'as pas à t'excuser. C'est ma faute. J'aurais dû t'acheter des cigarettes.

Le lendemain, je m'aperçus que ma grand-mère avait repris en cachette sa fabrication laborieuse de boîtes d'allumettes pour arrondir les fins de mois de la famille. Je l'aidai comme avant et, avec le produit de notre travail, nous achetâmes des denrées supplémentaires que nous rangions discrètement avec les provisions de la maison.

Ce n'est que lorsque mon père commença son tournage et que ma mère eut de plus en plus d'engagements que notre niveau de vie s'éleva au-dessus du seuil de médiocrité. Nous parvenions à économiser cinq yuans par mois et à avoir de la viande sur la table deux ou trois fois par semaine. De temps en temps nous allions faire des photos dans les parcs pour nous divertir. Et les nouvelles que nous envoyait Mimi rehaussaient de couleurs agréables notre modeste existence.

Une très bonne nouvelle allait bientôt surprendre la famille : la vieille maison où était la bibliothèque de Papy, où mes parents s'étaient mariés, où Mimi et moi étions nées, notre ancienne demeure nous était restituée par le gouvernement! En outre, on nous accordait un dédommagement de deux mille yuans pour les années perdues.

Mamie en avait gardé le sourire pendant des heures. Puis, elle s'était subitement mise à réfléchir. Je trouvais en effet qu'elle s'était affaiblie depuis quelque temps. Ça avait commencé au retour de mes parents. C'était surtout la conséquence de ces années difficiles qui l'avaient usée, desséchée et vidée de toute sa substance. Elle avait accompli sa tâche et pensait sans doute qu'elle pouvait partir maintenant. Comme Papy en son temps, elle parlait souvent de mort et de départ. Nous nous inquiétions pour elle, nous essayions de la contenter, de lui procurer un peu de bonheur. Mes parents lui avaient laissé la jouissance des deux mille yuans, mais elle n'en avait utilisé que cinquante pour acheter une quantité astronomique de tissu blanc. Personne n'en avait compris l'usage, quand elle nous expliqua qu'elle craignait que « là-bas » il fît froid et noir et que Papy en avait certainement besoin.

Seulement trois ou quatre mois après qu'on nous eut restitué notre maison, Mamie osa m'emmener avec elle pour y jeter un coup d'œil. Elle aussi avait subi de grands changements : huit années de vent et de pluie avaient fait virer la porte au marron; après une si longue période de négligence, les murs étaient moisis et délabrés. Le jardin et la cour avaient perdu leurs fleurs, partout des détritus en décomposition jonchaient le sol.

Ma grand-mère examinait chaque centimètre carré de la main et de l'œil avec une attention particulière, au fur et à mesure que revivaient les souvenirs.

– Le temps a passé si vite. Tout ça n'est plus qu'une vieille histoire.

Ses yeux étaient de nouveau rouges tandis que je ne savais pas si je devais être triste ou heureuse de revoir cet endroit. Elle me dit que, durant ces sordides années, elle avait eu souvent envie de revenir ici et d'observer le décor du passé.

– ... Mais je n'ai pas osé mettre les pieds dans cette rue. J'avais si mal !...

Elle ne se trompait pas, car mes parents ne s'y étaient aventurés qu'une ou deux fois et en étaient revenus les larmes aux yeux. Deux familles de nouveaux locataires y logeaient désormais. Et parce qu'elles ne trouvaient pas d'appartement ailleurs, elles ne pouvaient déménager. Mamie ne pouvait se résoudre à les chasser et demanda que lui soit versé le plus bas des loyers. Un jour toutefois, il lui prit la lubie d'exiger que mes parents la laissent habiter seule dans la pièce vide qui avait jadis servi de salon.

– Peut-être qu'il viendra me chercher là-bas.

Mes parents ne consentirent pas à ce caprice insensé : il nous fallait d'une part veiller constamment à sa santé et d'autre part la tenir à l'écart des souvenirs funèbres. Elle se contenta alors d'y retourner régulièrement pour nettoyer la cour et faire pousser de nouvelles fleurs dans le jardin. La fréquence de ses visites augmentait tout comme le temps qu'elle y passait. Personne n'imaginait ce qu'elle y fabriquait jusqu'au jour où j'entendis ma mère raconter à mon père qu'elle avait installé le salon exactement comme il était avant, à part les toiles différentes qu'elle avait accrochées aux murs. Les fantaisies funèbres de Mamie étaient devenues coutumières mais elles engendraient chez nous tous un ineffable et douloureux sentiment de culpabilité.

La solitude était toujours mon problème, j'avais encore peur de lier de nouvelles connaissances. A part mon ami Zhou Qiang, et même si personne ne m'insultait plus dans la rue, je ne m'étais fait aucun nouveau camarade : j'avais tellement pris l'habitude d'éprouver de la honte que je ne pouvais m'en débarrasser, aussi je me bornais à revoir mes anciens amis.

Ils avaient eux aussi connu le jour faste de leur réhabilitation sociale. Notre amitié s'en affermit davantage et nous continuâmes de respecter notre serment de fidélité éternelle.

A la suite d'une dispute pour une peccadille avec la fille la plus violente du lycée, je m'étais sauvagement fait battre sans répliquer. J'avais toujours peur de risquer la séance de critique des professeurs et d'oublier les sages préceptes de ma grand-mère pour qui le seul moyen de s'en sortir indemne était de supporter les coups avec résignation. Mon père ne l'entendit pas de la même manière quand il me vit revenir à la maison le visage gonflé et les mains lacérées.

– Niu-Niu, à partir de maintenant tu n'es plus une enfant maudite. Si quelqu'un te frappe, tu peux lui rendre ses coups! Et si tu ne frappes pas assez fort, tu peux mordre ou pincer afin de rendre le mal qu'on te fait. Si tu perds la bataille, garde ton honneur et ne pleure pas. Si tu gagnes, papa te donnera des bonbons.

Ma mère et ma grand-mère s'alarmèrent de l'entendre m'inciter à la bagarre. Mais il était fou de colère à l'idée qu'on pût encore subir les vexations des autres. De plus, il avait décidé d'aller en personne au lycée pour clamer que si on se permettait une nouvelle fois de toucher à un seul de mes cheveux, il montrerait de quel bois il se chauffait. J'avais donc à naviguer entre les imprécations de mon père et les conseils moins belliqueux de ma mère. J'avoue que les paroles de papa me plaisaient mieux. Il me prit à part pour ajouter :

– Il ne faut pas que tu aies peur des autres. Ils n'ont pas le droit de t'humilier. Tu dois leur prouver que tu es intelligente et plus forte qu'eux. Je te fais confiance. Tu gagneras toutes les batailles.

A dater de ce jour, je me mis à me battre comme

un coq, poussée par le goût de la revanche et assurée que j'étais désormais quelqu'un de normal. On n'avait plus le droit de me traîner dans la boue, de me traiter d'avorton de chien. Je profitai un peu trop des encouragements de mon père, qui se mit à les regretter, pour me bagarrer au rythme d'une fois par jour aussi naturellement que je prenais mes repas. Si on ne m'agressait pas, je combattais pour rendre justice à mes amis. Le bruit d'une bataille m'excitait comme une drogue et je voulais y prendre part sans me soucier qu'il s'agisse d'inconnus. Ma réputation grandissait de jour en jour au lycée.

Alors que Zhou Qiang et moi nous nous amusions aux barres parallèles, un gredin lui lança une grosse pierre en pleine figure. Il eut si mal qu'il en tomba à la renverse en pleurant. Zhou Qiang, depuis la disgrâce et l'éloignement de ses parents, était devenu aussi passif et vulnérable que je l'avais été pendant huit ans.

Certaine de ma force recouvrée et ne supportant pas qu'on pût profiter de la faiblesse des autres comme on avait profité de la mienne, je fonçai proférer des insultes à l'égard du voyou. Il m'asséna un monstrueux coup de poing en plein visage et je m'écroulai par terre où je vis trente-six chandelles.

– Si je ne te bats pas jusqu'à ce que tu en pisses et en chies dans ton froc, je ne m'appelle plus Niu-Niu!

Zhou Qiang ne savait plus où se mettre et m'ordonna d'arrêter, mais j'avais la volonté invincible de prouver enfin qui j'étais.

Nous nous battîmes comme des enragés. Les forces montaient en moi comme la sève dans les arbres. Je remportai la victoire, laissant mon adversaire avec le nez en sang et la moitié des dents cassées.

Le lendemain après-midi, mon père fut convoqué au lycée par les professeurs. Ils lui dirent qu'il avait failli à mon éducation et qu'il devait faire attention à mon attitude. Contre toute attente, il ne me sermonna pas; bien au contraire, il me félicita pour mon courage et ma fermeté. Toutefois, il jugea qu'il n'était pas nécessaire de briser les dents de mes adversaires.

Ma mère, quant à elle, s'enflamma comme un incendie qui atteint le ciel :

– Vous êtes aussi stupides l'un que l'autre! Il y a trois jours, ton père s'est battu avec un ouvrier; sa tête est toujours entourée de bandages et voilà qu'aujourd'hui toi aussi tu t'y mets! Vraiment, il n'y a personne de sérieux dans cette famille. Je vais tout raconter à Mamie!

Mon père devint nerveux, car dans la famille, il n'avait peur que de sa mère. J'appris donc par le biais de cette histoire grotesque pourquoi mon père avait la tête bandée... Ce qui fut moins amusant fut le fait que mes parents durent payer les frais de dentiste du garçon que j'avais corrigé.

Au lycée, nous n'étudiions plus les citations de Mao, mais les leçons m'ennuyaient tout autant et je faisais souvent l'école buissonnière ou bien je lisais en classe, en cachette sous ma table, les romans que mes parents achetaient et les scénarios de mon père. Le soir, au lieu de faire sagement mes devoirs, je me faufilais avec ma petite sœur et mes amis dans les queues devant les cinémas et les théâtres pour entrer sans payer.

Mes parents se mirent alors à émettre quelques réserves sur leur amour naguère inconditionnel pour leur chère fille. Ils s'affligeaient que je sois si turbulente et irresponsable. Avant que n'éclate un nouveau litige, j'allais amadouer ma grand-mère qui me pressait ensuite de convaincre mes parents qu'il était aussi bon pour moi de lire de bons livres que d'assister aux cours soporifiques du lycée.

C'est alors qu'apparut une autre cause de souci : mes relations amicales avec mes vieilles connaissances qui montraient autant de tendances belliqueuses que moi et ne respectaient pas la séparation des sexes nécessaire aux jeunes gens de notre âge. Nous autres, anciens enfants de « malfaiteurs », avions désormais une renommée de petits voyous. Et, comme par le passé, nous nous rassemblions pour voler, casser des vitres puis finir la fête au restaurant. Si bien que mon père acquit un nom grâce à son film et que moi, je devins célèbre pour mes méfaits. On savait que la deuxième fille du nouveau grand cinéaste s'appelait Niu-Niu et qu'elle séchait les cours pour jouer avec les garçons de son âge.

Sur mon carnet de notes, une seule était bonne : celle que j'avais eue pour avoir bien nettoyé la classe; le reste formait une splendide guirlande de zéros. Je voyais finalement d'un très mauvais œil arriver les vacances, parce qu'elles annonçaient le retour de Pékin de ma sœur qui allait être couverte de louanges et de cadeaux par toute la famille. Je devins jalouse de l'amour qu'elle pouvait inspirer aux autres : elle devait avoir une chance inouïe! Mes parents me la citaient comme modèle, ce qui m'exaspérait plus que tout. Elle possédait beauté, intelligence, etc. Ma mère se figurait qu'il ne convenait pas de me faire miroiter un aussi bel avenir. Un simple avis favorable me concernant lors des réunions de parents lui aurait suffi.

Cette injustice, cet a priori pessimiste, cette dévaluation préconçue de mes capacités me poussèrent à prouver que la deuxième fille de la famille pouvait accomplir de grandes choses, elle aussi. En outre, j'avais le sentiment que j'avais perdu l'amour de mes parents : une constatation inadmissible pour moi.

Je m'attelai donc au travail, décidée à me fourrer dans le crâne les matières qui me répugnaient et qui finalement étaient bêtes comme chou à apprendre. Mes notes suivantes ayant grimpé en flèche, mes parents supposèrent que j'avais fait des antisèches. Cette nouvelle vexation fut plus dure à encaisser que les précédentes et je leur proposai d'aller vérifier eux-mêmes auprès des professeurs.

J'écrivis une dissertation qui depuis fait partie des annales de la famille. Le titre en était « Mes plus grands espoirs » et je l'avais rédigée avec toute ma foi : « Depuis que je suis toute petite, j'ai de nombreux "plus grands espoirs". J'ai toujours désiré rendre ma famille fière, et que tout le monde soit gentil avec moi, m'aime pour ce que je suis. J'espère que quand je serai adulte, je pourrai accomplir des actions méritoires, même si je ne sais pas encore très bien comment je m'y prendrai. Mais, certes, j'ai envie de réussir un jour pour recevoir des multitudes de roses rouges et des applaudissements en reconnaissance de ce que j'aurai fait. Je voudrais être quelqu'un de différent, qui s'élève au-dessus de la foule, je souhaiterais devenir un grand aigle invincible, déployant ses ailes et ses serres pour foncer du haut du ciel à travers les montagnes et les nuages... »

Mon père avait été emballé par mes aspirations profondes et il ne s'était pas imaginé que je pusse formuler de telles ambitions. Son admiration me mit du baume au cœur. Elle me donna la force de poursuivre dans le même sens et je lui avouai que mon plus cher désir était de ne pas susciter ses reproches dans la mesure où j'avais le pouvoir de faire ce qui me plaisait. Je lui racontai aussi que huit années vécues en son absence avaient désorienté ma vie et ma confiance en moi mais que son retour m'avait apporté la possibilité de devenir quelqu'un.

Papa ajouta que pour devenir un aigle puissant, il fallait étudier sérieusement. Les larmes qu'il versa me firent comprendre que mes parents m'aimaient vraiment.

Il fut décidé à la suite de cette dissertation que j'irais dans un lycée de Chongqing et que je logerais chez un oncle. Mamie accepta de me laisser partir après bien des soupirs et des torrents de larmes. Mon père prit une semaine de congé pour m'accompagner et veiller à mon installation dans une ville qui m'était inconnue. Maman ne cessa de m'exhorter à étudier et à lire... et à aller brûler du papier-monnaie pour les morts sur la tombe de ses parents en les priant de lui pardonner d'avoir négligé leur dernière demeure durant ces longues années. Je devais lui écrire sitôt cette tâche accomplie.

Depuis leur retour, c'était la première fois que je les quittais.

18

L'ÂME MORTE

CHONGQING était une jolie petite ville nichée sur une montagne dans les nuages et à l'aplomb du fleuve Bleu. Le matin, la population se réveillait au son des sirènes des bateaux et le soir, les lumières reflétées dans l'eau se mêlaient à celles de la ville pour rejoindre les étoiles du ciel.

C'était donc ici que ma famille, génération après génération, avait vécu, ici que mon grand-père avait épousé ma grand-mère, ici que mon père avait passé une jeunesse dorée. A chaque fois que je traversais la rue, j'imaginais que Papy l'avait arpentée avant moi et quand j'entendais les cris des vendeurs, je pensais que Mamie aussi les avait écoutés. Le décor de l'histoire qu'elle m'avait raconté sur notre famille se trouvait donc devant mes yeux ébahis.

L'oncle et la tante qui me recevaient menaient une existence paisible et douce. La tante enseignait l'anglais et l'oncle le chinois et l'histoire. Ils avaient quatre enfants : deux filles qui partageaient leur demeure et une autre fille et un fils à la campagne, qui n'avaient pas encore trouvé le moyen de revenir depuis la fin de la Révolution culturelle. J'avais vu leur photo sur laquelle ils paraissaient très jeunes et où la fille l'emportait en beauté sur ses sœurs. C'était ma cousine Lianhua. Quand ma tante me parlait d'elle, elle semblait mélancolique et restait systématiquement muette lorsque je lui demandais quand elle reviendrait. Ma cousine finit par me dire que je ne devais pas poser cette question parce que Lianhua était morte depuis quelques années déjà. Mais personne ne pouvait me préciser de quoi elle était morte et je commençai à trouver leur attitude étrange.

Ils étaient très gentils avec moi, nous étions allés visiter l'ancienne maison de mes grands-parents qui avait été transformée en bibliothèque et la banque de Papy, occupant deux étages d'un immeuble, qui était devenue une banque nationale. Ils m'emmenaient souvent au cinéma et nous discutions tous ensemble des films que nous avions vus, ce qui m'ouvrait l'esprit. J'aimais énormément cette famille.

On m'inscrivit au lycée où enseignait mon oncle. J'y fis la connaissance de nombreux amis, dont la meilleure élève de la classe qui eut une influence bénéfique sur mes résultats scolaires : j'étais souvent deuxième ou troisième après les interrogations. Mes parents s'en réjouissaient et ils ne manquaient pas de me faire apporter des friandises par leurs amis de passage dans la ville. Je les partageais aussitôt avec ma nouvelle amie, Meimei.

Elle vivait sur un sampan amarré à une des rives du fleuve Bleu. Ses parents pêchaient ou bien, à la morte-saison, vendaient les produits d'un lopin de terre qui leur avait été alloué. Comme ils étaient analphabètes, tous leurs espoirs s'étaient reportés sur Meimei dont ils souhaitaient qu'elle pût lire et écrire et peut-être même entrer à l'université. Le dimanche, j'allais pêcher et nager en leur compagnie. Ils me donnaient un poisson pour que j'apporte à mon oncle ce modeste témoignage de leur reconnaissance pour l'enseignement qu'il prodiguait à leur fille. Le cadeau était d'autant plus précieux qu'ils ne consommaient eux-mêmes du poisson que deux ou trois fois par mois. Ils me gardaient à dîner malgré leur pauvreté et la simplicité des repas.

Je devins très intime avec Meimei et je découvris que l'histoire de sa famille avait elle aussi son lot d'événements pénibles. En effet, que ce fût sur la berge ou sur le fleuve, des bagarres éclataient sans cesse. Le plus fort obtenait un bon emplacement ou une bonne zone de pêche au détriment de ses voisins. A cause de son mauvais état de santé, le père de Meimei ne sortait jamais vainqueur des bagarres, mais il avait quand même réussi à s'assurer la tranquillité et un bon coin de pêche en promettant à un des responsables locaux la main de sa fille pour son fils débile. Les autres, envieux, avaient alors entrepris de le tourmenter en perçant la coque de son bateau, en abîmant régulièrement son filet ou en faisant des dégâts sur son lopin de terre. Jamais je n'aurais imaginé que sur une rive aussi accueillante il pût y avoir des rivalités aussi dramatiquement mesquines.

– Il n'y a rien à la maison et tu continues à boire! Notre vie s'est noyée dans l'alcool depuis le jour où tu t'es mis à picoler!

– Je t'emmerde! Je bosse comme un dingue et je n'ai même pas le droit de boire un peu! Connasse!

Meimei, en entendant cela, n'osait rentrer chez elle. Elle était épouvantée par les disputes entre ses parents et la honte l'obligeait à me demander de revenir un autre jour. Elle m'expliquait que je ne devais pas leur en vouloir car ici tout le monde était pareil à cause de la misère : un centime gaspillé était le prétexte d'une scène dans tous les ménages. Elle n'avait pourtant pas besoin de se justifier. Je me souvenais encore du jour où Papy avait maudit ma grand-mère pour sa nourriture avariée...

D'un autre côté, j'appréciais ses parents, si naturels et si bons. J'adorais aussi participer à leurs séances de pêche où chacun entonnait un chant admirable pour signaler qu'il tenait une bonne prise. Leur visage et leurs mains rugueuses, leurs rires spontanés après les beuveries avaient définitivement planté le décor romanesque de ma nouvelle vie. Mais les bons moments ne durent qu'un temps.

Mon oncle reçut un jour une longue lettre, qu'il lut avec ma tante en tremblant comme si elle avait pesé des tonnes. Ils pleurèrent au fil des mots jusqu'à ce que ma tante pousse un cri avant de s'évanouir. Dès lors, tous les membres de la famille déprimèrent, gémissant du matin au soir.

– Lianhua, ma pauvre fille, où es-tu ?
– Ma sœur, quelle histoire terrible !
– Les animaux, les salauds, je les tuerai tous !

Lianhua étant censée être morte, je ne comprenais pas leur soudaine tristesse. Que contenait cette lettre ?

La famille me délaissa peu à peu et je dus bientôt retourner chez mes parents.

Deux mois plus tard, en fouillant dans le courrier de mon père, je découvris quel mystère effroyable se cachait derrière la lettre qu'avait reçue mon oncle.

Ma belle cousine, que je ne connaissais que d'après sa photo, vivait toujours. Durant la Révolution culturelle, confiante en Mao, elle avait suivi son enseignement et elle était retournée à la campagne pour y suivre une rééducation par les travaux des champs.

Là-bas, quelques mois plus tard, elle avait fait la

connaissance d'un garçon de son équipe de travail et elle était tombée amoureuse de lui.

Cependant, Lianhua, devenue célèbre dans le village pour son extrême beauté, avait été dispensée des travaux agricoles pour travailler à la station de radio paysanne locale qui diffusait des messages politiques dans les haut-parleurs. Cela avait fatalement attisé la jalousie des autres filles, qui médisaient sans répit sur son compte. Quant à elle, elle resta aveuglément amoureuse pendant trois ans, jusqu'au jour où son compagnon retourna chez ses parents et épousa la fille du chef de recrutement des jeunes citadins afin de se procurer un emploi d'ouvrier dans une usine. Il échappait ainsi à la rudesse de la vie campagnarde tandis que Lianhua, abandonnée, tentait de se suicider.

Elle fut sauvée de justesse par un chef de ferme, un secours qui n'allait lui apporter que de nouveaux déboires. Elle tombait dans une autre gueule de tigre.

Cet homme, un paysan rustre et stupide, avait réussi à devenir le cheffaillon de la ferme pendant la Révolution culturelle. Depuis l'arrivée de Lianhua, il l'avait suivie comme un petit chien car il désirait épouser cette beauté comme il n'en avait jamais vu de pareille.

Mais ma cousine aurait préféré mourir plutôt que de se marier avec un individu aussi laid que son esprit était ignoble et vil. En effet, l'année où tous ces jeunes maoïstes avaient débarqué dans le village, pour étaler sa force et son pouvoir, il avait tout fait pour leur rendre la vie impossible. Les paysans du coin n'aimaient pas voir arriver ces « intellectuels » avec qui ils devaient partager leurs déjà maigres rations de céréales. Il avait battu à mort un pauvre bougre affamé qui avait volé un poulet. On savait qu'il avait commenté son acte par des paroles monstrueuses :

– C'est bien fait pour vous tous ! Avant, vous ne

prêtiez aucune attention aux paysans. Maintenant vous savez à qui vous avez affaire! Nous nous chargerons dorénavant de vous donner quelques bonnes couleurs pour que vous vous fassiez une bonne image des paysans!

Il s'en était pris aussi à Lianhua. Comme il avait échoué dans ses tentatives pour la séduire, il avait mijoté une vengeance. Il la bâillonna à l'aide d'un mouchoir et la viola.

Il lui fit ensuite jurer de ne pas répéter ce qui venait de se passer et de ne pas attenter à sa propre vie parce qu'elle pouvait encore lui servir. Il la menaça le cas échéant de lui attacher une paire de chaussures autour du cou et de lui faire subir une humiliante séance de critique. A cette époque, la plus grande honte que l'on pût faire à une femme était de lui accrocher au cou une paire de vieilles chaussures ou de la traiter de pantoufle usée, signifiant par là qu'elle était sexuellement souillée.

Mais Lianhua, passant outre aux menaces et connaissant bien la loi, avait écrit une lettre à l'autre chef de ferme pour réclamer que justice lui soit faite. Or, le plus puissant faisant sa propre loi, ma cousine ne put faire reconnaître la vérité. Tout le village avait beau la tenir pour une victime, personne n'osait contrevenir aux ordres du chef. Et celui-ci, qui n'ignorait pas la terreur qu'il inspirait, en éprouva un sentiment de supériorité encore plus infâme.

Avec un groupe de paysans manipulés, il alla la faire mettre nue et il la viola, cette fois-ci devant tout le monde. Puis il partit le sourire aux lèvres, content et fier de lui. Depuis ce jour, l'âme de ma cousine était morte; elle était en butte au mépris général, toute pitié et toute compassion ayant déserté l'esprit des habitants du village. Si un compagnon pensait lui venir en aide, il changeait vite d'avis car il avait peur de ne jamais obtenir l'autorisation de retourner en ville. Non seulement on s'écartait d'elle, mais en outre on lui crachait au visage en la traitant de putain et de fille impure.

Son ventre avait naturellement rejeté le bébé qu'elle portait et dès lors, elle était devenue pareille à un légume. Seule, elle devait accomplir les travaux manuels les plus pénibles.

La Révolution culturelle terminée, son père, mon oncle, avait essayé d'entrer en communication avec elle par de nombreuses lettres demeurées sans réponse. On lui avait dit qu'elle était morte et il se l'était tenu pour dit. C'était le sale type de chef de ferme qui avait fait main basse sur le courrier.

La lettre que mon oncle avait reçue quand je séjournais chez lui était datée de 1976, soit deux ans avant son arrivée chez son destinataire. Elle avait été finalement expédiée par un opposant à cette ordure de cheffaillon.

Après mon départ de Chongqing, mon oncle et ma tante étaient immédiatement partis pour le Yunnan afin de retrouver leur pauvre Lianhua, qui n'était plus qu'une demi-folle, métamorphosée après avoir enduré tous ces supplices.

Durant quatre mois, ils avaient cherché à obtenir de la justice qu'on entame une procédure. Et finalement ils aboutirent au tribunal.

Le juge déclara que pour une affaire vieille de plusieurs années comme celle-là on ne pourrait avoir de preuves suffisantes : viol ou consentement mutuel, c'était encore à vérifier ! Devant le fait accompli, le juge préconisait le mariage.

Mais l'individu sans scrupule qui avait torturé ma cousine – et qui en avait traumatisé bien d'autres – ne voulait pas l'épouser. Il disait qu'il refusait de prendre une poubelle pour femme. Les parents s'en retournèrent voir le juge, qui se déchargea totalement du problème et refusa d'en entendre parler davantage.

Mon oncle, au dernier degré du désespoir, comprenant que la vie de sa fille était définitivement gâchée parce qu'aucun garçon ne voudrait se marier avec une fille comme elle, pensait que la seule solution était de l'unir à celui qui l'avait possédée. Lianhua y avait consenti : c'était le seul moyen pour elle d'avoir un foyer et de laver sa honte, de retrouver la face et par conséquent un travail normal. Toute la famille s'était mise à genoux pour implorer l'ordure de céder, lui promettant d'accéder à n'importe laquelle de ses exigences, mais en vain. Mon oncle avait proposé de lui offrir ses économies afin qu'ils s'achètent des meubles et le nécessaire pour leur installation, mais le violeur persistait dans son refus.

C'était la raison pour laquelle mon père avait reçu cette missive déchirante. Comme il avait des relations sur place où il avait déjà tourné un film, mon oncle lui demandait de lui venir en aide. Je me souviens encore des dernières lignes de sa lettre : « Viens m'aider, je ne te demande que ceci. J'ai travaillé si dur dans ma vie à enseigner à des étudiants les bons principes du Parti. A mon âge, je n'ai plus qu'un seul espoir, celui d'installer un foyer pour Lianhua, de trouver un endroit où elle puisse vivre tranquille. C'est aussi ce qui lui tient le plus à cœur maintenant. Même si ses yeux sont secs, elle continue de pleurer en son for intérieur. Je me prosterne, la tête basse, pour te supplier de venir aider la pauvre Lianhua. »

Mon père était revenu un mois plus tard du Yunnan, les yeux cernés.

– Je ne sais pas si j'ai bien ou mal agi... Ils sont enfin mariés... Lianhua ne pleure plus, elle reste assise tous les jours à sourire nerveusement comme une folle.

Ma grand-mère répondit que si elle commençait

à sourire, même comme une demeurée, ce n'était pas si grave car le plus important était, pour une femme, de retrouver son honneur.

Mon père avait, à force de petits cadeaux et d'invitations à dîner aux personnalités locales, réussi dans son entreprise délicate et obtenu qu'on intimide le bourreau de ma cousine s'il refusait le mariage. Les fonctionnaires amadoués par Papa avaient fait pression sur lui en le menaçant de prison.

Après les noces, il traita Lianhua comme un animal, la battant comme il l'entendait et l'insultant à sa guise. Elle ne répliquait jamais mais prenait les outrages avec son inamovible sourire de demeurée.

Je revis mon oncle et ma tante quatre mois plus tard. Ils avaient l'air vieillis et affaiblis. Ils avaient troqué leur sourire tendre pour une expression glacée et impassible. Ma tante avait les cheveux tout blancs et mon oncle était devenu chauve.

– C'est nous qui avons forcé nos enfants à aller se rééduquer à la campagne. Le temps a puni notre stupidité et notre rigueur. Nous regrettons, nous nous haïssons... La vie de notre pauvre Lianhua, la plus jolie et la plus intelligente de nos enfants est finie...

Lianhua n'a pas été la seule à vivre un tel martyre. Des centaines comme elle ont probablement souffert de tourments identiques.

Je rencontrai enfin ma cousine, quelques mois plus tard : on lui avait accordé un mois de vacances pour ses noces. Elle en avait profité pour nous rendre visite et surtout pour remercier mon père. Elle ne ressemblait plus guère à la photo sur laquelle ses cheveux noirs et brillants comme de l'ébène scintillaient de mille feux et où sa peau blanche comme de la neige enchâssait tel un écrin les deux diamants noirs de ses yeux. A vingt-sept ans, elle paraissait plus vieille que ma mère. Ses

nombreux cheveux blancs encadraient sa physionomie rêche. Elle avait grossi et s'était avachie.
Son sourire était comme mon père nous l'avait
décrit, niais et agité.

Le sale type était là aussi. Lianhua paraissait
terrorisée devant lui. Elle lui apportait eau et
nourriture, lui lavait ses vêtements et devait même
lui tendre le papier quand il allait aux toilettes. Dès
qu'il toussotait, elle s'empressait de lui demander
ce qu'il voulait. Il avait une tête insupportable. Il
passait ses journées, nonchalant et désœuvré, à se
promener ou à aller au cinéma tout seul.

Quand ils partirent au bout d'une semaine, mes
parents les raccompagnèrent à la gare. Ils le firent
uniquement pour ma cousine, sachant qu'autrement elle aurait été obligée de porter les valises.

Je ne l'ai jamais revue depuis ce jour. Son
histoire allait me poursuivre dans de multiples
cauchemars. J'ai compris que c'était la force des
préjugés qui empêchait un garçon de l'épouser
après qu'elle avait été violée. Mais pourtant, c'est
désespérant d'avoir à admettre que personne n'a
osé braver la malédiction sociale pour lui procurer
un peu d'amour et de chaleur humaine.

Ma grand-mère m'apprit ce dicton populaire :
les jolies filles ont dès leur naissance une étoile de
courte durée. C'est malheureusement la même
morale populaire qui est responsable du sort de
toutes les Lianhua de Chine.

Ma cousine et son mari eurent un enfant, lequel,
pensai-je, n'aurait jamais dû naître.

19

LE DÉPART DE ZHOU QIANG

J'eus quinze ans cette année-là. Les salaires de mes parents avaient augmenté, et nous ne souffrions plus de la faim. Pour mon anniversaire, Maman m'acheta des vêtements neufs et elle prépara un somptueux repas de fête. J'en profitai pour inviter mes amis, Zhou Qiang, Dajun, Tianye et Jinyan.

Ils avaient changé. Dajun ne voulait plus s'engager dans l'armée et il avait mis sur pied une petite affaire qui consistait à vendre des billets de cinéma au marché noir quand un bon film sortait. Il allait aussi vendre des légumes dans le Nord qui connaissait la pénurie. Pour ce faire, il s'arrangeait avec les employés des chemins de fer pour ne pas acheter ses billets et il acheminait à lui tout seul des dizaines de kilos de légumes pour son seul bénéfice. Il réussissait à gagner de cent à deux cents yuans par mois : une petite fortune à l'époque, qu'il économisait pour s'acheter un restaurant. Il prévoyait déjà de faire payer plus cher les clients antipathiques et d'offrir leurs consommations aux amis et aux artistes. Ses belles paroles nous amusaient toujours autant et il restait notre grand frère à tous.

Tianye avait, quant à lui, tellement travaillé qu'il avait réussi l'examen d'entrée à l'université des Beaux-Arts. Son départ pour la capitale était fixé au mois de septembre. Il était relativement fier de cette réussite qui lui valait un certain succès auprès des filles. Enfin, pour se faire un peu d'argent, il nous força, Dajun et moi, à acheter une de ses toiles : j'avais chapardé dix yuans à mon père pour cette acquisition, mais Dajun dut débourser plus de cinquante yuans !

Jinyan avait achevé ses études secondaires et grâce à la diligence de ses parents, ou aux nombreux petits cadeaux qu'ils avaient dû fournir, elle avait obtenu un emploi dans l'usine de tissage où ils travaillaient. A dix-neuf ans, elle était très heureuse de ce travail d'ouvrière difficile à trouver. Elle ne gagnait que vingt-huit yuans par mois pour commencer, mais c'était déjà beaucoup pour elle. Elle n'était plus « l'épouse » de Dajun comme au bon vieux temps. Nous avions tous grandi et perdu notre âme d'enfant.

Zhou Qiang, depuis le départ de ses parents, était devenu taciturne et maussade. Pendant mon dîner d'anniversaire, il n'avait prononcé que quelques phrases timides. Un voile de tristesse répandu sur ses traits le vieillissait. Encore un an chacun d'études secondaires et nous allions affronter, comme nos compagnons, la vie et la société. Zhou Qiang n'avait pas de projets précis pour son avenir : il se laisserait porter par la rivière, et verrait bien si son flux le précipiterait en bas ou l'amènerait au sommet. Comme il disait avec son humour désabusé : je n'ai même pas à m'en faire, le Parti assure qu'il n'y a pas de chômage en Chine. Tout ce que je risque c'est de me retrouver, comme ils disent, « en attente d'un emploi ».

En ce qui me concernait, j'avais envie de rentrer

à l'université et malgré le fatalisme de Zhou Qiang, je souhaitais que nous puissions y aller ensemble.

Après le repas, nous décidâmes de faire un tour dans la ville sans présager que ce bonheur éphémère allait, plus tard, nous valoir de sérieux ennuis. Nous repassâmes devant le vieux théâtre et la nostalgie aidant, nous entrâmes à l'intérieur : Zhou avait divulgué le secret du passage souterrain.

Dans la grande salle vide, je me rendis compte que notre repaire était bien plus mignon qu'avant : après la Révolution culturelle, il avait rouvert et on l'avait pour l'occasion repeint et décoré de tissu rouge flamboyant et équipé de nombreux projecteurs. Au moment où nous posions le pied sur la scène, l'idée nous vint, en voyant les décors déjà mis en place pour la pièce qui se jouait alors, de mettre les costumes des acteurs et de nous offrir une représentation privée. Nous trouvâmes lesdits costumes dans les coulisses, dont nous forçâmes la porte avec un couteau de cuisine. Comme il n'y avait pas de gardiens, nous ne nous gênâmes pas non plus pour allumer les projecteurs. Bref, notre petit cirque nous mena jusque très tard dans la nuit. Dajun, le businessman en herbe, se disait qu'il pourrait tirer une coquette somme de ces costumes bien cousus et nous attendîmes comme à l'accoutumée les ordres du chef.

– Dans peu de temps, nous serons obligés de nous quitter : Tianye va partir et Niu-Niu le rejoindra peut-être à Pékin. Quant aux autres, leur travail les retiendra ici. Pourquoi ne ferions-nous pas un dernier coup fumant avant notre séparation ?

Sans nous poser davantage de questions, d'un commun accord nous récupérâmes tous les accessoires du théâtre et nous les emballâmes avec un sérieux de professionnels. Il était convenu que personne ne trahirait le secret. Et comme Zhou

Qiang devait rester à l'écart à cause de sa nouvelle situation sociale, que Dajun voulait éviter les interrogatoires au poste de police qu'il fréquentait un peu trop souvent à cause de ses affaires louches, que Jinyan risquait de se faire renvoyer et enfin que Tianye se serait vu refuser l'entrée de l'université en cas de pépin, la seule personne qui allait supporter la responsabilité du larcin, c'était moi! J'étais toute gonflée de mon importance : pour prouver à mes aînés que j'étais courageuse et fidèle en amitié, j'acceptai avec joie une proposition qui me mettait à l'honneur.

Le lendemain pendant la nuit, nous allâmes trouver notre ancien receleur qui, comme jadis, évita tout commentaire et nous acheta le lot pour cent yuans. La tradition exigeait que cet argent nous serve à nous payer un festin et, s'il en restait après cela, que nous le partagions entre nous. Ce qui fut fait dans les règles de l'art et chacun récolta quinze yuans après de grandes libations.

Cependant, les acteurs s'aperçurent juste au moment de jouer qu'ils n'avaient plus leurs costumes de scène. Ils annulèrent le spectacle et coururent déclarer le vol à la police. Nous n'étions pas peu fiers de notre exploit.

La ville étant petite, les policiers enquêtèrent rapidement et, une semaine plus tard, à mon retour du lycée, je vis mes parents furibonds en compagnie d'un agent et du receleur : ils m'avaient retrouvée. Je tins ma promesse et déclarai à la police que j'étais la seule responsable. Le receleur connaissait bien la loi du silence qui régissait notre bande et il confirma.

Mon père sortit la baguette de bambou et se mit à me corriger avec véhémence. Je poussai d'horribles cris de douleur et les larmes me montèrent aux yeux. Malheureusement, ma grand-mère ne se trouvait pas à la maison à ce moment-là et personne ne put me secourir; même ma mère me frappait avec violence en me lançant des insultes. D'après mes calculs, à eux deux, ils m'assenèrent cent quarante coups.

Papa pleurait en disant :

– Tu es vraiment une mauvaise fille. Nous avons essayé de te donner une bonne éducation, mais tu persistes à ne pas obéir. A cause de tes bêtises, tu vas devoir aller en prison !

Maman hurlait que j'étais une calamité pour notre famille. Jamais je n'avais vu mes parents dans un tel état de furie et c'est leurs réactions seulement qui me firent prendre conscience de ma faute. Je les suppliai de me pardonner, de m'aider à ne pas aller en prison : cette fois-là, j'eus véritablement peur.

En effet, ils tentèrent tout ce qui était possible pour m'éviter les barreaux. Ce fut une semaine très pénible car les voisins qui me détestaient depuis toujours et les gens jaloux de mes parents s'étaient réunis pour nous donner du fil à retordre dans une situation où nous étions en position de faiblesse : ils avaient en outre fait de fausses déclarations à la police sur mon inconduite.

Maman avait fait des pieds et des mains auprès de ses relations. La police se laissa fléchir à condition qu'on verse cinq cents yuans de dommages et intérêts. Je devais aller également deux heures par jour pendant une semaine à l'Ecole de rééducation des jeunes criminels.

Mes parents durent racler tous les fonds de tiroir et emprunter pour réunir cette somme si élevée et ils gardèrent le secret vis-à-vis de Mamie qui en serait tombée malade. Mais la rumeur parvint jusqu'à elle, elle en pleura durant plusieurs jours et se persuada que c'était la faute de son éducation. La leçon me fut profitable : j'eus honte d'appauvrir ainsi mes parents, de culpabiliser ma grand-mère et de perdre la face devant mes copains au lycée. Les voisins ne m'adressaient plus du tout la parole;

ils avaient interdit à leurs enfants de me voir et mon surnom de « mauvaise fille » atteint une renommée sinistre.

Dans cette mise à l'écart sociale, une seule personne restait loyale et fidèle, quoi qu'il pût m'arriver. C'était Zhou Qiang. Je m'étonnais d'ailleurs de son amitié inconditionnelle, mais il me démontrait constamment qu'il lui serait impossible de jamais me mépriser. Il disait que nous avions tous les deux un destin fixé par les étoiles. Il ne s'inquiétait que de mon habitude fâcheuse de jouer avec le feu, bien qu'il admît que c'était ce qui faisait mon charme.

Quant à moi, je commençais à trouver sa présence à mes côtés indispensable. Et quand je pensais à lui, mes joues se mettaient à rougir et mon cœur à battre. Son sourire charmeur hantait mes rêves. Il était mon héros, génial et beau comme dans les films. Ce sentiment nouveau me projetait au paradis et en enfer aussi : j'en avais un peu peur. J'étais dévorée par le mal dont j'avais lu les symptômes dans les romans d'amour. De plus, je savais bien que c'était une honte pour une fille de mon âge de penser à un garçon. Ma mère, intuitive et claivoyante, me faisait la morale : je ne devais plus trop m'amuser avec les jeunes gens mais penser à mes études et à mon avenir.

Avant l'âge de vingt ans, c'est considéré comme une infamie pour une fille de côtoyer les garçons et même au lycée, les professeurs séparent les deux sexes dans les classes en veillant à ce qu'ils ne communiquent pas entre eux. Je me souviens que le meilleur élève avait glissé un billet doux dans l'encrier d'une fille pour l'inviter au cinéma. Il fut dénoncé par un camarade et dut subir une réunion de critique en présence de ses parents. Son père le gifla devant tout le monde pour lui apprendre ce qu'était la honte. Par la suite, il fut rétrogradé : on avait décidé qu'il n'était plus le meilleur de la classe !

Cette anecdote sema le plus grand trouble dans mon esprit, je ne savais plus sur quel pied danser avec Zhou Qiang. Je le chassai de mes pensées mais en vain. Lui-même changea d'attitude. Il rougissait à chacune de nos rencontres tant et si bien que nos conversations, naguère si passionnées, sombraient dans la gêne.

Je languissais, j'avais la tête surchauffée et je maudissais les contraintes imposées à la jeunesse. Pourtant nos rapports étaient francs et honnêtes et pour cause, nous nous connaissions depuis l'enfance. Aussi, je ne voyais pas pour quelle bonne raison j'aurais dû cesser de voir Zhou Qiang. Je passai donc outre aux conventions une fois de plus pour poursuivre une liaison fraternelle. Cependant, sa timidité grandissante bloquait un tantinet notre complicité légendaire. C'était égal, il me suffisait d'entendre son souffle et de sentir la chaleur de son corps pour être heureuse.

« La mauvaise fille drague les garçons », entendais-je dire. Dans la rue, il se trouvait toujours de méchantes gens pour nous poursuivre de leurs insultes. Ma mère avait durci son attitude et elle m'ordonna de rentrer directement à la maison après les cours. D'autant plus que les examens d'entrée à l'université approchaient.

Pour finir, je les ratai, ce qui ne me mécontenta pas du tout. Mes parents, quant à eux, ne s'y étaient pas attendus car, malgré ma réputation de mauvaise fille, j'avais toujours obtenu de bons résultats scolaires. En outre, dans mon lycée, le meilleur de la ville, quatre-vingts pour cent de mes condisciples avaient été admis dans les meilleures universités et le reste dans de moyennes. Moi je n'avais été reçue nulle part. Papa et maman étaient en colère et m'interdirent de fréquenter Zhou Qiang. On m'enferma dans ma chambre pour que j'étudie avec acharnement dans la perspective de l'année suivante.

Le pauvre Zhou Qiang m'appelait du bas de ma fenêtre tandis que je demeurais impuissante dans ma prison fermée à clef. Nous nous lancions des petits mots pour communiquer en silence et, en dépit de la pluie ou du mauvais temps, il ne manquait pas nos rendez-vous romantiques sous l'arbre en bas de chez moi. Enfin, un jour, grâce à la complicité de ma petite sœur, je pus échapper à la surveillance familiale pour sortir de la ville en compagnie de mon vieil ami.

Nous restâmes assis dans un champ, muets, sans savoir comment rattraper le temps perdu. Puis il prit ma main dans les siennes qui étaient tremblantes et moites. Nous étions très heureux de rester ainsi côte à côte à écouter le vent et les oiseaux, à contempler le champ et la petite rivière. Il brisa enfin le silence pour me demander si je me souvenais du jour où nous avions assisté au coucher du soleil avec professeur Yang.

– Oui, bien sûr... Nous étions si petits en ce temps-là.

Et main dans la main, cœur à cœur, nous regardâmes une nouvelle fois le soleil se fondre dans l'horizon. Juste avant de partir, il prononça ces mots gravés depuis dans ma mémoire : « Niu-Niu, je... je t'aime bien, c'est vrai! » J'en perdis le sommeil durant toute une semaine.

Par la suite, pour notre sécurité, nous ne nous rencontrions que tard le soir, quand la ville dormait. Il annonçait son arrivée en jetant un caillou sur ma vitre et comme je logeais au premier étage, je sautais par la fenêtre pour le rejoindre. Nous ne rentrions qu'au son du gong qui annonçait l'heure suivante.

Ce bonheur romantique ne dura pas longtemps. Zhou Qiang vint un soir à la maison, habillé en soldat, alors que toute la famille regardait paisiblement la télévision. Sa mine décomposée m'effraya. Alors que mes parents lui offraient du thé et des bonbons, il nous déclara qu'il allait partir le lendemain matin pour la guerre contre le Viêt-nam. Il se considérait néanmoins comme très chanceux d'avoir été accepté dans l'armée. Ainsi, sa famille pouvait être dite « honorée », comme celles de tous les militaires, hommes et femmes. Cette nouvelle me fendit le cœur, je n'arrivais pas à y croire.

Ma grand-mère lui donna vingt yuans en lui recommandant de prendre soin de sa santé et j'eus l'autorisation de le raccompagner chez lui. Mais en marchant, je ne prononçai pas un seul mot tant j'avais le cœur gros et noyé de larmes. Lui non plus ne dit pas une seule parole, il épongeait ses yeux ruisselants.

Arrivé devant la maison de sa tante, il me dit d'une voix chevrotante :

– Ne pleure pas, Niu-Niu. Je t'écrirai. Je te jure que je reviendrai.

Sous la lumière sinistre des réverbères, nous nous embrassâmes sur la joue en guise d'adieu. « La plus grande tristesse est de se dire au revoir quand on part et adieu quand on meurt » : cette parole que m'avait enseignée ma grand-mère me fit présager que notre séparation allait être éternelle. Je passai une nuit blanche à tremper ma couverture de pleurs ininterrompus. Et avant l'aube, je me levai pour l'accompagner à la gare. Je ne pouvais pas le laisser partir si vite et en pensant à la surprise que j'allais lui faire, je préparai des œufs durs comme ma mère faisait à chaque départ en voyage de mon père. Je raflai au passage les bonbons et les gâteaux de la maison et je courus essoufflée jusqu'à la gare.

Beaucoup de soldats, accompagnés de leur famille, riaient ou pleuraient en faisant leurs adieux. Zhou Qiang était là tout seul, un grand sac sur le dos et il avait l'air misérable en regardant ses camarades embrasser leurs proches.

– Comment se fait-il que tu sois venue?

Je lui tendis mon sac de victuailles en le priant de me promettre de revenir. J'avais mal de voir briller les remerciements dans ses yeux gris. Soudain, il éclata en sanglots en tremblant de tous ses membres. Nos larmes coulèrent sur nos mains jointes et serrées.

– Niu-Niu, ne m'oublie pas. Tu sais, quand je recevrai ma première solde, je t'achèterai le plus beau des cadeaux. Même si une balle doit me traverser le ventre.

Zhou Qiang, mon meilleur ami, mon frère et aussi mon amour avait si bon cœur qu'il pensait à moi en dépit des risques qu'il courait.

La corne annonça le départ du train, malgré mes dix mille « non » et nos dix mille étreintes. Nous détachâmes nos mains. Le train s'éloigna et disparut à l'horizon. Sans le voir, je savais que Zhou Qiang essuyait ses larmes, sans l'entendre, je savais qu'il soupirait pour me dire qu'il reviendrait, pour me demander de l'attendre.

La gare se vida, laissant place aux images de mon enfance : mon premier jour d'école, notre première rencontre... Il m'avait dit : « Bonjour, je m'appelle Zhou Qiang », et plus tard, alors que je devais balayer la cour : « Niu-Niu, je ne te quitterai jamais. » Tout récemment il m'avait déclaré un amour timide et pudique et moi, comme une imbécile, je n'avais rien fait aujourd'hui pour arrêter ses pas.

20

CHANTAGE

Un mois plus tard, l'unité de travail de ma mère proposa sept emplois aux enfants du personnel, à condition qu'ils passent un examen. Il s'agissait de trois postes de comédien, deux dans la restauration et deux dans la décoration. A ce moment-à, mes parents en déplacement en province ignoraient que leurs collègues se battaient pour faire admettre leurs rejetons : les jalousies et les vieilles rancunes avaient surgi sous forme de lettres de dénonciation mutuelles, d'insultes et d'affiches de propagande.

Comme je convoitais aussi un poste de comédienne, mon problème consista à faire accepter à une ancienne élève de ma mère de me donner des cours d'art dramatique. Yan Ying était, selon les éloges de ma mère, une fille brillante et belle qui promettait beaucoup dans la profession. Ses qualités avaient néanmoins suscité l'envie de ses congénères qui ne lui épargnaient plus leurs réflexions calomnieuses. Ma mère m'avait également dit qu'elle s'était enfuie de Pékin dans notre ville pour échapper à la diffamation dont elle avait été l'objet.

Cependant, les racontars n'ayant jamais prise sur les membres de notre famille, elle avait chez nous la réputation d'une fille gentille et sincère.

Effectivement, elle m'accueillit à bras ouverts et se prêta volontiers à m'enseigner le métier d'actrice. Elle m'apprit sans tarder à chanter, à danser, à jouer des saynètes et à connaître un brin d'histoire de la littérature, de la peinture et du théâtre. J'étais absolument subjuguée par son savoir immense.

Le jour de l'examen, je présentai un texte moderne de Lao She, *Clair de lune*. Mais l'émotion de recréer sur scène les situations tragiques que j'avais vécues dans mon enfance, telles que la faim et la maladie, m'empêcha de terminer ma prestation : tout à coup, je restai complètement muette. Yan Ying m'avait néanmoins trouvée superbe mais l'emploi de comédienne me passa sous le nez. C'était peut-être dû aussi à l'absence de mes parents qui n'avaient pas participé à la guerre d'influence.

Je n'en fus pas triste car j'avais eu la chance de rencontrer Yan Ying. Elle était mon inspiratrice et mon initiatrice. Grâce à elle je me suis mise à me cultiver, à travailler mon style d'écriture et à apprendre à juger les scénarios de mon père. Elle m'avait pour ainsi dire inculqué le désir de me rendre utile et celui de travailler ardemment pour entrer dans une université afin d'y étudier le cinéma.

Mes parents s'étonnaient de mon changement d'attitude. Ils s'en réjouissaient et j'étais flattée de leur apporter ce bonheur. Pourtant je gardais secret mon projet d'entrer à l'université car au cas où j'échouerais, je ne voulais ni perdre la face ni les décevoir. Ils avaient payé les cours supplémentaires que je comptais suivre, en dépit de leur prix exorbitant. Ils s'étaient donc serré la ceinture et j'avais mis un terme à mes bêtises pour les remercier de leurs efforts. En outre, ils étaient fiers de mon amitié avec Yan Ying qui les changeait de mes anciennes fréquentations douteuses.

La franchise de ma nouvelle amie m'avait déconcertée au premier abord. Elle parlait d'elle-même sans fard et sans modestie, contrairement aux préceptes de ma grand-mère pour qui plus on cachait ses sentiments et plus on restait humble, mieux c'était. Elle me raconta qu'elle attirait la jalousie des autres, non seulement parce qu'elle était belle et intelligente, mais aussi parce que son célibat anormal à vingt-sept ans et ses nombreuses relations amicales lui valaient la suspicion des conformistes. Elle excitait la jalousie des désœuvrés qui s'occupaient l'esprit en fourrant leur nez dans la vie des autres. Il est même probable que, sans eux, la Révolution culturelle n'aurait jamais duré dix ans. Yan Ying avait, aux yeux des autres, trop de chance et, pour apaiser leur virulence, elle aurait dû contrebalancer ses vertus par quelques défauts bien choisis.

Elle attendait toujours de rencontrer l'âme sœur mais elle désespérait qu'il existât encore des forces de la nature après le raz de marée révolutionnaire. Elle m'avoua, non sans humour, qu'elle aurait épousé mon père s'il avait été libre.

L'enseignement anodin et gai que me prodiguait Yan Ying me fut à tel point profitable que je m'applique à suivre encore aujourd'hui son modèle. Elle m'a donné le courage et la volonté de progresser sans courber l'échine, sans baisser les bras devant un échec, sans ménager ses forces pour aboutir. C'est grâce à elle que je résolus de tenter l'examen d'entrée dans la section la plus difficile de l'université de cinéma, celle de la réalisation de films. Une réussite me vaudrait l'admiration de mes parents certes, mais surtout la reconnaissance de mes mérites par ceux qui me haïssaient depuis toujours. Je voulais me prouver quelque chose à moi-même.

Tandis que je préparais fiévreusement le concours, j'appris par mes parents que ma chère Yan Ying se trouvait dans une situation délicate. Elle était tombée finalement amoureuse d'un jeune cinéaste, collègue de mon père. En fait, ils s'étaient rencontrés longtemps avant à Pékin, mais ils n'avaient pu se marier car il était soldat et elle poursuivait ses études. Quand, plus tard, elle alla le retrouver, il avait été marié de force par ses parents.

Je connaissais bien ce garçon. Depuis ma plus tendre enfance j'avais coutume de l'appeler « grand frère Xu ». Il avait l'esprit vif et bon cœur. J'appris que malgré son mariage arrangé, il aimait ardemment Yan Ying. C'est pourquoi, après deux ans d'éloignement, ils s'étaient revus pour aller au restaurant ou au cinéma ensemble. Mais leurs rencontres avaient été espionnées par ceux qui possédaient des yeux spéciaux pour ce genre de choses.

Grand frère Xu avait demandé le divorce à son épouse pour mettre un terme à une vie conjugale sans amour. Sa femme, dépitée, s'en était allée faire un esclandre devant le directeur de son unité de travail. Elle avait même injurié celle qu'aimait son mari. Elle était poussée par son égoïsme quand elle déclara qu'il n'y avait pas de raison pour qu'elle soit le dindon de la farce et la seule à souffrir. Elle avait même ajouté qu'elle préférait qu'ils soient trois à être malheureux plutôt que de laisser les deux amoureux goûter un bonheur paisible.

A cause de la publicité qui avait été donnée à cette histoire, Yan Ying, qui était depuis longtemps sur la corde raide, venait de perdre sa bonne réputation.

Quand j'allai la voir pour la réconforter, elle avait perdu ses forces et semblait désemparée. Elle savait que le juge n'accorderait pas le divorce à grand frère Xu, parce que depuis son mariage, il n'y avait aucune preuve de dispute au sein du ménage et par conséquent aucune raison objective de divorcer. Personne n'avait d'ailleurs compris la phrase de grand frère Xu : « nous ne nous aimons plus ». En outre, son épouse légitime et délaissée avait claironné à la cantonade que Yan Ying et lui avaient couché ensemble. Et faisant figure de victime, elle avait forcément recueilli la sympathie de ceux qui avaient bien voulu l'entendre.

Le directeur de leur unité de travail avait exigé qu'ils rédigent une autocritique alors que le seul forfait avait été de se rencontrer, de s'aimer mais d'un amour strictement platonique, sans entamer une relation adultère. Yan Ying, bien que dotée d'une mentalité libérale et moderniste, se serait indignée à l'idée de transgresser les sains usages de la moralité.

Elle était abattue, désarmée devant l'injustice qui lui tombait sur la tête. Les perspectives noires de son avenir lui traversaient l'esprit sans relâche, la rendaient tragiquement taciturne et vulnérable.

Son directeur avait également envoyé une lettre à ses parents. Je m'efforçai de la calmer mais l'assurance de mon soutien, si sincère qu'il ait pu être, ne suffisait pas à l'aider : j'étais impuissante et je ne pouvais que pleurer en silence avec elle.

Ses parents, une fois arrivés en ville furent invités le soir même chez les miens, principalement pour leur prouver la bonne moralité de leur fille. Nous tenions à renforcer leur confiance en elle face aux ragots de l'opinion publique. L'ambiance tendue de ce dîner empêcha les convives de toucher à un seul des nombreux plats pourtant délicieux.

Un mois s'écoula pendant lequel Yan Ying vécut un véritable enfer. Elle n'osait plus sortir de chez elle à cause des regards et des visages menaçants qui la suivaient à la trace. Elle écrivit des pages

entières d'autocritique et on lui retira le rôle principal d'une pièce dont elle avait commencé les
répétitions. Ses parents lui faisaient des scènes
pour qu'elle retourne à Pékin, préférant lui faire
perdre son travail plutôt que d'être déshonorés.
Elle refusait catégoriquement pour demeurer au
moins dans la même ville que son amour.

Quant à la vie de grand frère Xu, elle fut
marquée par les disputes incessantes avec sa
femme, l'arrêt du tournage de son film et finalement son retour – exigé par sa femme – chez ses
parents qui ne manquèrent pas de prendre la
relève pour lui faire la morale.

Yan Ying vint nous voir en larmes : ses parents
avaient décidé qu'elle devait trouver un mari, sous
peine de se suicider si elle refusait. Mes parents se
sont précipités pour aller les en dissuader et je suis
restée avec Yan Ying pour calmer sa tristesse. Elle
avait un air hagard et dubitatif. Toute expression
disparaissait peu à peu de son joli visage. Elle
soupirait, la tête renversée sur le fauteuil, en
écoutant le mouvement du réveil. Chaque tic-tac
l'enfonçait davantage dans ses songes nébuleux et
sinistres. Deux heures passèrent ainsi et je commençais à bâiller quand des pas précipités résonnè-
rent dans l'escalier.

C'était mon père, le visage livide, et transpirant à
grosses gouttes.

– Yan Ying, viens vite! Ta mère... elle s'est
coupé les veines!

Après une nuit d'anxiété à l'hôpital, on vint nous
dire que la mère de Yan Ying était hors de danger.
Elle demanda l'autorisation de lui parler et,
comme j'étais curieuse, je collai mon oreille contre
la porte.

– Yan Ying, tu sais que tu es ma seule fille, mon
enfant unique. Tu sais aussi que les troubles men-
taux de ton père ont fait que j'ai reporté tout mon
amour et tous mes espoirs sur toi. Tu n'as pas

oublié sans doute les difficultés que j'ai eues pour t'élever... ou peut-être les as-tu déjà perdues dans un coin de ta mémoire ? Ma fille, j'ai déjà passé la moitié de ma vie sur terre et il ne me reste plus beaucoup de temps devant moi... Pour que je connaisse un peu de bonheur dans mes dernières années, pour que je puisse fermer mes paupières dans la quiétude, je te supplie, Yan Ying, de te marier. A ton âge il est temps... et puis cela te blanchira...

– Ne pleure pas, maman. Calme-toi... Je ne peux pas... Je ne peux pas me marier sans amour avec un inconnu...

– Yan Ying, si tu dois me redire non, il vaut mieux que tu détaches maintenant ce tuyau ou bien que tu prennes un couteau pour me tuer de tes mains !

– Arrête, maman, je ferai ce que tu veux. Je ferai ce que tu exiges de moi.

Je compris aux bruits de sanglots derrière la porte que Yan Ying était prête à accomplir ce qui lui répugnait depuis toujours.

Elle se maria un mois plus tard avec un inconnu, un professeur de chimie à l'université. J'étais présente à leur cérémonie de mariage. Il y avait de nombreux invités parmi lesquels ses anciens accusateurs et le directeur de son unité de travail.

21

LA LETTRE DE L'UNIVERSITÉ

Les deux folles semaines d'examen se terminaient enfin. Après quatre épreuves éliminatoires, sur mille six cents candidats il n'en restait plus que trois : deux garçons et moi. Chaque fois que j'allais vérifier les résultats, l'apparition de mon numéro me procurait tant de stupeur joyeuse que j'en perdais un kilo. Je ne savais pas comment j'avais passé avec succès les épreuves éliminatoires auxquelles je m'étais présentée dans un état second. A la fin, j'étais épaisse comme une allumette. Mais tout n'était pas fini. Il fallait encore, en tremblant de crainte, attendre le verdict définitif parce que, sur toute l'étendue du territoire, on n'acceptait qu'un ou deux étudiants par province : entre les trois derniers que nous étions, il devait y avoir un perdant et personne ne pouvait prédire sur qui tomberait le couperet.

Cependant, mon esprit était hanté par la pensée de Zhou Qiang de qui je n'avais reçu qu'une lettre depuis son départ. Je lui avais pourtant écrit et, avec l'argent de poche que me donnait ma mère, je lui avais expédié une chemise.

Après les premiers résultats, j'étais allée rendre visite à Yan Ying. Elle avait changé et son humeur s'était ternie. Son humour se faisait de plus en plus acide. Quand je lui demandais à quoi ressemblait la vie d'une femme mariée, elle me répondait que sa vie de couple était comme celle de tout le monde et c'est tout. Son mari, très gentil, faisait la lessive et la cuisine à sa place. Il ne la touchait jamais depuis leur nuit de noces où Yan Ying lui avait brandi une paire de ciseaux sous le nez pour lui interdire de l'approcher. Le mal-aimé, compréhensif, s'attendait à la demande en divorce d'un jour à l'autre. Il en avait pris son parti et disait même qu'ensuite il ferait tout pour le bonheur de Yan Ying. Elle-même n'ignorait pas qu'elle lui faisait du mal mais c'était un juste retour des choses car les autres l'avaient trop fait souffrir.

Grand frère Xu, quant à lui, avait tout donné à sa femme pour obtenir d'elle de faire chambre à part : un genre de pacte équitable en somme.

J'appris, quelque temps après cette conversation, qu'il avait été arrêté par la police sous prétexte qu'il avait eu des relations illicites avec d'autres femmes. On craignait la sentence qui allait tomber sur lui. Yan Ying pourtant trouvait la situation favorable car le résultat était que son épouse avait demandé le divorce. De plus, les criminels ayant le droit de se marier, Yan Ying était prête à vivre avec lui en dépit des années qu'il devrait passer en prison. Cet amour total m'inspira de me comporter comme Yan Ying avec mon Zhou Qiang. Je me disais qu'il aurait beau revenir infirme de la guerre, je n'en serais pas moins dévouée envers lui. Mais bon sang ! Pourquoi n'avais-je toujours pas de réponse à la lettre que j'avais postée depuis trois semaines ?

Un matin, je me réveillai dans une forme éblouissante sans trop savoir pourquoi. Je m'habillai avec soin contrairement à mon ordinaire. Cela étonna Ningning, ma petite sœur.

Je l'emmenai au cinéma. A notre retour à la maison, le gardien de l'immeuble me tendit une lettre que j'espérais provenir de Zhou Qiang. Mais non. Je lus, les yeux hagards : « Camarade, nous sommes heureux de vous informer que vous êtes reçue au sein de notre université dans le département de cinéma en classe de réalisation. Veuillez vous munir de vos papiers avant le 3 septembre à Pékin pour les inscriptions. Signé : la cellule du Parti de l'université de cinéma de Pékin. » Un immense tampon rouge ornait solennellement le bas de la page.

Je faisais donc partie des rares élus ? Non, ça devait être un canular ! Et en relisant la lettre à maintes reprises, je lançais des imprécations contre le mauvais plaisantin qui avait osé me troubler l'esprit. Puis, je tendis la missive à ma petite sœur qui n'en crut pas non plus ses yeux. Je fondis en larmes et comme un ouragan je fonçai à la maison pour m'enfermer dans ma chambre et caresser comme une démente le gigantesque et magnifique tampon rouge. C'était une vraie lettre avec les caractères tapés à la machine et le tampon incrusté dans la feuille. Même le papier avait une texture particulière et inimitable.

J'étais admise. Cela signifiait que dès aujourd'hui mes parents et mes ennemis ne me couvriraient plus d'opprobre et qu'ils me respecteraient. De joie, je m'arrachais les cheveux et je sautais sur mon lit en poussant des cris perçants. Mes espoirs allaient enfin être comblés : l'avenir si lumineux m'offrait l'occasion de me faire aimer de tous et d'acquérir leur confiance. Moi, la vilaine et la voleuse, j'avais dorénavant de quoi garder la tête haute.

Je voulais, avec la complicité de Ningning, faire

la surprise à mes parents et j'ai posé la lettre au-dessus des journaux qu'ils avaient l'habitude de lire le soir en rentrant. Toutes les deux nous nous sommes mises à crier à la fenêtre en jetant de vieux papiers comme s'il se fût agi de fleurs odorantes, afin d'attirer l'attention des passants.

Mes parents rentrèrent enfin. Ningning et moi les accueillîmes d'un « bonjour Papa et Maman chéris! » si respectueux qu'ils s'en étonnèrent.

Ma grand-mère pria mon père de vérifier ce que je manigançais parce que je n'avais cessé de chanter à tue-tête. Il me demanda si, ne m'étant pas encore bagarrée, je n'étais pas en train de fêter ma victoire. Mais je l'avais vu prendre ses journaux et avant qu'il n'ait entendu ma réponse, son cri emplit la maison.

Il pensa d'abord que l'administration s'était trompée en intervertissant mon nom avec celui d'une autre : pour lui, l'événement était aussi incroyable que s'il avait plu des diamants. Comme ma petite sœur ajoutait son grain de sel pour attester que je ne mentais pas, mes parents se fâchèrent, pensant que nous avions monté toute l'affaire.

Je leur dis que c'était là le fruit de mon acharnement pendant un an et la raison pour laquelle j'avais souhaité prendre des cours supplémentaires. Je leur avouai aussi que j'avais passé les quatre épreuves éliminatoires en cachette. Maman pleurait de joie et Papa restait incrédule.

– Niu-Niu, je suis heureux que tu aies fait tous ces efforts, mais je suis certain que quelqu'un a le même nom que toi.

Cette fois, je me suis mise en colère : mon père me prenait vraiment pour une idiote! Si lui-même doutait de mes capacités, alors forcément les autres avaient de bonnes raisons de me haïr. Je lui ai pris la lettre des mains en lui proposant de vérifier, tandis que je décidais de partir pour Pékin en septembre prochain.

Effectivement, mon père allait découvrir le fin mot de l'affaire. Il enfourcha son vélo le soir même pour téléphoner à l'université de cinéma où il connaissait quelqu'un. A son retour, il chantait comme un illuminé.

– Ma chérie, tu es vraiment géniale ! Tu es la seule candidate admise dans notre province et la plus jeune de la section de réalisation.

Le lendemain, mes parents se levèrent plus tôt que de coutume et ne se présentèrent pas à leur travail pour m'acheter des cadeaux. Papa se posta ensuite devant la porte de son studio pour accoster les membres de son unité de travail, y compris ceux qu'il ne connaissait pas, afin de répandre la merveilleuse nouvelle : « Ma deuxième fille, Niu-Niu, est reçue à l'université dans la section de réalisation ! Regardez cette convocation ! C'est la seule de toute la province ! »

Il s'agitait d'une manière si comique que toute la famille était morte de rire et malgré les exhortations de ma mère, il ne pouvait se résoudre à rentrer chez nous.

A table cependant, il nous exprima sa colère, certaines mauvaises langues lui ayant demandé si la lettre n'était pas un faux. Enfin, il rangea ce précieux trésor dans son tiroir fermé à clef tant il avait peur que je la froisse ou que je la perde malencontreusement.

Les voisins malveillants me souriaient aimablement, ceux-là mêmes qui m'avaient conspuée ou avaient interdit à leurs enfants de jouer avec moi. Ils n'oubliaient pas cependant de me demander qui avait donné le coup de pouce pour mon admission. Je leur répondais avec ironie : « Vous savez, je suis comme le chat aveugle qui attrape une souris morte. Je n'ai rien lu et rien étudié. J'ai seulement passé mon temps à me battre avec les voyous... »

Puis je passais mon chemin, non sans éprouver un sentiment de revanche. D'après leur logique, le bonheur qui m'était destiné aurait dû échoir à leur progéniture sage et proprette et non pas à celle qui avait fait les quatre cents coups. Ce que le sort avait décidé leur restait en travers de la gorge : bref, ils trouvaient la chose inadmissible.

La rumeur courut alors que j'avais réussi cet exploit à force de dessous de table savamment distribués par mon père. J'en aurais cassé les vitres de tout le quartier ! Mais maman m'en dissuada promptement car elle pensait avec raison que cela aurait conforté les médisants dans leur opinion et qu'ils n'auraient pas hésité à envoyer des lettres de dénonciation à mon université pour me causer de sérieux ennuis.

Pour partager ma joie, j'ai fait part de la nouvelle de ma réussite à mes amis fidèles : Yan Ying, Tianye et Dajun. Celui-ci nous invita tous sur le champ à un repas somptueux pour fêter l'événement. Mais, après avoir bien bu et bien mangé, personne n'accepta d'aller comme d'habitude faire les quatre cents coups en fin de soirée.

Je jubilais certes, mais la pensée de Zhou Qiang assombrissait mon humeur. La campagne du Viêt-nam n'avait duré que dix-sept jours et toujours pas de nouvelles. Et avant de rentrer à la maison, j'ai enfourché ma bicyclette pour aller demander à sa tante des explications rationnelles sur le silence de mon bien-aimé.

– Zhou Qiang ?

Elle me regardait comme si j'étais un fantôme.

– ... Tu ne sais pas ce qui lui est arrivé ? Il y a de cela un mois et demi, au cours d'une bataille, il a été...

– Qu'est-ce que vous dites ? Où est-il ?

Je sentais déjà un brouillard m'envelopper et j'allais défaillir. Pourquoi cette femme avait-elle les yeux rouges et qu'était-elle allée faire dans l'autre pièce?

Elle me tendit un sac qu'elle me pria d'ouvrir. Il était si lourd que j'avais du mal à le soulever. A l'intérieur, il y avait un uniforme de soldat, quelques livres et un papier avec l'écriture de Zhou Qiang :« Bonjour Niu-Niu, j'espère que tu vas bien. Tu me manques beaucoup, tu sais... » La lettre était inachevée. Sur une autre feuille, quelques lignes tapées à la machine disaient : « Chers parents, nous sommes obligés de vous annoncer avec tristesse que votre fils, bon enfant du Parti, bon soldat du peuple, le camarade Zhou Qiang, nous a dit au revoir pour longtemps. Ce sac lui appartenait. Veuillez accepter ces trois cents yuans que l'armée vous donne en dédommagement pour remercier Zhou Qiang de son courage et de ses bons services à la guerre. »

J'étais sur le point de m'évanouir. C'était impossible. Zhou Qiang ne pouvait pas mourir, il me l'avait promis, il devait revenir les bras chargés de cadeaux.

Ce sac et ces trois cents yuans sordides me soulevaient le cœur. Valait-il si peu? Je voulais aussi savoir pourquoi sa tante n'était pas venue à la gare le jour de son départ. Il semblait si seul, si dépourvu d'affection. Mais je ne me souviens plus de sa réponse. Je sais seulement qu'elle repartit au fond de la pièce en frottant ses yeux humides. J'en oubliai mon vélo. Je suis rentrée à pied en pressant la lettre inachevée sur ma poitrine.

Les jours suivants, je suis repassée sur tous les lieux de nos souvenirs, à l'école, au théâtre, sous le petit arbre qui abritait nos rendez-vous, dans les champs en dehors de la ville où il m'avait dit pour la première fois qu'il m'aimait, partout j'ai cherché son visage mais nulle part il n'est apparu. Dans ma chambre, je me suis frappée la tête contre les murs jusqu'à ce que le sang coule, jusqu'à ce que je m'effondre complètement.

A mon réveil un docteur en blanc était à mon chevet. Il m'a expliqué stupidement que mon état ne lui paraissait que très normal après la nervosité des examens. J'ai demandé que toute ma famille sorte de ma chambre d'hôpital pour me laisser avec ma grand-mère.

– Zhou Qiang est parti. Lui aussi m'a quitté. Pourquoi tous les êtres que j'aime s'en vont-ils ainsi ?

Elle ne répondait rien, se contentant de serrer mes mains fiévreuses et de me regarder.

Pendant la semaine que dura ma convalescence, aux pansements qui me recouvraient tout le corps, s'ajoutaient les bandages autour de mon crâne blessé. Pour exorciser le véritable mal qui me rongeait, j'écrivis un poème pour Zhou Qiang.

Mon amour, mon frère, je t'embrasse sur ce
[papier blanc
Fatiguée, assoiffée et stupide
Je ne cesse pas mes au revoir
Je ne peux quitter ton image.

Sous la terre jaune, tu gis solitaire
Sa surface est désertée;
Hier tu as chevauché un nuage,
La tombe de ton corps est celle de mon âme.

Cri après cri, je t'appelle : « Reviens »,
Mes larmes s'épanchent dans un fleuve de sang
Et je veux suivre son cours.

Souvenirs enfuis. Amour arraché,
Où est ta promesse ?
Reviens Zhou Qiang, reviens.

Passe les montagnes et la rivière,
Je suis en face de toi,
Mais toi tu ne fais pas un seul pas.

Ta tombe est-elle garnie de fleurs,
Ou bien nue?
Mon amour, mon frère, je t'embrasse sur ce
                                    [papier blanc.

Mes parents, pour me faire plaisir, proposèrent d'essayer de faire publier mon poème dans une revue. Mais la moralité d'un pays communiste interdisait de diffuser un poème aussi pessimiste. Alors, j'envoyai trente exemplaires de mon adieu à Zhou Qiang à des adresses étranges telles que la Lune, le Soleil, le Théâtre, la Rivière, le Paradis et d'autres destinations créées par mon imagination délirante. Je choisis les plus beaux timbres et courus les poster dans les différentes boîtes à lettres de la ville. J'étais convaincue que Zhou Qiang les recevrait.

22

LA VIE D'ÉTUDIANTE

Le jour de mon départ approchait. Pour moi il était lourd de sens. Il annonçait la fin de mon enfance. J'allais vivre seule, devenir adulte. Je pris trois valises pleines de livres parmi lesquels se trouvaient ceux que ma grand-mère avait exhumés des poubelles quand j'avais cinq ans. Je pris ma couette et mes pansements pour soigner ma maladie de peau. J'emportai aussi les centaines de recommandations de mes parents. A la gare, je leur dis une fois de plus au revoir ainsi qu'à ma grand-mère et à Ningning, je saluai ces petites ruelles et ces avenues et je partis, pleine d'incertitudes et de rêves jusqu'à Pékin.

L'université se trouvait à l'est en dehors de la capitale, au milieu des champs; j'avais, durant le trajet en autocar, été impressionnée par les voitures, les grands immeubles et la place Tian An Men que je ne connaissais que par les films. Arrivée dans le campus, je fus ahurie par les grandes banderoles de bienvenue aux nouveaux étudiants et par la musique accueillante diffusée par les haut-parleurs. Mes valises avaient été aimablement portées dans le dortoir par mes condisciples déjà installés. Tout concourait à me plonger dans un sentiment de bien-être et j'étais attentive au moindre détail : l'endroit était beau, les visages souriants et l'ambiance charmante.

Mon dortoir de vingt mètres carrés au troisième étage se composait de quatre lits superposés, accolés deux par deux; trois semblaient déjà occupés et je pensais à la fierté que devait ressentir chacun. Le temps que je reprenne mon souffle, une fille s'approcha de moi :

– Je m'appelle Gao Lan. Tu t'appelles Niu-Niu et tu viens de Sichuan si je ne m'abuse...

Elle posa ce qu'elle tenait dans la main pour m'aider à défaire mes bagages et préparer mon lit. Puis, elle me dressa une liste détaillée des commodités du campus : la cantine, les salles de cours, les douches communes... Sa gentillesse m'ôta le sentiment d'être une étrangère. Elle n'était pas grande mais elle avait un corps harmonieux de jeune fille et je me sentis, en la voyant, maigre et laide. Malgré ce pincement de jalousie, j'eus envie de devenir son amie.

La fin de l'après-midi vit arriver trois nouvelles occupantes, qui, émerveillées comme moi, ne ressentaient pas les fatigues du voyage. L'une venait du Tibet. Nous étions toutes en ébullition et nous nous posions mutuellement mille questions, puis nous sommes parties d'humeur joyeuse prendre notre douche.

Le lendemain matin, à la réunion générale, je vis le reste des étudiants de ma promotion : quatorze élèves en tout, sept filles et sept garçons, tous habillés uniformément et très timides. Pourtant, tout le monde se souriait et se donnait de chaleureuses poignées de main. Le professeur fit les présentations. Quatre d'entre nous venaient de

Pékin, ils avaient d'ailleurs l'accent du Nord, les autres, comme moi, arrivaient de provinces lointaines. Certains des étudiants avaient travaillé dans les théâtres, dans le cinéma ou comme ouvriers dans des usines. D'autres n'avaient jamais eu d'expérience professionnelle tandis que d'autres encore avaient fait mille petits boulots dans la rue. Tous avaient accompli des efforts fantastiques pour obtenir cette place à l'université, ce qui signifiait en outre qu'ils avaient dû abandonner leur emploi. La tranche d'âge se situait entre dix-sept et trente et un ans.

Un garçon me dit qu'il s'appelait Ouyiang. Il était de Pékin et c'était le plus âgé d'entre nous. Pour vivre, il avait ramassé des papiers d'esquimeaux dans la rue. Son attitude était pourtant dure et hautaine et il avait du mal à admettre qu'une fille de dix-sept ans telle que moi se pique de devenir réalisatrice de films. Il n'était pas beau et son âge ne lui conférait pas d'aura particulière, c'est pourquoi dès cette première rencontre, je ne l'ai pas trouvé sympathique du tout.

En revanche, Xiao Chun, un autre étudiant originaire de Pékin, le plus jeune des garçons, m'avait attirée par son charme : il avait quelques ressemblances avec Zhou Qiang, bien que plus grand et plus beau que lui. Il me promit de me guider dans sa ville.

Le soir même, tous les étudiants de la section avaient organisé une fête artistique. Nous étions plus d'une centaine. Les bizuts restaient sagement dans leur coin, tandis que les anciens, plus à l'aise, dansaient le disco. Xiao Chun vint s'asseoir à côté de moi pour engager la conversation. Il m'apprit qu'après le lycée, il avait trouvé sans peine une place de comédien dans un théâtre, que son père était un réalisateur très connu – j'avais moi-même vu trois de ses films – et que sa mère dirigeait le plus grand théâtre de la capitale. Il était cependant moins frimeur que sympathique et ses points de ressemblance avec Zhou Qiang me donnaient l'impression de le connaître depuis une éternité.

C'est seulement une semaine plus tard que commencèrent les cours à proprement parler. Ils étaient au nombre de huit : histoire de l'art, histoire de la littérature, histoire du cinéma, dissertation, cours d'art dramatique, cours de politique, histoire du communisme et cours d'anglais. Je me mis immédiatement à étudier avec application : je pensais que c'était le meilleur moyen de remercier ma grand-mère et mes parents pour ce qu'ils avaient fait pour moi et je m'étais fait un emploi du temps très serré. Je me réveillais à six heures du matin pour travailler mon anglais et pour aller faire du sport.

Depuis le rétablissement des relations diplomatiques avec les États-Unis, l'intensification du commerce avec l'étranger et depuis que les visites de Chinois d'outre-mer se multipliaient, tout le monde voulait apprendre l'anglais. Malheureusement, les rares films dans cette langue que nous pouvions voir étaient très mal sous-titrés. J'aimais bien aussi les films de la « Nouvelle Vague » française. C'était d'ailleurs tout ce que je connaissais de ce pays, avec le musée du Louvre.

Dans la journée, les cours s'étalaient sur quatre heures le matin et trois heures l'après-midi. Le soir, je lisais ou j'écrivais pour m'entraîner à la dissertation. Les héros de mes romans tels que *Le rouge et le noir, Autant on emporte le vent* ou les personnages de Jack London me mettaient en transes malgré les critiques que leur adressaient les spécialistes chinois. J'étais subjuguée par leur force de caractère alors que chez nous, ils étaient traités d'opportunistes. D'un autre côté, je me morfondais avec Roméo et Juliette et partageais le désespoir de la Dame aux camélias. Le soir d'ailleurs, chacune de nous parlait des livres qu'elle lisait de sorte que cette vie universitaire se parait des attraits du romanesque.

Il n'y avait que les cours de politique et d'histoire du communisme qui m'ennuyaient à mourir; comme on ne pouvait manquer, j'emportais un livre pour passer le temps. Mais la multitude d'ouvrages que j'achetais a rapidement fait baisser mes fonds : mes parents m'envoyaient trente yuans par mois, dont vingt-cinq devaient être utilisés à l'achat de tickets de restaurant, les cinq autres étant entièrement consacrés à mes livres préférés. Il ne me restait donc plus rien pour les dépenses ordinaires et je resquillais dans les autobus. J'allai voir ma sœur Mimi, submergée de travail, qui eut juste le temps de me glisser cinq yuans.

Trois mois après le début des cours, il y eut cette réunion des professeurs et des étudiants pour exposer ce qui nous avait amenés à choisir la formation de réalisateur. Chacun répéta bêtement ce qu'avait dit Ouyiang, le chef de classe, à savoir qu'il désirait servir le peuple, la culture nationale et le Parti. Les professeurs en paraissaient fort satisfaits. Ce ton formel m'avait mise mal à l'aise et, bien que dans le fond mon avis ne fût pas opposé aux leurs, j'avais néanmoins le sentiment que quelque chose manquait. Quand ce fut mon tour de prendre la parole, j'entrepris sincèrement de dire la vérité. J'expliquai que pour prouver à mes détracteurs que j'étais une fille capable, j'avais voulu choisir le sujet le plus difficile, que j'avais décidé de me consacrer à mon travail au détriment de toute autre cause et que j'étais navrée de ne pas avoir de but politique.

Les professeurs me considérèrent d'un mauvais œil, le chef de classe prit une expression fermée et je compris que je venais de faire une gaffe monstrueuse. A la fin de la réunion, Gao Lan m'avertit que j'avais été stupide de parler ainsi car j'avais mécontenté les profs. Ses paroles me firent l'effet d'une douche froide parce qu'après son propre discours assez neutre et comme elle était ma meilleure amie, j'avais cru qu'elle repoussait comme moi la flatterie. Elle se justifiait en disant que le sort des étudiants était entre les mains des professeurs et que c'était eux qui, à la fin des études, décidaient de notre affectation dans les unités de travail. Certes, elle n'avait pas tort : ses parents enseignant à l'université, elle connaissait toutes les ficelles. Elle me prédit que les professeurs me convoqueraient à la suite de mon intervention et de fait, le lendemain, je fus appelée dans un bureau.

– J'ai beaucoup réfléchi à tes paroles... Je pense que tu es ici grâce au Parti et grâce au peuple qui t'ont donné cette chance. Ainsi tu dois travailler pour les remercier. Je pense que tu as trop d'objectifs personnels. Le cinéma doit servir à suivre la bonne ligne du Parti. Qu'est-ce que tu en penses ?

J'exposai mes sentiments : je n'avais pas eu le temps de penser au peuple et au Parti quand j'avais passé mes examens et je doutais que mes condisciples en aient eu le loisir. Bref le professeur principal, qui était une femme, me pria de me mettre à y songer... Ses propos inutiles m'agacèrent tellement que j'invoquai le mal de tête pour sortir du bureau.

Le soir, je préférai m'abstenir d'assister à la projection du film annoncé. Dans le dortoir où j'écoutais de la musique, je vis entrer Zhang Ling, la fille qui occupait le lit au-dessus du mien. Je l'aimais bien parce qu'elle était la plus jolie et la plus intelligente de nous toutes. Plus âgée que moi de neuf ans, elle voyait les garçons du campus lui courir après, raison pour laquelle d'ailleurs Gao Lan ne l'appréciait pas. Elle pénétra dans la pièce les yeux rouges et sans dire un mot elle grimpa sur son lit... Quand ma cassette arriva en fin de course, j'entendis ses sanglots étouffés. A force de prières, je parvins à lui faire accepter d'aller prendre l'air avec moi pour qu'elle me dise ce qui la tourmentait.

Depuis sa naissance, les gens la surnommaient « la bâtarde ». On disait qu'elle n'était pas la fille du mari de sa mère qui était une très belle actrice : une calomnie ignoble car cette femme n'avait jamais trompé son mari. Mais son père ne lui avait jamais accordé un sourire et les membres de sa famille lui avaient imposé toutes les corvées domestiques. Sa pauvre mère n'avait pu surmonter les insultes et, bien qu'aimant sa fille, elle ne pouvait intervenir pour l'aider : elle devait s'estimer heureuse que son mari n'ait pas demandé le divorce. Bref, Zhang Ling, n'en pouvant plus, s'était engagée dans les Gardes rouges et les avait un jour conduits chez elle pour qu'ils bouleversent la maison de fond en comble et critiquent ses parents. Elle resta ensuite quatre ans à la campagne jusqu'à la fin de la Révolution. Sachant qu'elle ne pourrait plus retourner chez elle après ce qu'elle y avait accompli, elle trouva un petit travail de balayeuse dans la rue. Elle y fit la connaissance d'un cordonnier infirme dont elle tomba amoureuse et elle lui donna sa virginité. Ils se mirent en ménage et il ne manquait plus que le certificat officialisant leur union quand un jour il exigea leur séparation : il avait dû se lasser d'elle, c'était la seule raison qu'elle pût trouver. Mais l'infortunée Zhang Ling avait depuis tenté deux fois de se suicider. Pourtant elle remerciait le destin qui lui avait permis de remonter la pente et de se retrouver à l'université aujourd'hui.

Elle reprenait pied quand son ancien amant, jaloux d'une telle promotion sociale, envoya une lettre à l'administration pour déclarer que Zhang Ling avait une conduite immorale et qu'elle s'était fait avorter. Les professeurs avaient reçu la lettre depuis une semaine et la convoquaient tous les jours pour la faire avouer. Elle tenait bon mais les professeurs, à défaut d'obtenir ses aveux, divulguèrent le secret. Ce soir, elle venait de subir les injures à mots couverts de Gao Lan et c'était la raison pour laquelle elle était anéantie.

Je ne parvenais pas à croire que, dans les années quatre-vingts, on puisse négliger les mérites d'une personne pour ne penser qu'à sa réputation.

Zhang Ling m'avait raconté son histoire de confiance, et pour que j'intercède en sa faveur auprès de Gao Lan. L'humiliation qu'elle endurait me faisait de la peine et je voulus me rapprocher d'elle. Nous nous jurâmes d'être désormais comme des sœurs puis nous avons longuement marché main dans la main sous les arbres.

Cette amitié scellée si solennellement attisa la jalousie et le ressentiment de Gao Lan à mon égard. Elle alla même jusqu'à me citer un proverbe : « Les mauvaises gens s'entendent comme larrons en foire », pour me mettre au pied du mur et me faire choisir entre elle et Zhang Ling. Mon choix fut vite fait; je ne voulais plus d'une amitié fluctuante et je restai l'amie de Zhang Ling.

Petit à petit, les étudiants se rassemblaient par groupes : celui des Pékinois, celui des étudiants originaires de la même province, celui des modernistes et enfin celui des conservateurs. Comme Zhang Ling, Xiao Chun et moi étions toujours ensemble, nous devînmes à nous seuls « la bande des bizarres ».

Xiao Chun, vif et enthousiaste, drôle et généreux, faisait au fil des mois son chemin dans mon cœur. Je m'étais néanmoins juré, après le départ de Zhou Qiang, de ne plus jamais aimer. Aussi me sentais-je coupable de mon attachement grandissant pour Xiao Chun. Et afin de m'imposer une certaine discipline, plus je m'attachais à lui, plus j'évitais de le rencontrer. Je réussis à tenir le coup jusqu'aux congés d'hiver, jusqu'à ce que Zhang Ling, s'inquiétant de me voir maigrir et perdre mes couleurs, me demande ce qui me tourmentait. Elle se moqua de mon austérité dans le deuil et me conseilla de déclarer mon amour à Xiao Chun, d'autant plus qu'elle avait remarqué les doux regards qu'il posait sur moi.

Les cinq premiers mois d'université s'achevèrent ainsi et je retournai passer les fêtes du nouvel an chez mes parents avec le sentiment d'avoir appris les choses de la vie. Mes parents avaient pour l'occasion fait les frais d'un taxi pour me prendre à la gare et après un somptueux dîner, toute la famille, à part Mimi restée à Pékin, était réunie pour m'écouter raconter mes aventures à l'université. Ma grand-mère était fière de moi et elle disait qu'elle pouvait partir en paix. L'entendre m'attristait profondément : c'était vrai qu'en cinq mois, elle avait beaucoup vieilli. En outre son mauvais état de santé assombrissait notre gaieté familiale qui, sans cela, aurait été sans partage. Je la priai de prendre soin d'elle et elle me répondit en souriant qu'elle attendrait d'avoir vu mon premier film avant de s'en aller.

Ma réclusion dans l'enceinte du campus m'avait éloignée de l'actualité politique. Dans le cadre de la lutte contre la Pollution des Esprits, un de mes amis, l'assistant de mon père, s'était vu infliger une peine de sept années de prison pace que, disait-on, il avait profité de ses fonctions pour abuser de plusieurs jeunes filles. Un racontar avait suffi. D'un autre côté grand frère Xu avait été libéré grâce au témoignage de son directeur : lui enfin était libre et il n'attendait plus que le divorce imminent de Yan Ying pour l'épouser.

Je revis Tianye dont les peintures s'étaient améliorées. Après trois ans d'université, il s'était aigri. Il venait d'exposer ses toiles dans la rue et en avait subi les conséquences fâcheuses. Les policiers lui avaient demandé quelles étaient ses motivations profondes et comme il leur avait répondu qu'il peignait quand il était gai et quand il avait le cafard, selon son humeur somme toute, ces profanes lui avaient donné de la matraque électrique. Ils n'admettaient pas qu'on pût « avoir le cafard » puisque le Parti se chargeait de notre bonheur à tous. Ainsi, à l'époque où on envoyait déjà des fusées dans la Lune, chez nous on n'avait pas le droit d'être triste. Selon Tianye, sur cent prisonniers chinois, soixante étaient des intellectuels, des photographes, des peintres, des professeurs ou des écrivains dont le crime était d'avoir regardé des cassettes de films érotiques, d'avoir dansé joue contre joue ou d'avoir peint ou photographié des nus. La Révolution culturelle était achevée depuis sept ans pendant lesquels le gouvernement n'avait cessé de proclamer l'ouverture du pays. Pourtant ce genre d'anecdotes noircissait l'image officielle. Il était toujours mal vu pour les jeunes de porter des jeans et se laisser pousser les cheveux; les filles ne devaient pas mettre de T-shirts moulants, devaient attacher leurs cheveux. Dans la rue, il y avait toujours une vieille personne pour ameuter la foule et rectifier chevelures et vêtements subversifs. Je me souviens aussi que les représentations de la Vénus de Milo devaient être détruites à cause de leur indécence et que les chansons de variété occidentales étaient condamnées parce que trop bruyantes et ne parlant que d'amour. Le plus heureux était Dajun qui avait réussi à ouvrir son restaurant privé. Il s'était même offert une moto! La police ne venait le voir que pour vérifier ses comptes qui étaient en règle... La pilule était plutôt dure à avaler pour l'artiste Tianye.

Ce plongeon amer de trois semaines dans la vie me fit apprécier davantage mon retour dans l'ébullition estudiantine.

Nous reprîmes vite nos conversations passionnées. A cet égard, je fus impressionnée par des articles de journaux qui rapportaient qu'en Occident, les jeunes pratiquaient l'union libre. Quand ils décidaient de se quitter, ils restaient bons amis, ce qui n'était jamais le cas chez nous. De plus, ils pouvaient avoir des enfants sans être mariés et sans que la police n'intervienne : personne n'avait l'idée d'insulter ces enfants-là! La presse critiquait fortement ces attitudes; non seulement j'étais friande de ces nouvelles mais je trouvais en outre cette coutume plus civilisée que la nôtre. Selon Zhang Ling, beaucoup d'étudiants avaient eu des relations sexuelles en cachette et, à l'évidence, ces barbaries ne semblaient pas déplaire à notre jeune génération. Un fantôme avait dû nous dénoncer car bientôt Gao Lan ébruitait ma discussion avec Zhang Ling. Les professeurs n'attendirent pas longtemps pour critiquer violemment notre sympathie pour la mode occidentale.

Le problème se solda par la paire de gifles que j'envoyai à l'insupportable Gao Lan et la bataille qui suivit. Utilisant ma technique de professionnelle, je gagnai. Bien mal m'en prit d'ailleurs car je fus convoquée dans le bureau du professeur principal qui avait décidé que j'étais la seule fautive. En fait, j'aurais dû comprendre que les parents de Gao Lan occupaient un poste relativement élevé dans l'administration universitaire et que par conséquent elle aurait toujours gain de cause.

On me reprocha également de fréquenter Zhang

Ling. On me persuada que je devais rechercher les bons éléments de la classe... et on me menaça d'avertir mes parents si je ne faisais pas mon autocritique publique dès le lendemain. On avait trouvé mon point faible : ce que je craignais le plus était de rendre mes parents malheureux.

Je restai muette pendant la séance et à part Zhang Ling et Xiao Chun, tous les étudiants me critiquèrent vivement et formulèrent le souhait que je me corrige. En fait, mon amie n'avait pas la voix qui portait assez fort pour que son témoignage soit pris en considération et Xiao Chun prétexta un mal de gorge pour se sortir du dilemme : il ne voulait pas s'attirer la colère du professeur. Le chef de classe, qui me portait sur les nerfs, conclut le débat avec un vieux proverbe : « Quand on ne connaît pas la profondeur de l'eau, il ne faut pas y mettre le pied. »

Je transmis mon sentiment sur Ouyiang à Zhang Ling mais je tombai bien mal car elle était éprise de lui. Elle objecta que je le jugeais mal. Ce garçon de trente-deux ans avait été soldat et, ayant frôlé la mort à plusieurs reprises, il en était resté choqué. Après avoir ramassé les papiers usagés d'esquimaux dans la rue, il était entré à l'université comme au paradis. Il désirait seulement poursuivre son petit bonhomme de chemin. On pouvait le traiter d'arriviste ou bien de malin, au choix, Zhang Ling et lui s'aimaient en cachette : ça m'exaspérait parce que je ne le trouvais pas assez bien pour elle. Enfin mon amitié inconditionnelle m'inspira de chercher à comprendre un peu mieux le personnage de Ouyiang.

Pour me punir de n'avoir rien dit pour mon autocritique, les professeurs m'infligèrent un blâme placardé sur le panneau d'information, avec mon nom et mes fautes inscrits en gros caractères noirs et le même tampon officiel rouge qui figurait sur ma fameuse lettre d'admission. Six étudiants partageaient ce funeste honneur, selon l'habitude chinoise de donner des exemples groupés. J'étais cependant une pionnière, étant la première étudiante de mon année à recevoir un blâme.

Xiao Chun prit l'épisode en dérision. Il avait le chic pour me faire passer du chagrin à la joie, des larmes au rire. C'était un charmeur qui, avec ses belles paroles, me plongeait dans les affres de la passion. Il m'avait déclaré son amour et à l'entendre il était né pour m'aimer. J'étais trop éprise pour ne pas le croire.

Tous les week-ends, nous allions pique-niquer à la campagne près d'une rivière, sous un arbre ou sur les bottes de blé qui séchaient. Là, nous nous soûlions de rêves, de poèmes ou de baisers. Nous nous faisions des cadeaux insolites : il m'offrait des livres quand je lui donnais des fleurs, il m'achetait des vêtements quand je lui apportais de la confiture.

J'appris à me maquiller et à devenir coquette pour mieux lui plaire. Le climat sec de Pékin guérissait la maladie de peau que je traînais depuis quinze ans : j'étais devenue aussi blanche qu'un lys pour mon plus grand bonheur.

Le 6 mai, aube d'une année nouvelle, anniversaire de mes dix-huit ans, Xiao Chun m'offrit une robe ravissante. Cela faisait longtemps que j'avais banni ce genre de vêtement à cause de mes complexes. Mes parents m'avaient envoyé vingt yuans avec lesquels j'invitai mes meilleurs amis au restaurant.

Après avoir englouti sept plats copieux et quatre bouteilles d'alcool blanc, nous sortîmes complètement ivres, incapables de trouver notre arrêt d'autobus. Arrivés en haut d'un pont, Xiao Chun paria dix yuans que personne ne serait « cap » de se jeter à l'eau. Il avait oublié de compter avec notre ivresse : ce fut toute la compagnie qui finit dans le canal, y compris Xiao Chun qui n'était pas assez riche pour honorer son pari...

Xiao Chun et moi décidâmes de terminer la soirée dans un parc public. Le vent agitait doucement nos cheveux tandis que la rivière murmurait et que les étoiles scintillaient.

– Niu-Niu, j'ai envie de toi. Je t'attends depuis longtemps.

– Eh bien, je suis ici. Qu'est-ce que tu veux?

– Mais... j'ai envie de coucher avec toi!

J'étais stupéfiée par son audace : nous n'étions pas mariés et je ne voyais pas comment une telle chose pouvait se faire. Je me suis rappelé néanmoins la conversation que j'avais eue avec Zhang Ling sur la liberté sexuelle des jeunes Occidentaux : l'expérience était tentante et Xiao Chun m'attirait. Tout concourait à ce que ce jour devienne inoubliable.

Sans bruit nous sommes allés dans l'appartement de ses parents et nous sommes entrés dans sa chambre sans oser allumer la lampe de chevet. Chacun dans notre coin, nous avons ôté nos vêtements et nous sommes entrés dans le lit pour nous immobiliser, attendant que l'autre fasse le premier geste.

Nous sommes restés ainsi quelques instants. Puis Xiao Chun déposa un baiser sur mes lèvres et petit à petit il se plaça sur moi. Sa main hésitante me caressait le corps et comme je ne comprenais pas pourquoi, je croyais qu'il ne savait pas quoi en faire. Nos souffles courts n'étaient dus qu'à la peur et non à l'excitation : je trouvais que tout cela durait une éternité quand, soudain, je sentis un violent coup dans tout mon être. J'avais l'impression qu'on m'arrachait les entrailles et j'aurais crié de douleur si je n'avais eu peur de réveiller les parents de Xiao Chun. Tout de suite après, il cessa de bouger et nous nous rhabillâmes.

Je fus épouvantée quand je m'aperçus que je perdais du sang. Je pensais que j'allais mourir. Xiao Chun transpirait à grosses gouttes et, aussi ignorant que moi, il pleurait déjà ma perte. Moi, certaine que je n'avais plus longtemps à vivre, Xiao Chun persuadé qu'on l'accuserait de m'avoir tuée, nous décidâmes d'écrire une lettre d'adieu à nos parents. Nous y disions que nous étions les seuls responsables de notre acte et nous suppliions nos parents de ne pas être tristes car nous étions morts amoureux l'un de l'autre. Nous n'attendions plus que mon dernier soupir et la condamnation à mort de Xiao Chun.

Au lever du jour, j'étais bien évidemment toujours vivante et Xiao Chun, gracié de dernière minute, se félicitait de son sort. Nous avons emporté la couverture tachée pour ne pas laisser de trace et nous sommes retournés à l'université. Dans la rue, nous avions le sentiment que notre forfait se lisait sur notre visage et nous avancions tête baissée sans échanger un mot. J'avais honte et je savais que si ma grand-mère ou mes parents apprenaient la chose, ils en mourraient de colère. J'avais commis un crime envers ma famille... et pour rien de bien agréable à vrai dire. Si les couples se mariaient pour pouvoir faire une chose si décevante, le jeu n'en valait pas la chandelle ! A part la peur et la douleur...

Deux jours plus tard, Xiao Chun, s'étant renseigné, vint m'avertir que je ne mourrais pas. De toute façon, je ne me faisais déjà plus de souci ; j'avais entendu dire que certaines jeunes filles, après des rapports sexuels, étaient devenues maussades et qu'elles en pleuraient tous les jours. Pour moi, qu'on fasse si grand cas d'un événement aussi futile restait un mystère. Ce qui avait véritablement changé entre Xiao Chun et moi, c'est que nous étions devenus plus timides l'un envers l'autre.

J'ai raconté mon aventure à Zhang Ling qui s'étonna que je considère que l'affaire ne présentait guère d'intérêt, et surtout que je n'en ressente aucune tristesse.

En fait, mon esprit était davantage préoccupé par le grand examen qui allait clore les cours d'art dramatique. Chaque étudiant devait écrire et jouer une saynète. La classe était divisée en trois groupes de travail avec chacun un professeur à disposition pour diriger les répétitions. N'entendant parler autour de moi que d'histoires d'amour, celle désastreuse de Zhang Ling, celle non moins mouvementée de Yan Ying et la mienne plus modeste, j'eus l'idée de monter une pièce sur le thème de la veuve persécutée. En effet, en Chine, les veuves ont la réputation d'avoir porté malheur à leur époux. J'intitulai mon projet « La veuve a aussi le droit de vivre ! », tout un programme ambitieux que je devais à mon esprit romanesque. C'était l'histoire d'une paysanne dont le mari venait de décéder. Elle avait continué son existence amère entre sa belle-mère et son fils en bas âge jusqu'à ce qu'elle s'éprît d'un autre paysan. Mais la chose étant mal vue à l'époque, tout le village s'était monté contre elle, y compris sa belle-mère, et avait rossé son amant à mort en la traitant de putain. Quand elle retrouvait finalement son bébé mort de faim et de maladie, elle mettait le feu au village avant de se suicider.

Le professeur chargé de l'atelier de travail dans lequel j'étudiais apprécia beaucoup mon histoire et apporta beaucoup de soin à la préparation de ma mise en scène.

Quand le rideau tomba, tous les étudiants applaudirent chaleureusement mais, une semaine plus tard, le professeur principal nous communiqua les notes et j'avais la plus mauvaise. J'étais indignée et exigeai qu'on justifiât ma notation. En fait, on me reprochait d'avoir écrit une pièce pessimiste et revendicatrice. Je compris que c'était son originalité qui en faisait le principal défaut.

Professeur Wang lui-même avait été critiqué pour m'avoir permis de monter un tel sujet. Il me raconta également que, comme il était le plus jeune des professeurs, il ramassait toujours les pots cassés. Il avait néanmoins cherché à rehausser ma note, en vain. Vraisemblablement les rapports entre les enseignants étaient aussi conflictuels et certainement plus risqués qu'entre les élèves. Tous les candidats de son atelier avaient d'ailleurs obtenu les notes les plus basses. Ses collègues plus âgés n'auraient pu laisser un jeune passer devant eux : ils en auraient perdu la face! Professeur Wang m'expliqua qu'il en était de même des augmentations de salaire et que les attributions d'appartements allaient en priorité aux plus anciens. J'en avais la nausée. C'était toujours la qualité de l'éducation et la créativité qui perdaient.

Pour me consoler de mes résultats d'examen décevants, professeur Wang me convia à une soirée chez lui ainsi que Xiao Chun, Zhang Ling et Ouyiang. Lors d'une conversation, un des invités nous choqua tous en nous disant que, pour lui, la Révolution culturelle avait eu de bons côtés dans le domaine artistique. Il trouvait que la production cinématographique et théâtrale de cette période serait difficile à égaler. Professeur Wang quant à lui n'y trouvait que l'avantage d'avoir anéanti les superstitions et vieilles coutumes ridicules. J'appréciai beaucoup les discussions franches qui animèrent cette soirée; j'en remerciai respecteusement professeur Wang qui m'avait permis de rencontrer des individus motivés et sincères.

Mon seul regret à cette époque fut provoqué par la jalousie féroce de Xiao Chun. Il me reprochait mon comportement familier avec les garçons. Il m'avoua même avoir essuyé les insultes de ses camarades qui disaient du mal de lui, l'accusaient de fréquenter une « poubelle ». Sa brutalité me mit au désespoir et durant deux semaines nous ne nous sommes plus adressé la parole. Puis, finalement, passant outre l'usage qui veut que le garçon prenne l'initiative, je suis allée l'attendrir en lui offrant des confitures.

Les vacances d'été approchaient et chaque étudiant devait les mettre à profit pour réaliser un documentaire. En compagnie de deux condisciples cameramen, j'avais prévu de suivre le cours du fleuve Jaune. Mes parents, contents du projet, m'envoyèrent un supplément d'argent de poche, ce qui, ajouté au budget alloué par l'université, nous autorisa à plus de confort.

Au nord, le paysage magnifique enchanta la Sudiste que j'étais. La population troglodytique était particulièrement fascinante et nous avons envisagé de partager la vie des habitants, leur demeure et leur nourriture étranges. Après trois jours de marche, nous arrivâmes un jour dans un trou perdu où les gens nous dévisageaient comme des extra-terrestres. Ils tâtaient nos vêtements, notre peau et voulaient savoir quelle sorte de démon était notre caméra. L'un d'entre eux nous demanda si nous avions des nouvelles de l'empereur, puisque nous venions de la capitale. Quand il fut mis au courant de certaines réalités de notre époque, il refusa de nous croire et tout le village éclata de rire. Leur pauvreté, leur isolement m'avaient peinée, mais leur naturel et leur simplicité m'incitèrent à faire pour eux la seule chose qui était dans mes capacités, c'est-à-dire un bon film que je reviendrais plus tard leur projeter pour leur ouvrir les yeux. Nous les quittâmes en leur laissant de l'argent et des vêtements et après avoir mis en boîte la matière d'un reportage original. Ce voyage me fit aimer davantage la terre et les gens de mon pays. Je pris la résolution de m'acharner à devenir une bonne élève pour remercier plus tard à ma manière ces paysans grâce auxquels nous pouvions manger et nous vêtir.

23

LE DÉSESPOIR

De retour à l'université, nous avons achevé avec deux autres étudiants le montage et le mixage puis avons rendu notre petit documentaire aux professeurs. Les notes furent mauvaises comme il fallait s'y attendre. Pour eux, les explications en voix off étaient inexactes, les paysages trop pauvres et le portrait des paysans inesthétique au possible. Ces crétins nous trouvaient sans doute trop éloignés de la ligne du Parti, et puis je savais bien que tout travail signé de mon nom, que ce soit une pièce de théâtre, un film ou une dissertation, figurerait automatiquement sur leur liste noire.

En classe, après un an d'études, tous les étudiants se connaissaient mais, du coup, chaque anecdote, chaque problème prenait des proportions à la mesure de notre intimité communautaire. Les cafardages allaient bon train; souvent, dans les dortoirs, on pouvait entendre quelqu'un hurler qu'on lui avait volé quelque chose. Les disputes et les jurons volaient bas, et les discussions enflammées sur les sujets qui nous tenaient à cœur avaient laissé la place à des commérages et des piques mesquins et indignes.

Je n'étais pas allée en cours ce matin-là à cause d'un mal de tête fracassant. J'avais tiré les petits rideaux de mon lit et cherchais le sommeil quand deux filles entrèrent dans le dortoir en parlant. Elles papotaient sur des choses futiles telles que « le plus beau des garçons, c'est… », etc. Elles n'avaient vraisemblablement pas remarqué ma présence et je les écoutais malgré moi. La première disait :

— J'ai entendu dire que Ping essaye de trouver un mec.

— Oui, je sais, et son ancien ami ne veut plus d'elle parce qu'il trouve qu'elle se laisse un peu aller. J'ai l'impression qu'elle a aussi couché avec professeur Wang.

— Ah bon! Mais lequel des deux a fait des avances à l'autre?

— C'est peut-être Ping. Professeur Wang est jeune et très séduisant. En plus, il a de la famille à l'étranger! Il n'a pas besoin de chercher une fille ici… alors que Ping vient de la province et qu'elle a très envie de rester à Pékin. Ça ne m'étonnerait pas qu'elle l'ait attiré dans son lit. J'ai entendu dire que cet été, elle n'a pas fait de documentaire et qu'elle n'est pas non plus retournée dans sa famille. Il paraît qu'elle est allée à Shanghai. Un professeur qui s'y trouvait en même temps est rentré hier et aurait dit qu'elle s'était mal conduite. L'université va lui donner un nouveau blâme.

— Je suis pour le blâme. Tout comme pour Niu-Niu qui s'est mal conduite avec Xiao Chun. En plus, on dit que cet été, durant son voyage, elle a couché avec un des garçons : Gao Lan m'a dit qu'elle lui avait tout raconté. Elle l'a déjà dit aux professeurs qui sont en train d'enquêter.

Mon mal de tête empira encore et j'eus soudain

l'impression que j'allais m'évanouir. Je me levai et ouvris les rideaux avant de leur crier :

– Quels cafards vous faites ! A part déblatérer contre les autres, à quoi êtes-vous bonnes ?

Comme ma main heurtait un livre au passage, dans ma colère, je le leur lançai à la figure. Elles furent étonnées de me voir, comme si j'étais tombée du ciel. Je leur hurlai des menaces, puis je m'habillai sur-le-champ pour aller trouver Gao Lan.

L'une des deux mégères tâcha de se disculper. J'étais déçue car j'avais toujours été aimable envers elle. Elle ne recevait que quinze yuans par mois ; sa famille était vraiment pauvre, aussi je partageais avec elle vêtements, livres et nourriture. Je lui prêtais même de l'argent qu'elle ne me rendait jamais mais que je ne lui réclamais pas non plus. Comment pouvait-elle avoir si mauvais esprit ? Son comportement me donnait envie de pleurer. Je lui dis alors que je savais maintenant à quoi m'en tenir sur elle. Et comme c'est la coutume après les disputes, j'exigeai qu'elle me rende dans les trois jours tout ce que je lui avais prêté, sinon je jetterais ses affaires par la fenêtre. Puis je partis à la recherche de l'odieuse Gao Lan et de son ami qui avaient menti sur mon compte. Je voulais qu'il me fasse des excuses publiques.

Le garçon tomba des nues :

– Niu-Niu, nous avons voyagé pendant un mois et demi ensemble, tu devrais me faire confiance. Je ne suis pas au courant de cette histoire et puis je ne vois pas à quoi ça me servirait de raconter des trucs pareils : il n'y a que des filles pour aimer ce genre de ragots.

Je trouvai bientôt Gao Lan et devant tout le monde je lui criai :

– Espèce de garce, tu peux être fière de toi ! en lui assenant deux bonnes gifles.

Cela aurait pu tourner à la bagarre si Ouyiang, le chef de classe, ne m'avait pas arrêtée :

– Pourquoi te bats-tu encore ?

– Hypocrite ! Tu es le chef de classe et tu n'essaies même pas de mettre un terme aux calomnies ; je dirais même que tu laisses traîner tes oreilles partout pour capter les derniers ragots. Allez ! Va dire à ton maître que je me suis encore battue. C'est encore une bonne occasion pour toi d'aller flagorner !

Il s'enfuit tout honteux.

Le lendemain, je relatai toute cette histoire dans les moindres détails sur de grandes feuilles de papier que je marquai d'une étoile rouge pour singer les blâmes solennels des professeurs et j'en accrochai une sur la porte du bâtiment des salles de cours, une autre sur celle de la cantine et une troisième sur le panneau officiel. De nombreux étudiants s'attardèrent à les lire. Mais mes pseudo-blâmes ne restèrent pas longtemps en place, au maximum deux heures, avant qu'un professeur ne les arrache. Je fus immédiatement convoquée dans son bureau :

– Tu t'es encore bagarrée ! Pour quel motif cette fois-ci ?

– Mais j'ai déjà tout dit sur mes affiches !

– Pourquoi as-tu fait ces affiches ? Il y a des régles ici ! Tu viens encore d'inaugurer quelque chose.

– Que voulez-vous dire ? Vous cherchez à mettre les choses au clair ou bien vous devez cirer les pompes de la mère de Gao Lan ?

– Calme-toi ! Nous sommes ici seulement en train de discuter, sinon quel serait mon rôle ? De toute façon, j'ai déjà sermonné Gao Lan très sévèrement. Elle reconnaît sa faute et va te demander pardon. Maintenant, il s'agit de résoudre ton problème... J'ai entendu dire que tu flirtais avec Xiao Chun ?

Je voyais où elle voulait en venir, tandis que j'étais certaine qu'elle n'avait jamais rien dit à Gao Lan. Ce genre de bonne femme recherchait toutes les occasions d'arriver et elle n'aurait pas eu le cran de s'opposer à la toute-puissante mère de Gao Lan.

– Madame le professeur, que voulez-vous savoir exactement ? Pensez-vous sincèrement qu'il y ait un rapport entre ma bagarre et ma relation avec Xiao Chun ?

– Donc, c'est bien vrai, vous êtes ensemble. Dis-moi ce que vous avez fait.

– Et vous, quand vous avez envie d'un garçon, qu'est-ce que vous faites avec lui ?

Elle me jeta un regard assassin. Mais sa position de professeur lui interdisait de s'emporter personnellement contre moi. Elle finit par esquisser un sourire forcé en disant :

– Niu-Niu, maintenant, je veux parler sérieusement avec toi. Comment peux-tu être si grossière ? Cela ne t'apportera rien de bon. Depuis que tu es arrivée ici, je me suis fait ma petite idée sur toi.

– J'ai l'impression que vous vous êtes fait votre petite idée sur tout le monde.

– Tais-toi !

Elle ne pouvait plus continuer à jouer son rôle. Elle avait craqué ! Elle tremblait de colère et j'étais fière de l'avoir mise dans cet état.

– Les étudiants n'ont pas le droit de s'adresser ainsi à leurs professeurs ! Tu ne cesses de te battre et tes devoirs ne véhiculent que de mauvaises pensées. Samedi, pendant la réunion de classe, tu feras ton autocritique et tu me donneras deux pages de confessions.

– Et si je refuse… ?

– Eh bien tu auras un blâme.

C'était mon tour de ne plus pouvoir me contenir.

Qu'est-ce que c'était que cette université ? Ces

fantoches qui tenaient lieu de professeurs? On y bafouait allégrement la vérité, sans parler de la liberté. J'oubliai tout ce que je risquais et me redressai :

– Vous n'êtes qu'une imbécile! Vous êtes aussi bête qu'un gros porc sans tête! Qu'est-ce que vous savez faire, en dehors de publier des blâmes? Regardez un peu votre cœur et votre sang : noirs et moisis! A quelles bassesses vous êtes-vous livrée pour obtenir votre poste? Si vous osez encore m'adresser un blâme, je vous réserve une vengeance de derrière les fagots!

Devant elle était posée une tasse de thé; je lui en balançai le contenu à la figure. Puis, je sortis du bureau et me cognai dans Xiao Chun qui avait écouté à la porte. Il était vert de peur et me supplia d'aller présenter des excuses tout de suite. Ma colère atteignit son paroxysme :

– Va te faire voir, espèce de veuf! Si tu continues à me parler sur ce ton, le seul cadeau que tu recevras de moi, ce sera un coup de poing!

– Niu-Niu, c'est pour ton bien. Je m'inquiète pour toi. Ne fais pas l'enfant. Va présenter tes excuses au professeur.

Je levais la main sur lui quand le professeur sortit de son bureau :

– Xiao Chun, viens me voir un instant.

Je lançai un regard menaçant à Xiao Chun pour tenter de l'empêcher d'entrer dans le bureau. Il hésita, se sentant pris entre deux feux. Je lui pris la main pour l'emmener loin de cet endroit de malheur, mais le professeur lui lança un dernier avertissement qui eut raison de ses atermoiements. Il retira sa main, me déposa un petit baiser sur le front et disparut tout honteux à la suite du responsable.

J'étais écœurée. Le choix de Xiao Chun m'avait fait plus de mal que si mille bourreaux m'avaient asséné des coups de bâton. Sans même m'en rendre compte, je me retrouvai dans le dortoir. Je me fis le serment de ne plus adresser la parole à Xiao Chun, ce lâche! Pourtant je l'aimais.

Il va sans dire que mes actes de bravoure me valurent le blâme. Les autorités avaient fait venir ma mère à Pékin pour qu'elle me réprimande. La pauvre était très déprimée : elle m'injuriait en pleurant. Pour elle, je n'avais pas mûri ni progressé. Je tentai de me justifier mais en vain. Afin d'arrêter ses larmes, je me résignai à faire mon autocritique lors de la réunion générale. Cela me rappelait un vieux souvenir : lorsque j'étais petite, j'avais dû me confesser devant tous les écoliers. La situation était en tout point identique... sauf que la Révolution culturelle était finie.

Une semaine plus tard, mon blâme occupait sa place habituelle sur le panneau quand je raccompagnai ma mère. Je lui promis d'être sage désormais et très studieuse.

Quand je retournai au dortoir, les filles, qui étaient en train de caqueter, se turent. Elles m'ignorèrent ensuite. Sur mon lit je trouvai un tas de lettres anonymes pleines d'injures – des « putain », « voleuse », « c'est combien pour la nuit? », « ce soir le dortoir des garçons t'offre le service compris » – que je me forçai à regarder, lettre après lettre et que je lus à voix haute devant les autres filles. La haine et l'humiliation me firent monter les larmes aux yeux. Je pris une cigarette et me mis au lit pour essayer de comprendre pourquoi ils s'acharnaient tous contre moi. Qu'avais-je fait pour attiser leur hargne? Étais-je vraiment si méprisable? Mes pieds n'occupaient que quelques centimètres carrés de cet immense pays, mais j'avais l'impression que c'était encore de trop.

Pendant que je remuais ces noires pensées, je fixais le bout rouge de ma cigarette si brûlant et si coloré que j'eus envie de l'approcher de moi. Avec un plaisir masochiste, je l'écrasai sur ma main. Le grésillement de la brûlure me fit oublier mon chagrin et je poussai un cri de pure satisfaction.

Les filles s'agglutinèrent autour de moi :

– Niu-Niu, qu'est-ce que tu fais?... Si tu as commis des fautes, tu peux les corriger. Niu-Niu, nous te faisons encore confiance. Ne te torture pas ainsi.

Mais leurs mensonges me révulsèrent et je leur fis signe de s'en aller. Je ravalai mes larmes et me jurai d'être forte et courageuse. Une fois calmée, je pris mon lecteur de cassettes et de la colle, et j'allai garnir la porte du dortoir avec mes lettres d'insultes :

– C'est bien mieux comme ça, n'est-ce pas? Tout le monde peut profiter de ces jolies phrases. De belles phrases, en vérité, qu'une fille aime à s'entendre dire !

Deux semaines plus tard, Xiao Chun me proposa une promenade sous les arbres :

– J'ai à te parler franchement... Il faut nous séparer.

Je n'arrivais pas à le croire, j'interrogeai son visage.

– Je ne t'aime plus, Niu-Niu. Je ne peux plus supporter tes mauvaises paroles ni continuer de subir l'hostilité du professeur. Tu aimes trop le danger et te mettre en vedette.

– Xiao Chun, ne me dis pas ça. Je sais que tu m'aimes. Je sais qu'au fond de toi tu ne veux pas que nous nous séparions. Pourquoi m'abandonnes-tu quand j'ai le plus besoin de toi?

– Il le faut, Niu-Niu. J'ai entendu dire que tu as reçu des lettres. Mais tu sais bien ce que les autres pensent de toi. Depuis que nous nous connaissons, je t'ai donné toute mon affection et mon attention. Et je t'ai sans cesse mise en garde...

Il semblait encore plus malheureux que moi et n'avait plus la force de continuer. Je me jetai dans

258

ses bras en l'implorant de ne pas me quitter. Il me serra très fort dans ses bras et me dit d'une voix tremblante :

– Excuse-moi, Niu-Niu. Je sais que je te fais souffrir, mais ça me fait mal aussi, comme si on m'enfonçait un poignard dans l'estomac. Je veux achever tranquillement mes études et si tu m'aimes, tu dois m'aider à aller jusqu'au bout. Dis-moi au revoir en souriant... Je t'aime Niu-Niu.

Je rassemblai mes dernières forces pour me dégager et j'avalai ma salive pour ne pas pleurer.

– Avant que tu ne partes, j'ai une chose à te dire, Xiao Chun : je t'aime et personne ne m'avait touchée avant toi... Tant pis pour moi. Au revoir Xiao Chun, adieu mon amour.

C'était fini. Il était parti, me laissant seule. J'ai marché de plus en plus vite sur le terrain de sport jusqu'à me mettre à courir en hurlant des insanités. Et je me suis écroulée sur le sol, la tête vers la lune et les étoiles qui avaient été témoins de nos étreintes. Pourquoi cette séparation ?

Xiao Chun en me quittant avait emporté mes rêves et mes espoirs. J'ignorais comment je devrais vivre et quel sens donner au mot vérité.

Le lendemain en classe, les yeux de Xiao Chun étaient rouges et gonflés : il avait pleuré toute la nuit.

Zhang Ling avait compris ce qui s'était passé et je lui racontai le désastre de la veille.

Dès lors, Xiao Chun et moi ne nous assîmes plus côte à côte et ne prîmes plus nos repas à la même table. Si nos chemins se croisaient, nous baissions la tête et feignions de ne pas nous voir ou bien nous nous saluions d'une manière maladroite. Pour l'effacer de ma mémoire, j'avais rangé tout ce qui pouvait évoquer notre relation : les livres, les photos, les robes et les cadeaux qu'il m'avait offerts, et j'avais mis le tout sous clef dans une valise cachée sous mon lit.

Rien n'en valait la peine. J'étais stupide d'être sincère et de m'offusquer de tout ce qui clochait. L'existence paraissait bien plus aisée pour ceux qui marchaient droit. Je décidai de faire une tentative dans ce sens. Je résolus de devenir un peu hypocrite : de ne plus dire ce que je pensais mais de mentir à chaque fois qu'il le faudrait. Quand ils crieraient haro sur le baudet, je ferais de même. Quand ils me voleraient dix yuans, j'en volerais le double...

Ma nouvelle philosophie porta vite ses fruits. Les étudiants se rapprochèrent de moi. Même le professeur principal m'appela dans son bureau pour me dire :

— Niu-Niu, tu as bien progressé. Regarde comme maintenant tout le monde est content de toi. Nous avons confiance et nous croyons que tu t'amenderas très vite. C'est pourquoi, pour te récompenser de tes progrès et sur les recommandations de professeur Wang, nous avons décidé de te confier le rôle d'Ophélie que tu joueras en alternance avec Gao Lan. Je pense que c'est une bonne occasion pour que vous redeveniez de bonnes amies. J'espère que tu sauras apprécier ce que nous t'offrons... Ah ! Autre chose : je crois qu'il serait souhaitable que tu t'écartes de Zhang Ling.

J'invoquai de nouveau un mal de tête pour échapper à la suite ennuyeuse de cet entretien. Elle se montra très aimable et me conseilla de prendre soin de ma santé afin d'étudier avec ardeur pour le Parti et le pays.

Assez bizarrement, les promesses du professeur principal se concrétisèrent et je commençai les répétitions de *Hamlet*. Gao Lan essayait de renouer. Il était quant à moi hors de question d'excuser sa fourberie et je restais froide. Le proverbe dit : « une fois mordu par un serpent, pendant dix ans on a peur d'une corde ».

Comme par un fait exprès, une de ses mauvaises

plaisanteries que vous réserve la vie, Xiao Chun faisait partie du même atelier de travail que moi. N'ayant pas encore surmonté mon chagrin, je profitai de mon rôle pour l'exprimer; dans les scènes de larmes, je me donnais à fond. J'avais aussi envie de prouver aux autres que malgré ses problèmes personnels, Niu-Niu était avant tout une vraie professionnelle. Bref, le travail acharné me semblait l'échappatoire idéale.

Le jour de la première arriva. Grâce à mes efforts et grâce à ma rupture avec Xiao Chun, le jeu de notre groupe surpassait en qualité celui du groupe de Gao Lan initialement destiné à jouer plus souvent que le nôtre, mais l'enthousiasme des étudiants spectateurs et le soutien de professeur Wang suffirent à promouvoir notre troupe, qui se produisit aussi souvent que l'autre. Chaque soir, les applaudissements me faisaient oublier ma peine.

Après les deux semaines de représentations inter-universitaires, les étudiants en art avaient organisé une grande fête. Je vis alors que Xiao Chun auparavant s'était amouraché d'une jolie étudiante en art dramatique. Les voir tous les deux sourire et danser tendrement m'a déprimée et j'ai aussitôt quitté la salle. J'allai comme à l'accoutumée m'isoler sur le terrain de sport, le lieu qui avait vu le moment de notre séparation. C'était par masochisme certes, mais aussi pour tirer un trait définitif sur ce douloureux épisode.

Dans l'obscurité, une ombre s'avança vers moi : c'était celle de professeur Wang. Mais que venait-il faire ici ? Très naturellement il s'assit à côté de moi en me demandant à quoi je pensais.

– Je sais, Niu-Niu, que tu as pleuré. C'est à cause de Xiao Chun, n'est-ce pas ?

– Non, c'est à cause de moi. Je suis malade. J'ai mal à la tête et au cœur.

– Je le vois bien. Ces deux derniers mois, tu as beaucoup changé. Tu es devenue très calme, tu souris moins et tu suis le mouvement général.

– Vous avez l'air bien au courant.

J'étais heureuse qu'il reste parler avec moi.

– C'est seulement que je m'intéresse à toi. Je guette tes sourires, tes larmes, tes paroles et tes silences.

Sa gentillesse me fit rougir tout en m'enveloppant d'un sentiment de bien-être.

Effectivement, il avait été plus attentif à moi qu'aux autres étudiants de son cours. Cette pièce ne m'aurait jamais attiré autant de succès sans professeur Wang. Il m'avait expliqué le rôle en particulier et m'avait fait répéter plus souvent que Gao Lan. Continuellement, il m'avait offert des friandises. En faisant ce bilan flatteur, je posai affectueusement la tête sur son épaule comme sur celle d'un père ou d'un grand frère.

– Vous savez, professeur wang, maintenant je m'ennuie à mourir. Je suis quelqu'un qui aime bouger et qui a besoin de danger et d'aventure. Durant ces deux derniers mois, je me suis efforcée de me calmer. Mais aujourd'hui, j'ai l'impression que je ne pourrai pas aller plus loin.

– Mais pourquoi, Niu-Niu, te forces-tu ainsi? Je suis inquiet pour toi : j'ai peur que tu te consumes petit à petit. J'ai peur que tu perdes ta force de caractère. Peut-être ne sais-tu pas que c'est ce qui fait ton charme. Je trouve aussi que tu donnes le meilleur de toi-même quand tu t'enflammes.

Ses éloges me comblaient de joie. Et j'ai joué son jeu, en me mettant à haranguer le stade désert :

– C'est vrai, Niu-Niu a des moments émouvants!

Mais il afficha un air sérieux et me caressa le visage. Puis, il m'embrassa sur le front. Cela me fit peur : quand il essaya d'accrocher mon regard, je tournai timidement la tête.

– Niu-Niu, je vais partir très loin, dans peu de temps.

Cette nouvelle augmenta mon trouble.

– Si vous allez au paradis, dépêchez-vous; si c'est en enfer, gardez-moi une place!

Il n'apprécia pas ma plaisanterie et resta silencieux. Il m'annonça enfin qu'il allait partir pour les États-Unis où sa grand-mère habitait. Il n'attendait plus que son visa.

– Aux États-Unis! Vous devez être content.

– Oui, mais je m'inquiète pour une personne qui habite mon cœur et qui m'empêche de dormir. Je me fais du souci pour son avenir...

Je pensais qu'il me parlait de Ping déjà accablée par les deux commères dans le dortoir. J'étais déçue qu'il s'agisse d'une fille si peu intéressante. Professeur Wang, si fin, si brillant, aurait pu choisir une fille plus valable. La curiosité me poussa à lui demander quelle était la personne dont la pensée le tourmentait jour et nuit. Il parut hésitant tout à coup. Comme j'insistais, il me proposa de deviner.

– C'est Ping! Je le sais depuis longtemps.

– Tu ne sais rien du tout et tu es idiote. Ce n'est personne d'autre que toi.

J'en suis tombée à la renverse et il s'en fallut de peu que je ne m'évanouisse.

– Ne plaisantez pas avec ces choses-là sinon la foudre va vous couper en deux.

– Je l'attends de pied ferme et je lui demanderai pourquoi celle que j'aime ne m'aime pas.

– Mais c'est impossible, professeur Wang. Je suis votre élève. Et puis j'ai une si mauvaise réputation.

– Jamais une loi n'a stipulé qu'une élève et un professeur ne peuvent pas s'aimer. Si tu ne veux pas partir pour les États-Unis, je resterai avec toi.

Cette conversation semblait irréelle. Professeur

Wang que je respectais et que je considérais comme mon père me disait son amour! Mais quoique touchée, je ne pouvais le lui rendre.

– Depuis que je t'ai aidée pour les répétitions de ta première pièce, je me suis mis à beaucoup penser à toi, à faire attention à chacun de tes mouvements et à rêver à toi. J'étais amoureux comme un fou et je n'ignorais ni notre différence d'âge, ni l'amour que tu portais à Xiao Chun. Je ne voulais pas te tenter. Je te regardais vivre et imaginais tes pensées. J'étais heureux quand tu l'étais et déprimé quand tu étais triste. Le soir où tu as dit adieu à Xiao Chun, j'étais derrière ce mur. Tu n'as pas pleuré mais moi je pleurais. Je t'ai regardée courir et crier. J'avais envie de te consoler. Quand j'ai appris qu'on t'avait envoyé des lettres d'insultes, pour te venger, j'ai distribué les plus mauvaises notes aux coupables. Pendant ces deux derniers mois...

Il rapportait chaque détail. Je ne l'aimais pas mais je sentais le besoin de sa présence.

– Professeur Wang, pourquoi m'aimez-vous? Vous n'êtes pas sans savoir que j'attire les ennuis.

Il me disait que ce n'était pas de ma faute, que la société devait changer.

– C'est aussi la faute de cette université où personne n'est libre. Niu-Niu, pourquoi ne veux-tu pas aller aux États-Unis avec moi? C'est un pays libre, on peut y dire et y faire tout ce qu'on veut. Les artistes n'y ont pas de chaîne...

– J'aimerais bien connaître tout cela, mais ce n'est pas mon pays. Je n'y ai ni ami, ni famille. J'aime le peuple chinois, j'aime mon pays et ma famille.

– Tes idéaux ne te vaudront que des déboires. Tu te casseras le nez sur la réalité.

Je préférais m'aveugler. Il avait raison : je n'avais qu'à regarder autour de moi. Pourtant je n'avais jamais songé à quitter mon pays pour donner mes forces et ma jeunesse à un pays et un peuple inconnus. Je devais me consacrer entièrement à la Chine, pensais-je, comme tous les jeunes de ma génération.

Professeur Wang sentit que je refuserais de l'écouter davantage et il resta un instant sans rien ajouter, puis il me demanda combien il faudrait de temps pour que j'apprenne à l'aimer. Il avait décidé d'attendre. Je n'allais pas lui mentir : son tendre visage de père ne ressemblait pas à celui d'un amant. Mais je ne voulais pas le blesser aussi, en lui disant qu'il était quelqu'un de formidable, je me jetai dans ses bras pour recevoir ses caresses sur mes mains, aussi douces qu'une pluie printanière. J'avais un peu honte, mais c'était si plaisant.

En classe, professeur Wang ne me quittait plus des yeux, à la cantine il mangeait en m'observant, le soir il s'attardait à la bibliothèque où j'étudiais. Je le pris en aparté :

– Professeur Wang, arrêtez, je vous en prie, vous êtes en train de vous gâcher la vie.

– Au contraire, je suis heureux de te regarder.

Son amour avait atteint des proportions si affolantes que je fus prise d'un grand élan de tendresse. Je balbutiai :

– Si vous voulez, nous pouvons...

C'était une gaffe. Il refusa, très choqué de ma proposition. Je lui écrivis une longue lettre. Je lui demandais de me considérer comme sa petite sœur. Je lui conseillais de partir pour les États-Unis où il découvrirait l'amour et où je le rejoindrais peut-être un jour pour lui projeter les films que j'aurais réalisés... La missive, que je m'apprêtais à expédier une veille de départ en vacances, pesait lourd dans ma main car je prévoyais qu'à la rentrée il ne serait plus en Chine. C'était comme si j'allais perdre un membre de ma famille.

24

LA RÉVOLTE

En compagnie de Zhang Ling, Ouyiang et Guoguo, un étudiant cameraman qui avait fait partie de mon ancienne équipe de travail, nous décidâmes d'aller au Tibet. Un mois de congé et un autre mois pour effectuer un devoir universitaire extra-muros nous laissaient assez de temps pour faire le trajet en camion. Avec l'aide de mes parents, nous trouvâmes un convoi de transport de troncs d'arbres qui devait emprunter la même route que nous. Nous avancions à notre gré et faisions halte dans les villages charmants, sachant que tôt ou tard un camion du convoi passerait par là.

Nous sommes parvenus dans un village où un vieux paysan nous proposa de parcourir deux journées en charrette pour visiter un lieu inconnu encore des citadins. Nous ne pouvions manquer une telle aubaine. Prenant sur notre fatigue, nous empruntâmes ce véhicule rustique, complètement rompus tant le chemin était cahoteux et inconfortable. Cependant, nous n'allions pas regretter le voyage dans ce paysage de conte de fées : un lac bleu azur au milieu des montagnes où les deux cents villageois habitaient leurs maisons sur pilotis. Il n'y avait qu'une seule boutique qui vendait sel, allumettes, bougies, fil et autres objets de première nécessité.

Les gens travaillaient aux champs avec leur buffle et le soir, ils s'éclairaient à la chandelle. Ils nous accueillirent dans leurs chaumières avec chaleur et enthousiasme en nous appelant les « citadins » ou les « étudiants » en signe de profond respect. Ils voulaient nous échanger un buffle contre nos lampes de poche et nos stylos. Les jeunes filles reçurent comme précieux trésors les petits miroirs que Zhang Ling et moi-même leur avions offerts. Les menus événements de tous les jours nous réjouissaient et nous étonnaient.

La famille dans laquelle Zhang Ling et moi habitions avait sept enfants de trois à quatorze ans. Les gamins nous guidaient pour chasser des poulets sauvages ou bien pour pêcher au bord du lac. Nous avions prévu de ne rester que deux ou trois jours, mais l'atmosphère enchanteresse nous retint une semaine entière.

Un soir que Zhang Ling et moi grignotions des bonbons, les sept enfants de la maison ouvrirent des yeux étonnés : ils en avaient rarement goûté et nous leur en avons donné deux à chacun. La mère les ramassa tous pour n'en distribuer qu'un seul par enfant, le septième devait partager le sien avec le père. Puis elle mit le reste dans une boîte cadenassée, sans même s'être servie. J'étais bouleversée, cela me rappelait mon enfance. Du coup, nous leur avons donné le paquet entier que nous avons placé au centre de la table. Les enfants ne bougèrent pas d'un pouce tandis que la mère, ravie, ne cessait de nous remercier dans son dialecte.

Un matin, alors que nous nous promenions le long des champs où s'activaient les paysans, nous entendîmes soudain quatre ou cinq hommes pousser des cris de joie en sautant et en levant les bras. Nous comprîmes vite pourquoi : en quelques minutes, les femmes du village étaient arrivées aux champs, et chaque paysan rejoignit son épouse. Sans perdre plus de temps, les hommes laissèrent tomber leur pantalon; les femmes piaillaient d'excitation et faisaient mine de résister. Mais très vite, elles se déshabillaient aussi. Alors, là, devant nous, en plein jour et au milieu des champs, tous les couples se mirent à faire l'amour. Loin d'être gênés par le manque d'intimité, ils en étaient même à concourir pour voir qui, chez les hommes, ferait le plus longtemps l'amour à sa partenaire et qui, chez les femmes, hurlerait le plus de plaisir. Les célibataires, spectateurs par la force des choses, avaient délaissé leur besogne et commentaient allègrement les réjouissances.

Nous étions rouges de confusion et nous nous demandions si nous devions regarder ou pas; finalement, nous sommes restés sur place sans oser bouger. Une vieille femme s'approcha de nous en souriant :

– Eh bien les étudiants! vous rougissez?

Nous étions tellement mal à l'aise que nous prîmes nos jambes à notre cou pour aller nous cacher dans la montagne. Après une course effrénée nous nous sommes arrêtés et, après nous être regardés, nous sommes partis d'un grand éclat de rire. Ouyiang, le plus expérimenté de nous tous, nous expliqua que dans un lieu aussi reculé, faire l'amour était le seul moyen de s'amuser, le seul plaisir possible d'une vie austère, bref le divertissement le plus ancien et le plus naturel. Zhang Ling demanda si nous devions relater la chose à l'université, ce à quoi Ouyiang répondit sur un ton de reproche que les gens de Pékin seraient horrifiés.

Nous fûmes surpris d'apprendre que le responsable de l'échoppe était chinois alors que le reste de la population était tibétain. Il avait quarante-cinq ans et s'exprimait fort mal en chinois mandarin. En baragouinant, il nous invita à aller chez lui. Son épouse était, elle, tibétaine; ils avaient deux enfants. Chez lui, il y avait pour tout mobilier un grand lit unique, un fourneau, une table et une étagère. Ouyiang fut choqué de s'apercevoir que des livres de Mao, de Lénine, de Staline, de Marx et des romans célèbres dans la littérature moderne servaient de cales.

Notre hôte nous expliqua que ces livres lui appartenaient et il nous raconta son histoire.

Il venait de Pékin. A l'âge de treize ans, ses parents, ouvriers, étaient morts dans un accident de la route. Enfant unique, il dut vivre avec sa grand-mère et à l'âge de vingt-cinq ans, soit un an avant le début de la Révolution culturelle, il avait réussi à entrer à l'université dans le département de philosophie. Là, il devint le meilleur élève mais trois années plus tard, à cause d'une dissertation qu'il avait rédigée sur l'avenir du communisme il fut décrété contre-révolutionnaire. L'université l'envoya en rééducation dans une ville non loin du village où nous étions. Sa grand-mère en mourut dans ses bras, folle de chagrin et de douleur. Il emporta tout ce qu'il possédait à l'époque pour partir en exil. Malheureusement, un an après, il se révolta contre une injustice, ce qui lui valut d'être considéré comme un élément dangereux et d'être banni dans ce petit village perdu dont il ne connaissait pas la langue. Après avoir touché le fond du désespoir, il se reconvertit en vendeur car l'ancien responsable de la boutique venait de mourir et il était le seul à savoir compter et écrire.

– J'ai eu de la chance, nous dit-il, car les gens d'ici ne me considéraient pas comme un pestiféré de contre-révolutionnaire. Ils se montraient au contraire très accueillants.

Il nous raconta qu'un jour, un arbre lui était

tombé sur la tête alors qu'il coupait du bois et que les villageois lui avaient confectionné un brancard de fortune avec de la paille et des branches et qu'ils s'étaient relayés pour le transporter jusqu'à l'hôpital de la ville la plus proche. La fille du chef du village, qui depuis était devenue son épouse, avait tenu une torche pour éclairer la route tout le long du trajet. C'est à la suite de cela qu'il avait décidé de finir ses jours dans le village et perdu une partie de ses facultés d'élocution.

– Ça fait donc quinze ans que vous habitez ici ! s'exclama Zhang Ling.

Son aventure nous arracha des larmes. Nous avions envie de l'aider à s'en sortir et nous lui annonçâmes que désormais, la Révolution culturelle étant achevée, beaucoup d'intellectuels étaient réhabilités. Nous l'assurâmes également que le Parti reconnaissait lui-même que ces dix années avaient été une grave erreur, que maintenant quelques jeunes avaient de nouveau la possibilité d'entrer à l'université et de faire des études à l'étranger, que le rock and roll et le disco faisaient fureur... Il nous écoutait, stupéfait, et son visage déjà marqué par d'innombrables rides, vieillissait encore sous le coup des émotions que nous lui causions. Quand il comprit que nous étions des étudiants en cinéma, il éclata littéralement en sanglots.

– Il faut maintenant que tu ailles voir le maire de la ville pour lui montrer de quelle injustice tu as été la victime et pour te réhabiliter. Il faut que tu retournes à Pékin.

Mais il persistait à croire qu'il n'était qu'un criminel et Ouyiang s'énerva en lui expliquant que c'était de l'histoire ancienne.

Peu avant notre départ, il vint souvent nous demander si nous ne lui avions pas raconté des sornettes. Le jour venu, nous lui donnâmes notre adresse pour qu'il vienne nous rendre visite dans la capitale : pour la première fois nous le vîmes sourire, et il nous remercia vivement.

Les villageois firent très gentiment un bout de chemin avec nous; ils nous avaient donné des victuailles pour la route et nous leur avions offert quelques vêtements, des stylos, des briquets et des lampes de poche.

Nous ne sommes demeurés que deux jours à Lhassa pour poursuivre notre périple à l'intérieur des terres. Là, d'autres curiosités nous attendaient telles que les fêtes rituelles des mariages ou des funérailles.

Dans un village, Zhang Ling avait littéralement envoûté un Tibétain. La pauvre était obligée tous les matins d'avaler le lait de jument que les amoureux déposent traditionnellement devant la tente de la dulcinée. Si la jeune élue refusait de boire, le garçon devait quitter le village, aussi la mère de celui-ci avait prié Zhang Ling d'avaler le curieux élixir pour qu'elle puisse garder son fils. Par ailleurs, ça ne signifiait pas qu'elle était forcée de l'épouser. Comme après une semaine de supplice Zhang Ling en devenait malade, nous décidâmes de partir. Le jour venu, le garçon suivit à cheval notre camion durant toute la matinée. Dès que nous stoppions pour lui faire nos adieux, il restait à une centaine de mètres de distance et le manège dura jusqu'à ce que le chauffeur nous informe que si le cavalier s'approchait cela signifierait que Zhang Ling consentait à l'épouser, sinon, il serait chassé du village. Le malheureux était paralysé par la gravité de l'alternative. Ce romantisme nous toucha si fort que Zhang Ling et moi en pleurâmes de compassion; Ouyiang, probablement blessé dans son amour-propre, fit la tête pendant deux jours.

Sur le chemin du retour, un mois et demi après, nous repassâmes par notre petit village féerique, mais l'ambiance avait changé; les paysans nous fermaient leur porte comme si nous étions des démons. Nous voulions demander au Pékinois de la boutique la raison de ce revirement, mais sa femme nous insulta.

Deux semaines après notre départ, son mari avait emporté quelques affaires et tout l'argent du ménage pour disparaître sans un mot d'adieu. Il était revenu deux semaines plus tard, les vêtements en lambeaux et le visage inexpressif. Il s'était jeté sur le couteau de cuisine pour se suicider mais on avait pu l'en empêcher à temps. Depuis, il refusait de travailler et, ayant brûlé ses livres, passait ses journées à se saouler.

Nous aurions voulu lui parler mais sa femme nous l'interdit formellement. Le chef du village nous pria de nous en aller le plus tôt possible et, une fois dans la charrette, nous pûmes distinguer en haut de la montagne le pauvre bougre qui nous épiait comme un fou. Il fallait croire que nous avions brisé sa vie. Mais que s'était-il donc passé ?

Je laissai mes amis regagner Pékin pour rendre visite à mes parents. Puis je rejoignis la capitale où les cours allaient reprendre.

A mon arrivée à la gare, quelle ne fut pas ma surprise : Zhang Ling était venue me chercher avec professeur Wang ! Je n'en croyais pas mes yeux : il aurait dû se trouver déjà aux États-Unis. J'en fus si heureuse que je lâchai mes valises pour me jeter dans ses bras. Pendant ces deux mois de vacances je n'avais cessé de penser à lui. Encore une fois, mes rêves se réalisaient car il n'était pas parti. Son visa étant valable trois mois, il était donc resté pour me dire adieu. Sans réfléchir, je lui dis : « Je vous aime vraiment professeur Wang ! » et lui, sans se soucier du lieu ni du moment, m'embrassa sur la joue. Il avait attendu cette phrase si longtemps !

Le soir même, il me fit à dîner, puis, comme il se faisait tard, je restai chez lui pour une nuit inoubliable.

Il avait rajeuni et souriait sans cesse. Pour me voir plus souvent, il reprit ses cours, si bien que notre histoire était connue de tous. Les rumeurs médisantes m'avaient reprise pour cible et l'on racontait que j'avais mis le grappin sur professeur Wang pour aller aux États-Unis. Pourtant l'ombre de Xiao Chun m'interdisait de profiter pleinement de cet amour naissant et je n'aimais pas assez mon professeur pour le suivre si loin.

Après le déjeuner, je retournai au dortoir. Comme d'habitude, les filles tricotaient, écoutaient de la musique ou bouquinaient. Une autre faisait la sieste et ronflait doucement; une autre encore lavait son linge dans une bassine en fer décorée de grosses fleurs multicolores. J'allais ouvrir un livre quand une fille vint m'avouer qu'elle m'avait emprunté une cassette. Du coup, toutes les autres dirent ce qu'elles m'avaient pris sans le demander.

– Niu-Niu, j'ai pris ta veste rouge parce que j'avais un rendez-vous et je l'ai confiée à ma mère pour qu'elle m'en fasse une identique.

– Niu-Niu, je t'ai pris deux livres que je te rendrai quand je les aurai lus.

– Niu-Niu, je t'ai pris pour deux yuans de tickets-resto parce que je n'en avais plus.

Je n'avais qu'à les regarder en acquiesçant. Que pouvais-je faire d'autre ? Je les avais laissées prendre cette habitude. Soudain, celle qui lavait son linge se mit à vociférer : « Qui a piqué mon portemanteau ? Vous êtes casse-pieds à fouiner partout ! » Et elle sortit en claquant la porte. Je la trouvais vraiment gonflée de crier, elle qui prenait régulièrement ce qui ne lui appartenait pas. Celle qui dormait se réveilla alors énervée :

– Assez! Faites moins de bruit, quoi!

– Rendors-toi et tu vas te transformer en truie!

– La ferme, abrutie!

– Ne t'énerve pas, je m'inquiète seulement pour toi : comment veux-tu te marier si tu continues à grossir comme ça?

Voilà. Quelques mots lancés et elles se battaient déjà comme des chiffonnières. Les autres, qui avaient l'habitude, les écartèrent. Je n'en pouvais plus de supporter cette ambiance malsaine et ma seule échappatoire dans ces cas-là était de me cacher sous mes couvertures pour trouver le sommeil. Après avoir passé deux minutes à peine dans cette position, j'entendis celle qui avait claqué la porte rentrer. Elle souleva brusquement ma couverture pour me demander à brûle-pourpoint :

– Pourquoi t'es-tu rapprochée de professeur Wang? C'est un dragueur fini.

Elle se lança dans des développements, disant que professeur Wang avait plaqué Ping quand il s'était lassé d'elle, etc.

– Pourquoi aimes-tu tant colporter des ragots? Tu n'as pas de tête?

– Mais ce ne sont pas des ragots, c'est la vérité. On dit même que tu couches avec lui pour aller en Amérique. Il faut que tu fasses attention si tu veux entrer au Parti!

J'avais du mal à avaler cette histoire, surtout celle de mon adhésion au Parti. Dans quel esprit tortueux une telle idée avait-elle pu surgir?

– Encore et toujours des on-dit! Jamais je n'ai entendu de « je crois » ou « je pense ». Et puis, je m'en fiche, j'ai mal à la tête, je veux dormir, laisse-moi tranquille.

Avant de lâcher prise, elle me piqua quelques bonbons dans ma boîte. Malheureusement, c'en était fini de ma sieste et je me rhabillai pour aller trouver un coin plus calme. Je détestais mon dortoir, d'heure en heure il s'y passait constamment ce genre de scène. Je ne m'y réfugiais que la nuit pour dormir. Je tentais de m'évader en lisant Sartre ou Freud. Mais plus je les lisais, plus je m'enlisais. Et des assertions telles que « l'enfer, c'est les autres » m'effrayèrent tellement que j'hésitais à m'aventurer dans ces lectures étranges et barbares.

Enfin, le jour du départ de professeur Wang était presque arrivé. La veille il m'invita à dîner dans un hôtel pour étrangers et à table il me demanda si je l'aimais vraiment.

– Alors, Niu-Niu, pourquoi ne nous marierions-nous pas?

Je n'en avais aucune envie, à vrai dire, et je n'avais pas envisagé non plus de quitter la Chine. Je ne me voyais pas femme au foyer à faire le ménage et des enfants. Le dîner fut plutôt sinistre, car nous savions tous les deux que c'était le dernier que nous prenions ensemble.

Le lendemain, je ne suis pas allée en cours, pour le conduire à l'aéroport. Professeur Wang avait la mine déconfite de quelqu'un qui vient de rencontrer le diable.

– Écris-moi, Niu-Niu. Tu sais que je serai toujours là pour toi. Un mot seulement et je reviendrai.

– Merci professeur Wang. Mais priez Dieu pour que cela n'arrive pas.

– Tu sais, Niu-Niu, j'ai déjà trente-cinq ans, soit quinze de plus que toi. J'ai l'impression d'avoir trouvé celle que j'aime. Du fond du cœur, je te souhaite le bonheur.

Il pleurait. C'était l'heure de nous séparer à jamais. Encore une fois, je perdais un être cher. Mais cette fois-ci, c'est moi qui avais créé cette situation. Et pourquoi? Je me demandai comment une personnalité aussi brillante pouvait préférer une aléatoire liberté à la vie dans son propre pays. Ces réflexions m'amenèrent à penser que ces mois de silence et de calme étaient arrivés à leur terme. Je n'avais plus le droit de sombrer ainsi dans le rôle que j'avais joué. Je devais faire renaître la Niu-Niu combative, même si je devais en mourir. L'occasion m'en fut donnée sous la forme d'un concours d'éloquence organisé dans le département des étudiants en disciplines artistiques. Chacun était libre de choisir son sujet.

J'avais envie d'exprimer ce que j'avais sur le cœur et après un mois de préparation, mon discours était fin prêt. Je l'appelai « Sans titre ». Ouyiang, le chef de classe, m'annonça et je grimpai sur l'estrade. J'étais nerveuse et émue et, afin de cacher mon trac, je mis un bon moment pour disposer mes papiers.

Enfin je pris la parole :

— Je suis très heureuse que les professeurs aient organisé ce concours et qu'en outre ils nous aient autorisés à choisir notre sujet. Je profite de cette occasion pour parler de quelque chose qui me tient à cœur depuis longtemps.

» Mes amis et mes parents m'ont inculqué certains principes de tolérance et de participation à la vie sociale. Pourtant la vie à l'université s'est révélée tout autre. Et forte de cette constatation, j'ai eu envie de vous demander aujourd'hui pourquoi, puisque notre objectif à tous est le bonheur, nous devions supporter des mesquineries et des bassesses. J'ai pensé que s'il existe un Dieu, il doit être bien farouche pour nous laisser génération après génération subir la même expérience amère et nous faire chercher la signification de l'existence. En outre, ceux qui trouvent la solution sont soit proches de la mort, soit brisés par les autres dans la fleur de leur jeunesse. Je ne comprends pas pourquoi les vieillards qui s'approchent de la mort essayent toujours plus de tyranniser et brimer la jeunesse avec leurs vieilles idées et leurs vieilles coutumes, l'empêchant de vivre à sa manière.

» Je me souviens des paroles de ma grand-mère : " les gens ont peur de la renommée comme les cochons ont peur de grossir ". Mais cette peur, à qui la doit-on sinon à nous-mêmes ?...

Les étudiants commençaient à s'agiter tandis que les professeurs me lançaient des regards mécontents. Mais maintenant ils ne m'intimidaient plus. Je continuai à parler :

– ... L'amour est la chose la plus précieuse. Ayant eu moi-même à affronter beaucoup de haine, j'ai néanmoins découvert le plaisir de redonner la sérénité à quelqu'un. J'espère que nous aussi, maintenant, nous allons nous réconforter mutuellement. Pensez au vieux dicton : " quand une personne dit une chose, elle est fausse, quand dix personnes disent la même chose, cette chose est possible; quand cent personnes répètent cette chose, elle est vraie ". Aussi ne faudrait-il jamais médire de nos semblables mais au contraire unir nos efforts pour construire un monde nouveau. »

En retournant à ma place, j'avais les larmes aux yeux. Après quelques secondes de silence, tous les étudiants se mirent à applaudir frénétiquement. Cela renforça mon courage et mon émotion aussi.

Un étudiant, qui comme moi avait déjà reçu des blâmes, se leva alors pour haranguer les spectateurs :

– Niu-Niu a raison. Il faut faire table rase des vieilles valeurs et pourquoi pas tout de suite ? Faisons-le pour notre bonheur à tous !

Du coup, tous les étudiants lancèrent en l'air ce qui leur tombait sous la main : leur bol et leurs baguettes, leurs stylos et leurs livres, pour signifier qu'ils commençaient la destruction salvatrice.

Les professeurs s'agitaient dans toutes les directions et criaient à tue-tête : « Calmez-vous ! Calmez-vous, c'est un ordre ! » Mais personne ne voulait les entendre. J'avais déclenché ma révolte étudiante à moi, préfigurant à son échelle le mouvement de décembre 86. La réunion, qui avait eu lieu un matin, eut pour résultat de faire annuler les cours de l'après-midi. J'étais seule dans la salle au milieu des débris de verre et des détritus à écouter le vent hurler à travers les vitres brisées. Malgré l'enthousiasme des étudiants, je me sentais déçue car ils n'avaient pas compris mon message. Ils avaient confondu destruction matérielle et combat psychologique. A ce moment-là, Guoguo, l'étudiant caméraman, entra et vint s'asseoir à mes côtés.

– Niu-Niu, je crois que tu vas avoir des problèmes.

– Oui, je sais.

– Peut-être que tu devrais écrire à ton père pour lui demander de venir t'aider.

Je lui rétorquai que c'était mon affaire, pas celle de mon père.

– Tu es courageuse et j'espère sincèrement que rien ne viendra jamais amoindrir ta personnalité.

– Pourtant j'ai peur de quelque chose dans ce goût-là.

Guoguo voulait me rassurer. Il disait qu'il m'appréciait en dépit des commérages et il savait que d'autres partageaient son sentiment. J'étais lasse et je posai ma tête sur ses genoux pour me laisser bercer par ses mots de réconfort. C'est à ce moment précis que le fayot de la classe entra pour me dire que le directeur m'attendait dans son bureau.

Dans le couloir, il me demanda si je n'avais pas lu le discours d'un autre. Je m'arrêtai pour le regarder dans le blanc des yeux et je le priai de me dire ce qu'il entendait au juste.

– Tout simplement, je voulais savoir si tu n'avais

pas utilisé ce concours d'éloquence pour donner un alibi à tes problèmes personnels. Puis-je te poser une question : avec combien de garçons as-tu couché ?

– Eh bien ! J'ai couché aussi avec ton père et ton grand-père !

– Ça m'étonnerait que mon père ait eu envie de toi.

Je n'avais pas l'intention de discuter avec ce salopard et j'essayais de me calmer quand il me jeta perfidement :

– Devant le directeur, tu ne seras pas désarmée : tu n'auras qu'à lui offrir tes services.

C'en était trop, j'étais à bout de patience et je le pris par la veste pour le tabasser comme il le méritait. Après m'avoir battue, il me laissa sur le carreau et s'en alla fier de lui. J'épongeai le sang qui coulait de ma bouche et me relevai comme un automate pour entrer dans le bureau du directeur. Celui-ci m'accueillit à sa manière.

– J'ai entendu dire que tu avais beaucoup d'idées neuves et j'aimerais les connaître pour savoir si elles valent la peine qu'on casse les vitres…. Tu ne dis rien ? C'est pourtant une liberté que je te donne ! Bon, c'est donc moi qui vais parler. Ton problème a atteint le point de non-retour. Tu manques les cours, tu conseilles aux autres de ne pas adhérer au Parti mais de critiquer les professeurs et en plus tu fumes et tu t'amuses. En quoi es-tu une fille bien ? Regarde ton journal intime : « L'université est un désert, une prison… partout ce ne sont que visages froids et hypocrisie… tout est faisandé… rien n'est spontané… »

Comment avait-il eu connaissance de mon journal intime ? Il m'informa comme si la chose allait de soi qu'une fille de mon dortoir le lui avait apporté.

– L'avis de tes camarades est le miroir le plus fidèle. Il faut t'y contempler avec attention.

– Je m'y suis regardée mille fois sans rien trouver, sans jamais découvrir quoi que ce soit de bon.

– Qu'est-ce que tu appelles quelque chose de bon? Danser joue contre joue, fumer ou bien boire? Avec qui partages-tu tes secrets? Pour ce qui est de ton histoire avec professeur Wang, nous sommes en train d'enquêter. Tu dois cependant faire un récit détaillé de vos relations.

– Jamais! Vous m'interdisez d'aimer qui je veux et vous avez l'odieux toupet de lire mon journal intime!

– Niu-Niu, sois raisonnable! Ton blâme est déjà prêt!

– Vieil œuf pourri! Vous n'êtes qu'une machine à détruire les jeunes, une vermine si bête que vous croyez que les filles qui ont volé mon journal intime peuvent être mon miroir!

– Elles me l'ont apporté pour t'aider à corriger tes fautes.

– Vous avez violé mon âme. Vous feriez mieux de vous aider tout seul et de trouver le miroir qui osera refléter votre sale trogne!

Tous les professeurs arrivent au pas de course, affolés à l'idée que je puisse être si grossière et irrévérencieuse. Mais je continuais à proférer mes insultes comme je leur aurais jeté un seau d'urine à la face. Puis, donnant un coup de pied dans la porte, je sortis. Le directeur menaça de me renvoyer dès le lendemain.

Pourtant il n'y réussit pas car le piston marchait mieux que jamais, et mon père, passant par ce que l'on appelait la « porte de service », s'était acharné pour qu'on me garde à l'université.

Deux semaines plus tard, mon blâme figurait sur le panneau d'affichage ainsi que celui du garçon qui avait donné le signal de la casse. A côté, il y avait les résultats du concours d'éloquence et comme tout le monde venait les regarder, j'avais, par dépit, collé ma photo sur mon blâme et j'étais restée postée devant le panneau pour donner des explications aux curieux. Ne pouvant plus guère aspirer à une bonne réputation, je convoitais la célébrité par le mal.

Xiao Chun s'approcha de moi. Il était triste pour moi et pour mes parents qui avaient appris la chose.

– Je sais que ce qui t'effraie le plus est de faire de la peine à tes parents. Niu-Niu, je pense que tu aurais dû remporter le concours d'éloquence...

Le directeur arriva sur ces entrefaites et Xiao Chun comme un lâche qu'il était changea de ton :

– Aie du courage pour corriger tes fautes. Nous te faisons confiance et nous t'y aiderons.

Puis à l'appel du directeur, il s'en alla, et avec lui le reste d'amour que j'éprouvais. Depuis cet instant, mon cœur ne garda plus l'ombre d'un sentiment pour Xiao Chun.

Guoguo fut celui qui me réconforta le plus sincèrement. Malheureusement ses phrases ressemblaient à celles que j'avais entendu dire par Zhou Qiang, Yan Ying et professeur Wang, par ceux qui avaient nourri mes rêves et qui n'étaient plus à mes côtés.

Je reçus encore d'autres lettres d'insultes. Elles ne me firent plus rien. J'écrasai de nouveau une cigarette sur ma main. Mais la douleur n'était pas assez forte. Je décidai d'aller plus loin. J'étais prête à tout pour fuir cet enfer qu'était ma vie à l'université. Alors, j'ai pris un couteau pour me tailler les poignets. C'était le seul moyen pour moi de m'évader. Puis je me suis ravisée.

25

LE MAUVAIS RÔLE

TROIS blâmes en deux ans, c'était une performance.
Alors je suis devenue une des figures originales de
l'université. On m'appelait « la mauvaise fille ». Je
n'assistais qu'aux cours qui me plaisaient; le reste
du temps, je séchais les leçons ou bien je bouqui-
nais en classe. Les professeurs semblaient en avoir
pris leur parti, il leur suffisait que je sois calme et
que je ne sème pas le désordre. Je savais qu'ils ne
m'accorderaient aucun diplôme à la fin de mes
études ni même une lettre de présentation pour
m'aider à trouver du travail.

A part Zhang Ling et Guoguo, personne ne
m'approchait plus de près ou de loin. Petit à petit,
je sortais du campus pour fuir l'ostracisme dont
j'étais la victime. Parmi mes nouveaux amis, il y
avait des businessmen qui m'ouvrirent les yeux.
C'est ainsi que je connus Hewei. Son père était un
cadre haut placé et grâce à sa protection, Hewei
pouvait se permettre d'organiser n'importe quel
trafic. Il était gentil et généreux avec moi si bien
que je n'hésitais pas à lui passer un coup de fil

quand les chaînes de l'université me pesaient trop lourdement

J'avais aussi une nouvelle amie qui était étudiante en montage et qui avait déjà essuyé deux blâmes : une mauvaise fille dans mon genre. Comme nous nous donnions tous des prénoms étrangers pour faire plus moderne, elle se faisait appeler Nancy.

Alors qu'un soir nous attendions un ami dans un hôtel, deux Chinois vinrent nous aborder. Les seuls Chinois qui pouvaient pénétrer dans ce genre d'hôtel étaient soit des hommes d'affaires soit des hauts fonctionnaires; ainsi nous leur adressâmes la parole sans crainte et notre ami ayant fait faux bond, nous avons accepté leur invitation à dîner.

Plus tard, dans une discothèque, je commençai à regarder d'un mauvais œil nos deux cavaliers qui parlementaient avec deux Chinois de Hong Kong sans nous quitter du regard, Nancy et moi. Puis quand nous sommes montées dans le taxi qui devait nous ramener au campus, les inconnus, l'air très mécontents, prenaient à parti nos amis. Dès que le chauffeur eut fermé les portières, l'un de nos deux compagnons lui dit : « Vous aurez un gros pourboire si vous semez le taxi derrière nous. »

C'était comme dans un film d'action : notre voiture empruntait les ruelles sombres et étroites de Pékin tandis que celle des types de Hong Kong nous suivait de près. A chaque feu rouge brûlé nous frôlions le drame. Enfin, l'autre taxi fut hors de vue. J'avais à peu près compris ce qui s'était passé. Sans l'ombre d'une gêne, les Chinois nous expliquèrent que les deux autres les avaient payés pour que nous passions la nuit avec eux.

Nancy, malgré son humiliation, leur demanda combien ils avaient déboursé : « Deux cents dollars de Hong Kong pour chacune. » J'étais folle de colère qu'ils nous aient considérées comme de vulgaires filles de joie.

– Ne vous fâchez pas, puisque finalement je ne vous ai pas livrées; sinon pourquoi nous aurions-vous fait monter dans notre taxi? C'était seulement pour donner une leçon aux gens de Hong Kong, ces abrutis qui croient pouvoir tout acheter en Chine avec leur fric pourri.

Je les menaçai d'aller les dénoncer à la police mais ils y connaissaient tout le monde et l'histoire se serait retournée contre nous. Ils ne voulaient pas non plus de l'argent et se proposèrent de nous le donner.

– Ta gueule! garde-le pour acheter un cercueil à ta mère!

Dans ma fureur, je flanquai une paire de gifles à celui qui était assis à côté de moi. Il me l'aurait rendue si Nancy n'avait pas eu la présence d'esprit de lui dire que j'étais une amie de Hewei.

Le lendemain à la première heure, je téléphonai à ce dernier pour lui raconter notre mésaventure. Une semaine plus tard, il me certifia que je pouvais être tranquille car il avait ordonné à ses « soldats » de donner une leçon à ces deux malotrus. La protection de Hewei me ravit mais j'étais néanmoins curieuse de connaître la nature de son petit business.

Depuis la réouverture de la Chine au commerce étranger, des compagnies de toutes sortes avaient proliféré avec leurs hommes d'affaires qui s'offraient mets et soirées chics. Certains Chinois étaient devenus incommensurablement riches comme Hewei.

Il avait étudié en Suisse pendant quatre ans et à son retour avait pris la direction d'une entreprise d'État. Il s'était contenté de toucher son salaire jusqu'à ce qu'il s'aperçoive que son patron, profitant des facilités de la compagnie, menait son petit business personnel. Il se mit à suivre le mouvement et, en s'acoquinant avec d'autres fils de hauts fonctionnaires, avait commencé un trafic de voitures et de motos. Deng Xiaoping, le nouveau maître de la Chine, n'encourageait-il pas à « prospérer et s'enrichir » ? Hewei aidait également certains hommes d'affaires à obtenir plus rapidement à coup sûr des autorisations d'importation de matériel. Sa puissance avait grandi au même rythme que son porte-monnaie. A Pékin, il avait désormais ses zones d'influence qu'il n'était certes pas facile de contrôler. En effet, les bagarres entre bandes rivales ne se comptaient plus : tous les moyens étaient bons pour s'emparer des bonnes affaires des autres ou à défaut pour leur mettre des bâtons dans les roues.

Ainsi le frère de Hewei avait écoulé une dizaine de voitures japonaises, un coup monté à l'origine par une bande adverse. Et un soir qu'il sortait un peu ivre, il s'engouffra dans un taxi dont le chauffeur était, sans qu'il s'en doutât, un homme de main de ceux qu'il avait grugés. Il fut pris en otage. Hewei paya la rançon. Cependant, on ne l'avait pas maltraité durant ces quatre jours de captivité : c'était un chef de bande et ce milieu a ses lois. Enfin, le frère de Hewei n'attendit pas une semaine pour voler quelques véhicules à ses ravisseurs afin de récupérer l'argent de la rançon.

Quand le trafic de voitures se révéla trop compliqué à gérer, Hewei choisit le secteur des antiquités, malgré le danger qu'on y courait. Une seule affaire rapportait autant que dix transactions automobiles...

Hewei avait l'air si sage et si posé que j'avais peine à croire qu'il pût être d'un tel acabit. Il me raconta encore qu'il avait eu un ami trafiquant d'or. Mais son père n'était pas très bien placé et les policiers avaient fait une enquête serrée. Comme on montre un coq mort pour effrayer le singe, il fut condamné à mort afin de servir d'exemple. Ses biens et son argent furent bien évidemment confisqués et on réclama le prix des balles pour son exécution à ses parents.

Je m'inquiétais pour l'avenir de Hewei, mais apparemment il avait tout prévu. Il avait acheté un passeport japonais et il possédait depuis longtemps un compte en banque à Tokyo.

Toutes ces révélations me bouleversèrent : le monde à l'extérieur de l'université défiait pour moi toute logique. Le tableau répugnant que Hewei m'avait dressé me dégoûta à tel point que je résolus de rencontrer moins souvent mon ami hors la loi. Finalement, c'étaient encore les artistes et les écrivains qui étaient les moins pervertis. Ma décision cependant resta lettre morte car Hewei redoubla d'attentions délicates à mon égard. Il me comblait de cadeaux. Il m'apporta un jour du chocolat, la chose que j'exècre le plus au monde car son goût me rappelle les médicaments que j'ai pris pour soigner ma maladie de peau. Je le distribuai donc aux filles du dortoir qui, dès lors, m'apprécièrent de nouveau. Elles me demandaient d'ailleurs de ménager Hewei et semblaient plus heureuses que moi quand il arrivait les bras chargés de présents. Quant à lui, il les ignorait, tant il les trouvait vulgaires et intéressées.

– Comment as-tu pu vivre ici pendant deux ans avec de pareilles mégères ?

Sa question qui résonnait comme un reproche me fit mal; non seulement il m'était intolérable qu'un bandit osât critiquer ma façon de vivre, mais en outre il avait foncièrement raison. Il me proposa de faire des affaires avec lui pour améliorer mon standing, mais je lui lançai au visage que je préférerais mourir plutôt que de tremper dans des histoires louches. Il se vexa et notre discussion se termina en dispute. Il la conclut à sa manière :

– Niu-Niu, tu es vraiment adorable ! Allez, dis-moi ce que je pourrais t'offrir avec mon sale argent pour te faire plaisir.

J'avoue qu'il avait un tempérament épatant. Il reprenait toujours le dessus avec humour. Et, du coup, je lui répondis sur le même ton :

– Il y a bien une centaine de livres que je cherche à me procurer depuis un bon bout de temps.

Le lendemain, je les avais. La puissance de son argent me créait un malaise. Mais il me fallait reconnaître que j'en étais jalouse. Ma candeur en prenait un sacré coup. Il avait un jour invité toutes mes camarades du dortoir au restaurant et elles s'étaient pomponnées comme des starlettes. Je remerciai Hewei d'avoir opéré un tel miracle non sans considérer amèrement que l'origine en était immorale.

– Tu sais, Hewei, que tu me laisses croire que le monde est répugnant.

– Niu-Niu, ne sois pas puérile, ne rêve pas de choses qui n'existent pas. Admets que l'enseignement de cette université se résume pour toi à une bonne leçon de ce que tu ne dois pas faire. Je t'aime beaucoup, Niu-Niu; tu me fais penser à un lotus, la fleur magnifique qui surgit de la vase glauque... mais parfois ta naïveté m'époustoufle !

Alors que nous dansions dans une discothèque, les copains de Hewei et les filles du dortoir réunis, je vis des Chinoises très à la mode qui dansaient et discutaient naturellement, sans gêne aucune ni réserve. Je demandai à Hewei si elles venaient de Hong Kong, mais il me répondit qu'elles étaient pékinoises et que c'était des prostituées. J'étais fâchée qu'il ne distingue pas les jeunes filles modernes des prostituées.

– Mais je t'assure, Niu-Niu, qu'elles font le trottoir; je connais même leur nom. Comme la Chine ouvre ses frontières, ces pauvres filles ont compris qu'en couchant avec des étrangers elles pouvaient obtenir les devises dont elles ont besoin pour acheter ce qu'elles ne pourraient se payer en Monnaie du Peuple. Elles ne trouvent pas de travail et si elles en trouvaient, elles toucheraient un salaire inférieur de moitié à ce qu'elles peuvent gagner ici en une soirée. Si elles sont assez malignes pour convertir leurs devises en Monnaie du Peuple au marché noir, elles n'ont plus à se soucier de leurs fins de mois.

Il ne voyait que le côté sordide des choses, alors que j'étais persuadée que certaines d'entre elles cherchaient le grand amour, ou simplement venaient pour s'amuser. Hewei acquiesçait à tout ce que je disais, ce qui me mettait encore plus mal à l'aise parce que, objectivement, il connaissait mieux la vie que moi. J'étais attristée à l'idée que ces jolies filles, qui évoluaient sur la piste de danse comme des fées, s'avilissaient pour de l'argent : c'était alarmant! Depuis la Libération de 1949, les prostituées avaient officiellement disparu tandis que là, sous mes yeux stupéfaits, elles sévissaient dans un hôtel de luxe.

La vénalité du monde extérieur à l'université me déroutait. J'avais cherché à sortir d'un milieu que je jugeais décadent et hypocrite pour me perdre dans un autre encore plus affligeant. L'amour et l'amitié n'existaient-ils plus ou bien ma naïveté me cachait-elle la réalité? Pourquoi Dieu avait-Il pourtant voulu que je connaisse des êtres formidables tels que Yan Ying, Zhang Ling et professeur Wang? Pourquoi avait-Il voulu que mes parents soient des artistes et qu'ils portent un amour sans limite aux objectifs purs de la vie? Pourquoi m'avait-Il donné une grand-mère au grand cœur pour m'inculquer des principes généreux? Tout cela me déconcertait. Deux chemins divergents s'offraient désormais à moi. Les rêves de mon enfance se défaisaient un à un.

Alors, je me mis à changer. Je modifiai les

attitudes et les façons de penser auxquelles j'avais tant tenu pour devenir aigrie et je-m'en-foutiste. Je me mis à haïr tout le monde et à ne faire confiance à personne. Je devais me préserver contre les autres. J'avais mes buts à atteindre et s'il fallait avoir de l'argent et user de flatterie pour arriver, je n'avais qu'à suivre le mouvement car je ne pouvais plus résister aux pressions extérieures. Mais ces concessions sur mes convictions profondes allaient se révéler insuffisantes dans cet environnement marécageux.

Pour le moment, je commençais à bien trop fumer et boire. Je ne me souciais plus de rechercher l'amour et je couchais désormais avec Hewei. J'acceptais ses cadeaux et l'argent de poche qu'il me donnait. Je devenais lunatique. De bonne humeur, j'en faisais profiter les filles du dortoir; ça me permettait aussi de les envoyer se faire voir quand le caprice m'en prenait. Je leur faisais partager ma vie, la pudeur n'étant plus qu'un vague souvenir au fond de mon passé. Quelquefois, quand j'étais sans le sou, je revendais les cadeaux de Hewei : la montre, les bagues en or, le vélo... pour m'acheter des cigarettes ou de l'alcool, ou bien pour aller danser.

Il avait un grand appartement, chose très rare à Pékin. Et comme je m'y trouvais plus confortablement installée que dans le dortoir, j'y passais des week-ends entiers; Hewei venait me chercher en voiture et me raccompagnait de même le lundi matin. Il me posa un jour la question fatidique :

– Niu-Niu, est-ce que tu m'aimes?

– Non, pas du tout!

– Alors pourquoi couches-tu avec moi?

– Parce que j'en ai envie.. et puis parce que tu as de l'argent. As-tu oublié que tu m'as dit qu'il menait à tout? Eh bien, tu vois, je m'y suis mise.

Peu à peu, cette vie de patachon me lassait mais je n'en avais aucune contre laquelle l'échanger. Un lundi matin, alors que Hewei me déposait à l'entrée du campus, Guoguo me lança un regard furibond. Quand la voiture disparut, il s'approcha de moi et me prit par le bras pour m'emmener jusqu'au terrain de sport. Là, il se mit à m'injurier. Il disait que j'étais perdue, que je méritais mon surnom de « mauvaise fille », que j'étais pourrie jusqu'à la moelle, qu'il me faudrait arrêter de fumer et de boire, qu'il ne supportait plus de me voir si blasée :

– Tu ne sais pas, Niu-Niu, que lorsque tu es ivre, tu as une tête épouvantable ?...

– Va te faire voir ! C'est ma vie, ce n'est pas ton problème ! Tu n'as aucun droit de m'insulter.

– J'en ai le devoir ! Je ne peux pas, je ne dois pas te laisser continuer à te pervertir. Je sais que c'est dur à entendre, mais souviens-toi, Niu-Niu, comme tu étais mignonne et pure quand tu es arrivée à l'université, il y a deux ans ! Combien de courage et d'espoir tu avais ! Tu les as jetés au caniveau. Regarde un peu ce que tu as fait de ta vie : tu as une tête de macchabée ! Relis les pièces de théâtre et les dissertations que tu rédiges maintenant : ce sont des torchons ! Et voilà qu'en plus tu couches avec ce Hewei...

– Arrête, Guoguo, je t'en supplie. Ne remue pas le couteau dans la plaie.

– Je ne peux pas, Niu-Niu. Tu ignores à quel point je t'aime et combien j'ai besoin de t'aider. Je ne peux admettre que tu arrêtes de te battre. N'as-tu donc aucun regret ? As-tu oublié le contenu de ton discours du concours d'éloquence ?

Il m'avait touchée au cœur. Ses critiques m'accablèrent de honte. Il ne se trompait pas : pas un jour je n'avais eu envie de retrouver mes rêves et mes espoirs d'autrefois, pas un jour je n'avais désiré redevenir la Niu-Niu gentille et candide.

– Ce n'est pas ma faute, Guoguo. Je sais que je suis une putain comme tu le dis. Mais ce sont ceux qui m'ont blessée qui m'ont poussée dans cette déchéance.

Tout en tremblant nerveusement, je pris une cigarette que Guoguo m'arracha de la bouche aussitôt. Il hurlait que je devais arrêter de fumer :

— Ta langue est déjà noircie par la nicotine. Le tabac et l'alcool ne sont que des palliatifs morbides; ils ne t'immuniseront jamais longtemps ni tout à fait contre le chagrin. Je t'en supplie, Niu-Niu, ressaisis-toi. Affronte de nouveau la médiocrité corrompue des professeurs et l'ignominie des étudiants. Je t'aiderai. Je serai près de toi.

— Comment pourrais-je encore faire confiance à quelqu'un? On m'a fait tant de promesses, jamais tenues. Je me sens seule et misérable.

Nous pleurions de concert. Guoguo avait l'air aussi désemparé et abandonné que moi. Il me prit la tête pour la poser sur ses genoux et me caressa les cheveux pour me calmer et me procurer le minimum de réconfort dont j'avais tant besoin.

— Pardonne-moi, Niu-Niu. Je n'avais certainement pas le droit de te faire souffrir. Je n'en peux plus de te voir sombrer. J'espère tellement que tu te ressaisiras.

— Je n'y arriverai pas, je n'en ai plus la force, je suis épuisée, j'ai mal partout.

— C'est une question de volonté! Tu n'es pas épuisée, mais paresseuse et tu te laisses aller.

— Non, tout est fini pour moi. Je n'ai franchement plus envie de me battre.

Il me repoussa brutalement et, vert de rage, il me dit :

— Eh bien, vas-y, enfonce-toi dans l'ordure si c'est ça que tu recherches!

Puis il rejeta ma main et s'enfuit à toutes jambes.

— Reviens, Guoguo! Si au bout de trois, tu n'es pas revenu, je te tuerai!

Il ne revint pas, mais je ne mis pas non plus mes menaces à exécution. Je retournai au dortoir et j'avalai une quantité suffisante de somnifères pour en finir.

Les filles du dortoir me découvrirent à temps et l'hôpital de l'université se chargea de me faire un lavage d'estomac.

A force de prières, je crus obtenir des professeurs qu'ils n'avertissent pas mes parents de ma tentative de suicide. Pendant ma semaine de convalescence, Guoguo vint me faire des bons petits plats sur le réchaud du dortoir. Il me demanda d'être sa petite amie. Je refusai car je n'avais plus l'âme à aimer qui que ce fût.

Encore une semaine et nous serions de nouveau en vacances. Je n'avais pas cherché à avoir des nouvelles de Hewei depuis trois semaines tellement les paroles de Guoguo m'avaient blessée et donné honte d'accepter ses étreintes. Il n'avait cessé de téléphoner mais, avec l'aide de Zhang Ling, j'étais parvenue à l'éviter; elle était chargée de lui dire que je ne l'aimais pas du tout et que je ne voulais plus le revoir. Elle savait trouver les arguments convaincants et mordants qui m'auraient fait défaut.

Ce soir-là, je lisais tranquillement sur mon lit. Les lumières allaient s'éteindre dans les dortoirs comme tous les soirs à la même heure, c'est-à-dire à onze heures quand j'entendis Hewei m'interpeller sous ma fenêtre. Jamais il n'était venu si tard. Il était tout essoufflé. Je compris qu'il s'agissait d'une urgence et me rhabillai pour le voir.

Son visage blême trahissait sa frayeur; il me pria de monter dans sa voiture pour rejoindre un petit chemin au milieu des champs. Il était dans de sales draps. Depuis deux semaines, son père était à la retraite et forcément la police en avait profité pour s'en donner à cœur joie en enquêtant sur ses trafics. Les policiers savaient tout de lui et son mandat d'arrêt était déjà prêt : ils n'attendaient plus que la signature du responsable pour l'utiliser.

– Mais qu'est-ce que je peux faire pour toi ? Je n'ai pas de relations parmi les hauts fonctionnaires.

– Ne t'inquiète pas, j'ai tout prévu. Ce soir je me rends dans une autre ville et demain je prendrai le bateau pour le Japon. Je suis seulement venu te dire au revoir.

– Mais tu es complètement dingue : c'est beaucoup trop risqué !

– Je sais que tu ne m'as jamais aimé mais moi, je t'aime vraiment. Avant, je considérais les femmes comme des jouets, mais avec toi je suis devenu sérieux. Écoute-moi bien, Niu-Niu. Après mon départ, tu devras être sur tes gardes. Ne fréquente pas trop les hôtels pour étrangers : ils sont bourrés de voyous et de flics en civil.

Je n'avais pas imaginé qu'il pût être si prévenant. Il avait l'air terrorisé et il tournait la tête de tous côtés pour s'assurer que nous étions bien seuls.

– Maintenant, j'ai un service à te demander. Tu es la seule personne en qui j'ai entièrement confiance. Tiens, prends cette malette pleine de dollars et d'or. C'est trop risqué pour moi de l'emporter. La police va fouiller mon appartement et celui de mes parents. Est-ce que ça t'ennuierait de la garder pendant une semaine ? Mon frère viendra la récupérer.

– Mais la police va peut-être me trouver !

– Je te jure sur ma vie qu'à part mon frère, personne ne sait où tu habites. Je te supplie de m'aider. Tiens, comme je m'en vais et que personne ne pourra plus prendre soin de toi, je te donne deux mille yuans.

Il était sur le fil du rasoir et j'acceptai de cacher

sa mallette. Quant à ses deux mille yuans, je les lui rendis, je pensais qu'il pouvait en avoir besoin pour son voyage.

Il les fourra dans ma poche, me raccompagna à l'université, me dit merci et s'en alla. Malgré mon dégoût pour lui, je souhaitais qu'il arrive au Japon.

Je ne pus dormir cette nuit-là et gardai la mallette dans mes bras sous ma couverture jusqu'au lendemain matin; j'attendis alors que les filles du dortoir soient sorties pour l'enfermer dans une valise plus grande que j'avais près du mur. Puis je n'osai plus bouger, bloquée dans le dortoir à attendre le coup de fil du frère de Hewei.

Mais il arriva deux jours plus tard sans s'être annoncé. Grâce à un mot de passe convenu avec Hewei, je sus qu'il était la personne que j'attendais. Je lui remis la valise et les deux mille yuans et lui ordonnai de ne pas venir me voir. Avant son départ, je lui demandai si Hewei s'en était tiré.

– Tout va bien. Moi aussi, dans deux semaines, je le rejoindrai.

Décidément, celui qui avait un père haut placé pouvait tout se permettre. Et quand le père ne peut plus rien, l'argent prend la relève. Peut-être que si mon père avait été riche et influent, mon étoile aurait été plus favorable. Enfin, c'était tant pis pour moi.

J'allais partir le surlendemain, pas pour le pays du Soleil levant, mais dans la ville de mes parents. Le temps avait filé : sur les quatre années que je devais passer à l'université, la moitié était déjà derrière moi.

26

LES ÉTRANGERS

JE ne demeurai que trois semaines chez mes parents car Guoguo et moi nous étions donné rendez-vous dans une ville au nord de Pékin pour y réaliser un reportage. Malheureusement, en transitant par la capitale, j'appris que Guoguo était tombé malade et que je devais donc rester seule jusqu'à la fin des vacances universitaires.

J'en profitai pour me balader et c'est ainsi que je fis la connaissance de nombreux étudiants et résidents étrangers. Ils étaient sympathiques et polis, et leur compagnie ne me faisait pas craindre les calomnies et les mesquineries habituelles : je me comportais de la manière la plus naturelle possible, d'autant plus qu'ils semblaient tous heureux et satisfaits de leur existence. Les vêtements qu'ils portaient choquèrent quelque peu mes goûts; en effet, même les femmes d'un certain âge affectionnaient les tissus très colorés. Ils n'avaient peur de rien. Certains ne se gênaient pas pour s'embrasser sur la bouche en public ! Et puis je ne comprenais pas comment les autorités de leur pays d'origine les autorisaient à voyager librement dans le monde : ne craignaient-elles pas qu'ils fuient ou qu'ils vendent des renseignements à des ennemis ? Ils logeaient dans des hôtels de luxe et ne circulaient qu'en taxi. Leur richesse dépassait littéralement l'entendement du Chinois moyen. Je ne comprenais pas non plus pourquoi nous autres n'avions pas le droit de pénétrer dans leurs hôtels, comme en 1930 où certains endroits étaient interdits aux chiens et aux Chinois. Bien sûr les étrangers n'affichaient plus de tels panneaux, ces interdictions étaient prises aujourd'hui à l'initiative du gouvernement chinois lui-même.

Dans les journaux locaux, on fustigeait les étrangers avec virulence. On parlait du sida dont ils étaient porteurs, de leur toxicomanie, de leur immoralité et de leur fourberie envers des jeunes Chinoises. Mon amie Nancy, par exemple, se faisait traiter de putain parce qu'elle connaissait des étrangers.

Ma curiosité s'exacerbait et je m'habillais comme une fille de Hong Kong pour entrer dans les lieux réservés aux étrangers. J'appris au cours de conversations que les citoyens du monde occidental étaient libres; leur comportement paraissait équilibré et on avait envie de les croire. Ils me disaient que chez eux personne n'avait le droit de fourrer son nez dans les affaires des autres. Même les adolescents de dix-huit ans échappaient à l'autorité de leurs parents. Bref, je compris qu'ils n'étaient pas tous drogués ou atteints du sida. Cela me poussa à approfondir mes connaissances.

Je rencontrai David, un Américain plein d'humour qui travaillait dans une société étrangère; il m'invitait souvent à déjeuner ou à faire un tour sur sa moto dans la banlieue de Pékin. Je me retrouvai un soir dans sa chambre au sortir d'une fête. Ce fut la première fois que j'échangeai des baisers avec un étranger. Cela me parut bizarre et désagréable : je ne supportais pas qu'il mette sa langue dans ma bouche; je me demandais même pourquoi il faisait cela et je gardais obstinément les lèvres closes. Et quand nous fîmes l'amour, ce fut comme un cauchemar. J'avais tout bonnement l'impression de m'être fait violer.

Peu après j'eus peur d'être enceinte et, désarmée face à cette éventualité, je lui téléphonai pour lui demander conseil. Ce mufle me demanda si j'étais sûre qu'il était le seul responsable. Non seulement il m'humilia mais il eut le front de m'avertir qu'il était hors de question pour lui de m'épouser. Il ne m'était pas venu à l'esprit de lui faire du chantage mais la honte qu'il m'avait causée m'incita à lui rendre la pareille.

Grâce à Zhang Ling, je pus consulter un médecin. Il m'annonça que je n'étais pas enceinte. Forte de cette bonne nouvelle, j'allai retrouver le minable pour lui en faire baver.

– Je connais un médecin qui accepte de me faire avorter pour deux mille yuans.

Il pâlit et se mit à transpirer, ce qui n'était pas pour me déplaire. Puis je l'intimidai en lui racontant que s'il ne me versait pas cette somme, je le dénoncerais à la police pour que les autorités le forcent à m'épouser ou qu'elles le mettent en prison afin de faire un exemple. Il sortit l'argent sur-le-champ : c'était bien fait pour cet ignoble individu! Pourtant, quelque chose gâchait ma victoire : il semblait avoir une bien mauvaise opinion des Chinoises et ma petite manœuvre, dont je ne me sentais pas si fière, n'était pas faite pour arranger les choses.

J'allai un jour dîner avec une étudiante étrangère. Le portier de l'hôtel m'arrêta et me demanda mon nom et ce que je venais faire : « A quelle unité de travail appartenez-vous? » Je savais que si je lui répondais franchement, il téléphonerait immédiatement à mon université, ce qui me causerait des ennuis catastrophiques :

– Je n'ai pas apporté mon certificat de travail.

Il persistait à me barrer l'entrée. Je vis une autre Chinoise passer avec des amis et je lui demandai quelle différence il faisait entre elle et moi.

– C'est une Chinoise d'outre-mer.

– Pourquoi vous dressez-vous ainsi contre vos propres compatriotes ? Vous devriez avoir honte.

– Je me moque de vos grands raisonnements. Aujourd'hui c'est moi qui garde cette porte et vous n'entrerez pas ! Si en plus vous me mettez en colère, vous n'aurez aucune chance de vous en sortir.

C'est grâce à l'intervention énergique de mon amie exaspérée que je pus enfin entrer. Mais j'étais mal à l'aise à l'idée qu'il avait fallu qu'un étranger lui forçât la main pour qu'il obtempère. Le problème de l'entrée résolu, j'allais avoir maille à partir avec la serveuse du restaurant. Après que je lui eus poliment demandé de me servir étant donné que le plat de mon amie était arrivé depuis trente minutes, elle ouvrit des grands yeux méprisants :

– De quoi vous mêlez-vous ? Vous croyez que vous pouvez faire la fière parce que vous dînez avec une étrangère !

Un quart d'heure plus tard, elle jeta littéralement mon plat sur la table, tandis que je calmais mon amie prête à la traiter de tous les noms. Cette serveuse aurait pourtant dû être satisfaite de son sort : c'était le rêve de tous les jeunes Chinois de travailler dans l'hôtellerie.

A l'université, les étudiants avaient répandu le bruit que je fréquentais des diables d'étrangers. Je fus convoquée dans le bureau des professeurs. Selon eux, j'avais un problème pour me chercher des amis parmi ces gens-là. Et puis il y avait assez de Chinois pour ne pas aller chercher ailleurs.

– Qu'est-ce qui cloche chez les étrangers ? Ne sommes-nous pas tous frères ?

– Nous voulons te prévenir, Niu-Niu, que tu dois avoir de l'amour-propre et que tu ne dois pas perdre ainsi ton âme de Chinoise. En plus, s'ils ne sont pas honnêtes envers toi, à qui iras-tu te plaindre ?

– Pourquoi vous imaginez-vous que les étrangers sont si mauvais et qu'un Chinois perdra la face en les côtoyant ? C'est cette façon de penser qui témoigne d'un manque d'amour propre.

– Nous ne voulons plus discuter avec toi. Si tu t'obstines, l'université ne te tolérera pas plus longtemps dans ses murs.

En me dirigeant vers le dortoir, je rencontrai Guoguo qui me révéla que les filles disaient de moi que je gagnais de l'argent en couchant avec les étrangers.

– Niu-Niu, fais attention. Ce serait mieux de mettre fin à ces écarts... Tu sais que si tu as besoin d'argent je peux t'en donner.

Il se faisait du souci pour moi, mais fort maladroitement et je ne pouvais lui pardonner ses soupçons. Cependant j'étais dans une situation délicate. Zhang Ling me dit que nombre d'épisodes humiliants pour les Chinois au cours de leur histoire les avaient rendus xénophobes. Selon elle, cette vieille haine était bien tenace même si les étrangers se réinstallaient dans notre pays. Le luxe de leur mode de vie attisait la jalousie des Chinois qui redoutaient de perdre la face.

J'avais compris la leçon ; je n'avais plus qu'à être sur mes gardes. Je ne m'habillais plus qu'à la mode de Hong Kong et franchissais les entrées des hôtels en parlant anglais : je jouais les étrangères dans mon propre pays.

J'entendis dire que la police avait fait une descente dans les chambres d'un grand hôtel pour expulser les Chinoises qui s'y trouvaient ; elles furent envoyées dans un camp de rééducation du Xinjiang et certaines étudiantes furent renvoyées de leur université... Cela me refroidit pour plusieurs semaines.

J'en arrivai vite à trouver tout cela insupportable. Personne dans ce pays ne me comprenait et à ma grande stupeur, je dus admettre que le jour prédit par professeur Wang était arrivé : mes rêves et mes espoirs de jeunesse s'envolaient en fumée. Je devais fuir cette terre inhospitalière, abandonner ce soleil et cet air qui m'avaient vue grandir. En larmes, je décidai de tout quitter.

27

LE PLUS DOUX DES MOUCHOIRS

Peu de temps après avoir décidé de partir, je reçus une longue lettre de ma mère. J'avais besoin de réconfort mais sa missive chantait une tout autre chanson.

« Ma chère fille, j'espère que tu es en bonne santé. Tu nous manques beaucoup, mais nous nous inquiétons à ton sujet.

« Nous savons ce qui se passe à Pékin; j'aurais voulu t'écrire plus tôt mais mon travail m'en a empêchée.

« Pourquoi ne nous écris-tu pas? T'amuses-tu tellement que tu as oublié ta famille? Quant à nous, c'est tous les jours que nous pensons à toi; nous nous épuisons, n'ayant cure de notre santé, pour gagner plus d'argent afin d'en envoyer davantage à toi et à ta sœur. Quand nous sommes morts de fatigue, il nous suffit de penser que tu fais de bonnes études pour devenir réalisatrice de films.

« Pourtant j'ai l'impression que mes espoirs ne se concrétisent pas, parce que tu agis comme une étourdie. Toutes les bêtises que tu as faites à Pékin sont parvenues à mes oreilles et à celles des gens d'ici; ils ont enfin une bonne occasion d'insulter tes parents : "Ces deux imbéciles qui ont pistonné leur feignante de fille ..."

« Niu-Niu, je suis désolée pour toi. Ta Mamie aussi s'en rend malade. Même ta petite sœur n'ose plus trop parler de toi. Quant à ton père, qui est toujours malade en hiver, il a dû arrêter un tournage car les tourments que tu lui causes l'ont rendu insomniaque. C'est lui qui m'a poussée à rédiger cette lettre pour te prier de ne pas nous infliger tant de honte et de ne pas nous faire perdre la face, pour te supplier d'être sage, de ne pas fréquenter des gens extérieurs à l'université, de rester studieuse et de bien étudier jusqu'à la fin du semestre. Ensuite, tu reviendras à la maison; la réalisation de film est un travail qui exige une personnalité mûre et intelligente, ce que tu n'as malheureusement pas encore.

« Niu-Niu, tes parents t'aiment beaucoup au fond de leur cœur, surtout ton Papa : parmi ses trois filles, c'est toi qu'il préfère parce qu'il te considère plutôt comme un garçon et qu'il place plus d'espoirs en toi. Il n'y a pas un jour où il ne parle de toi. Depuis qu'il t'a retrouvée, il ne cesse de demander à ta grand-mère tous les petits détails de votre vie durant ces huit longues années.

« Mais, Niu-Niu, tu lui causes désormais trop de peine; ton père qui n'aime pas pleurer verse beaucoup de larmes. Le sais-tu? Tu es celle qui a causé le plus de malheurs à notre famille. D'autre part, tu ne sembles jamais tirer de leçon de tes erreurs et tu ne cherches pas non plus à t'excuser; si bien que ceux qui pourraient te pardonner en perdent petit à petit leur bienveillance. A quoi te sert de te comporter ainsi? Quand tu étais petite, tes parents pouvaient encore t'aider et t'éduquer, mais maintenant que tu es livrée à toi-même, tu tiens ta vie entre tes mains. Pourquoi travailles-tu constamment à ruiner ton avenir? Pourquoi mets-tu toujours des obstacles sur ton chemin?

« Tu auras bientôt vingt ans et ne pourras plus mettre sur le compte de la jeunesse les âneries que tu fais, ni même demander qu'on passe l'éponge. J'avais souhaité avoir des filles qui rivalisent d'intelligence, mais rien ne me permet d'être fière de toi. Tu as demandé qu'on ne rapporte rien à tes parents sur ta conduite, mais ici, on ne nous épargne pas les sarcasmes.

« Niu-Niu, la vie est belle et intéressante, comment as-tu eu le courage d'avaler des médicaments pour l'abandonner et nous quitter? Tes parents, malgré leurs cheveux blancs et leurs rides, adorent la vie davantage chaque jour et ils travaillent dur pour accomplir des choses intéressantes avant de disparaître sous la terre jaune. Toi, si jeune, en aurais-tu déjà assez de vivre? Est-ce que tu es malade et faible au point d'être tombée si bas? Comment tes parents peuvent-ils t'aider? Dis-le-nous; nous préférerions mourir plutôt que de rester dans l'ignorance. Tu ne sais peut-être pas combien nous t'aimons, car malgré tout, tu es notre fille. Dans le monde, il y a des enfants qui n'aiment pas leurs parents, mais il n'y a pas de parents qui n'aiment pas leurs enfants.

« Ma chère fille, ma petite Niu-Niu, si tu as un peu d'affection pour nous, si tu as envie de nous donner un peu de bonheur, alors écoute mes conseils : arrête ces débordements, replonge-toi dans les études avec sérieux, prends un nouveau départ. Ne rends plus malade ta grand-mère ni ton père et surtout ne sors plus avec des inconnus.

« Fais plus de cas de ta jeunesse et cherche à accomplir des choses intéressantes.

« Je n'ai plus qu'à prier Dieu de te montrer la bonne direction. J'attends ta lettre avec impatience.

« Je t'aime toujours.

« Maman.

« P.S : (En relisant ma lettre, j'ai envie de te dire de l'apprendre par cœur et de la brûler ensuite. Le plus important est de faire attention à notre sécurité, au cas où quelqu'un s'emparerait de tes lettres comme cela s'est déjà produit.) »

Au fil de la lecture, j'imaginais ma mère écrivant à la lueur de la petite lampe de bureau, en train de pleurer. Je voyais aussi les yeux de Mamie gris et opaques refléter la tristesse que j'avais connue dans mon enfance. Mon père semblait me chuchoter : « Attends-tu que je pleure du sang pour toi ? »

Les larmes me brûlaient les joues, mon cœur battait à tout rompre, comme si mille aiguilles le perçaient et je tremblais comme si des morceaux de ma chair étaient prêts à se détacher. J'avais honte et je me méprisais amèrement : j'étais tombée dans la pire dépravation. Comment me tirer de là ? Mais tout était-il vraiment ma faute ?

Des jours entiers défilèrent sans que j'eusse le courage d'essuyer mes larmes ni de prendre mon stylo. Seule Zhang Ling, ma sœur jurée, se rendit compte de mon état et je lui laissai lire la lettre en dépit des recommandations de ma mère.

– Niu-Niu, tes parents sont vraiment bons avec toi : c'est la chose qui m'a manqué le plus au monde. Maintenant, il te faut leur répondre ; je suis certaine qu'ils te comprendront. Arrête de pleurer car tu es la seule à pouvoir faire quelque chose.

Je m'installai dans une salle de classe vide, posai devant moi les bougies que je venais d'acheter et je m'apprêtai à passer une nuit blanche devant mes feuilles de papier pour rédiger ma réponse à mes parents.

« Mes chers parents, votre petite Niu-Niu pense beaucoup à vous. Après avoir lu votre lettre, j'ai pleuré et me suis maudite. J'ai honte et ne sais plus quoi faire pour que vous me pardonniez.

« Voilà presque trois ans que je ne vis plus à vos côtés et que je vole de mes propres ailes. Pendant cette période, je me promettais de bien étudier, de faire de bons films pour qu'un jour vous soyez fiers de moi, pour que jamais vous ne puissiez être tristes.

« Mais l'université ne m'a pas permis de réaliser ces projets, au contraire elle m'a étouffée et accablée de désespoir. Vous devez savoir que les plus grandes fautes qu'on m'a reprochées et qui m'ont valu trois blâmes sont : avoir été sincère, avoir parlé avec franchise et avoir aidé quelqu'un.

« C'est sans doute dû à l'éducation que vous m'avez donnée, dont le respect n'est malheureusement pas de mise ici, chers parents et chère grand-mère.

« A l'université, dès que les professeurs ont un étudiant dans le collimateur, ils ne cherchent pas à le comprendre et ne se soucient guère de son talent. Ici, tout est commérages et dénonciations. Un ami m'a demandé un jour : " Où est la liberté ? Où sont les cœurs purs ? Pourquoi faut-il tant d'hypocrisie pour réussir ? Pourquoi ceux qui étaient courageux sont-ils devenus des lâches ? Et pourquoi les lâches rampent-ils comme des cafards ? "

« Vous voyez bien que je ne suis pas seule à trouver qu'ici tout est pourri. Je ne tente pas de me disculper, j'ai besoin de vous dire ce que j'ai sur le cœur.

« Vous me reprochez de vous avoir tenu à l'écart de ce que je faisais, mais je n'ai jamais eu pour but de vous mentir. J'ai effectivement près de vingt ans et possède déjà ma propre façon de vivre : je désirais uniquement éviter de faire rejaillir mes problèmes sur vous. C'est la seule raison pour laquelle je ne souhaitais pas que vous sachiez que j'avais avalé des somnifères ni qu'on m'avait insultée.

« Ma chère maman, quand on est jeune, on a des rêves innombrables et un courage illimité pour accomplir de grands actes. Tu dois savoir que moi aussi, j'ai toujours aimé lutter contre mes démons et dire ce qui me plaisait : je pense que c'est héréditaire. C'est pour cela qu'on me cause tous ces tourments. Les ennuis que j'attire m'ont rendue perplexe. C'est indubitablement ma recherche constante de la vérité qui vous rend malades et vous fait pleurer. J'ai suivi votre exemple pour aider les autres, sans hypocrisie et en veillant à ne pas attiser la jalousie de mes supérieurs. Dans la vie, tout comme vous, je me suis efforcée de progresser. Mais ma gentillesse, ma bienveillance, mes efforts n'ont récolté qu'injures et sarcasmes.

« Soudain, je me suis retrouvée seule, sans personne qui pût me comprendre, même parmi les gens de mon âge : Xiao Chun et Zhang Ling étaient les deux personnes que j'aimais le plus au monde et désormais, l'un m'a quitté et l'autre reste silencieuse et craintive.

« Mes chers parents, vous n'ignorez pas que je ne suis pas de celles qui renoncent ou qui se réfugient dans la fourberie. Vous affectionnez les vieux proverbes et me répétez que le chasseur tue le premier oiseau sorti de l'arbre, mais je ne me soucie guère de ces dictons désuets, bien que mes ailes se soient brisées sous les balles du chasseur. Je n'aime pas perdre, mais là, je suis bien contrainte de lever les mains pour me rendre. Vous poursuivez vos accusations contre moi, mais pour quelle faute ? Je ne comprends pas.

« Maman, papa, je sais que vous m'aimez et moi aussi je vous aime. Mais parfois, cet amour trop fort me fait peur et m'étouffe : j'hésite à agir de peur de vous donner de nouveaux motifs d'amertume. C'est pour cette raison que je me suis forcée à rédiger mon autocritique et à la lire à haute voix. Vous vous en souvenez certainement encore.

« Apparemment cela ne suffisait pas et depuis j'ai corrigé ma façon d'être, je ne vis plus comme je le croyais juste. Je ne suis plus la véritable Niu-Niu.

« Je n'en peux plus. Je suis lasse. J'en ai assez. Mon âme est amère. Personne n'écoute mon cri contre l'injustice : les autres ont jeté l'opprobre sur moi et vous-mêmes me reniez. Que pouvais-je faire à part prendre ces médicaments ? Ce n'est pas que je n'aime pas la vie, c'est la vie qui me repousse.

« Je me souviens que pour chaque anniversaire, Mamie m'emmenait au temple désaffecté pour prier Bouddha de vous protéger. Elle me disait : " Niu-Niu, dans le monde, ce sont tes parents qui t'aiment le plus. Toi aussi, tu dois les aimer très fort. N'oublie jamais de faire tout ce qu'il te sera possible pour les rendre heureux et fiers de toi. " Je n'ai rien oublié et je continuerai.

« Je voudrais seulement vous demander : laissez-moi avancer sur mon propre chemin, quitte à me voir tomber.

« Je vous aime si fort; si vous disparaissiez un jour, il ne restera plus qu'une moitié de Niu-Niu. C'est tout ce que j'avais à dire. Je vous ai expliqué franchement mes sentiments. Je vous aime pour toujours. Votre petite Niu-Niu. »

Ma main était endolorie et mes yeux gonflés quand le jour pointa à travers les vitres de la salle de cours. La montée du soleil dans le ciel me soulagea; j'avais enfin épanché mon cœur. Dans l'espoir que mes parents me comprendraient et me pardonneraient, j'envoyai la lettre en courrier express.

Cela faisait deux semaines que je tournais à intervalles réguliers devant la loge du concierge du campus, quand finalement il me tendit une lettre;

je ne tenais plus en place car l'écriture sur l'enveloppe était celle de mon père.

« Ma pauvre Niu-Niu, ma chère fille, j'ai reçu ta lettre et j'ai senti combien nous avons été injustes envers toi. Aujourd'hui, je voudrais te présenter nos excuses pour la véhémence avec laquelle nous t'avons sermonnée. A l'avenir, nous nous efforcerons de mieux te comprendre. Rends-nous la pareille et tout ira bien.

« Niu-Niu, depuis que je vous ai retrouvées toi et Mamie, tu es, de mes trois filles, celle que je me suis mise naturellement à préférer : tu me rappelais ma jeunesse et si je t'ai blessée c'était que j'avais mis mes plus grands espoirs de père en toi.

« Te souviens-tu de la rédaction que tu as remise au lycée, à l'âge de quatorze ans ? Le titre en était " Mes plus grands espoirs ". Tu y racontais que tu voulais être un aigle aux ailes puissantes et aux griffes acérées. Cette rédaction, je la garde encore dans un tiroir fermé à clef et je la relis souvent quand tu me manques trop. Elle est probablement à l'origine de l'éducation que je t'ai donnée par la suite à cause du séjour profitable que tu as passé chez ton oncle et ta tante. Plus tard je t'emmenais assister aux tournages et aux projections officielles dans mon studio ; quand je parlais travail avec mes jeunes collègues, tu n'étais pas non plus absente. J'étais enchanté de te voir assise à côté de nous, à nous écouter l'air pensif. Ta forte personnalité me donnait l'envie de t'aider. Te souviens-tu qu'après avoir reçu ta lettre d'admission à l'université, je suis resté devant la porte du studio pendant toute la journée pour interpeller les passants ? J'étais si fier de toi !

« Tu me ressembles tant : intelligente, gentille, bienveillante envers autrui... mais tu as également hérité mes points faibles : tu aimes t'amuser, tu es impulsive et idéaliste ; entre les sentiments et la raison, c'est le cœur qui l'emporte. Ces traits de caractère sont bénéfiques pour un artiste, mais dangereux dans la vie sociale.

« Niu-Niu, ton père connaît l'histoire de Zhou Qiang et celle de Xiao Chun. L'amour apporte bonheur et quelquefois désespoir. J'ai connu cela. N'épuise pas inutilement tes ressources. Sois forte et regarde loin devant toi. Ne délaisse pas la proie pour l'ombre. Prends modèle sur ta grande sœur qui ne s'est jamais laissé envahir par le chagrin. Moi-même, je n'ai pas cessé de me battre. Alors ne dois-tu pas en faire autant ?

« Cependant, Niu-Niu, n'aie pas peur d'être amoureuse car tu trouveras l'âme sœur. J'avais presque trente-deux ans quand j'ai rencontré ta mère. Et puis, tu peux être sûre que tes parents ne viendront pas mettre leur grain de sel quand tu voudras te marier, comme les miens l'avaient fait.

« J'ai autre chose à te dire. En ce qui concerne ton avenir professionnel, ta mère étant productrice et ton père réalisateur de films, tu n'auras pas de souci à te faire pour trouver du travail. Je veux te demander de bien réfléchir, de bien organiser ta vie et tes études afin de remporter des succès plus tard.

« Tu es une adulte aux yeux des autres, mais je te vois encore comme un bébé qui se débat avec ses rêves. La vie est dure et compliquée et il faut apprendre à la dominer avant qu'elle ne prenne le dessus.

« Ton vieux père veut t'enseigner un dicton plein de sagesse : " le plus intelligent est celui qui se préserve ". Tu ne vas quand même pas me dire que celui-ci est démodé ! En tout cas, sache parvenir à tes objectifs sans te briser les reins.

« On dit aussi qu'il faut savoir crier pour bouleverser le monde ; ça signifie que si tu as du succès, ton passé, aussi peu reluisant soit-il, sera absous dans l'esprit du public.

« Je te fais confiance pour retrouver le moral et recommencer une belle vie. Ton père t'aime beaucoup et te soutient. Si tu tombes, il est toujours temps de te relever. Et si tu n'en as plus la force, tu sais qu'il suffit de frapper à ma porte; je te tendrai toujours la main.

« Mon cœur est lié au tien. Quand tu marches, je fais un pas, quand tu pleures, je verse aussi des larmes.

« Voilà, c'est tout ce que je voulais te dire. Je te demande encore une fois de pardonner à tes parents. Nous pensons à toi et nous attendons de bonnes nouvelles. Ton papa qui t'aime le plus au monde. »

Cette lettre avait effacé tous mes chagrins. Je me sentais remplie d'une force colossale. Je répondis très vite à mon père pour le remercier et pour lui annoncer que j'avais décidé de quitter la Chine afin d'acquérir plus d'expérience. Je reviendrais un jour pour me battre avec plus d'énergie car c'était seulement dans mon pays que je voulais donner le meilleur de moi-même.

Papa m'envoya une autre lettre; il regrettait ma décision. Il aurait tant souhaité que nous fassions des films ensemble. Il ajoutait néanmoins qu'il ne s'opposerait pas à mon projet : « Quand tu perdras ton chemin, je serai là et ma lumière te guidera et quand tu aboutiras, je t'offrirai des fleurs. »

Je ne me sentais plus misérable. J'étais riche de l'amour des miens.

28

YANN

Un samedi après-midi, une amie française me téléphona pour m'inviter à une soirée qui s'annonçait sympathique. Si j'avais su que j'allais y rencontrer une des personnes les plus importantes de ma vie, je me serais habillée comme une princesse; au lieu de cela je m'attifai comme l'as de pique.

Au début, l'ambiance se révéla plutôt décevante; l'assistance était composée de Français, d'Américains, de quelques rares Chinois, pour la plupart des hommes d'affaires, et les conversations se déroulaient en anglais. Mon niveau dans cette langue étant insuffisant pour des échanges suivis, je faisais tapisserie.

D'autre part, cette amie française, en dépit de sa gentillesse, s'avéra peu brillante et relativement sotte; elle me posait des questions creuses du genre : « Pourquoi les Chinois mangent-ils beaucoup de riz? » ou bien : « Est-ce que les Chinois plaisantent aussi? », ce qui finit par m'exaspérer et par me décider à m'en aller tellement je m'ennuyais. Elle réussit pourtant à me retenir en me présentant un photographe français de ses amis. Enfin quelqu'un qui ne faisait pas du commerce !

Il n'était pas très grand mais ses cheveux couleur d'or me fascinèrent.

– Bonjour, je m'appelle Yann.

Il parlait parfaitement le chinois et m'expliqua que son nom traduit phonétiquement signifiait « Diable du Tonnerre ». J'éclatai de rire, en pensant qu'un Chinois avait dû se payer sa tête en l'affublant d'un nom aussi ridicule, alors que lui-même semblait en être très fier. Or quand je lui appris que mon nom usuel voulait dire « Chipie », c'est lui qui se mit à s'esclaffer.

Dès nos premiers échanges, j'éprouvai pour lui une forte attirance et, pour poursuivre la discussion, je comptais lui poser les questions d'usage; j'en connaissais d'avance les réponses grâce au portrait que m'avait rapidement fait de lui mon amie, mais je feignais la surprise et l'admiration à chaque fois qu'il ouvrait la bouche.

– Tu sais que nous avons presque la même profession : je suis cinéaste.

– Moi, je ne fais que des photos !

Et ce fut tout. Cette phrase m'avait cloué le bec, je le trouvais trop franc et trop direct, mais apparemment il désirait continuer de parler avec moi. Il savait tant de choses que nous sommes restés ainsi à bavarder deux heures durant. Et quand il dut partir, j'en ressentis un petit pincement au cœur, tant j'avais l'impression de le connaître depuis longtemps déjà.

Je l'invitai le lendemain, à assister à l'avant-première d'un film réalisé par un ami de mon père, ce qu'il accepta avec enthousiasme. Je rentrai toute contente et certaine de faire de beaux rêves.

Cette fois-là je revêtis ma tenue la plus à la mode dans un camaïeu gris, enfilai de jolies chaussures et me coiffai avec soin; je mis du rouge à lèvres et du fard à paupières.

Yann arriva en retard d'une demi-heure; je l'aurais volontiers incendié, mais ses paroles aimables, ses compliments sur mon élégance et son sourire charmeur eurent raison de ma colère.

A ma grande surprise, il connaissait l'ami de mon père dont nous allions voir le film. De mon côté, craignant que celui-ci ne répète à mes parents que je fréquentais un étranger, j'inventai vite un mensonge, disant que Yann avait donné une conférence dans mon université. Cependant, une telle coïncidence me rapprocha encore de lui : tout semblait prédestiné.

Ou bien le film ne l'intéressait guère, ou bien il était fatigué, de toute façon il dormit pendant la projection et, comble de l'impolitesse, il me prit la main! Je la retirai vivement en le priant de se comporter correctement... Il m'invita ensuite à dîner et osa me dire ce qu'il pensait du film.

– Oui, j'arrive à regarder un film en dormant!...

Seul un fou aurait pu croire ça et maintenant la traduction chinoise de son nom me laissait rêveuse.

Depuis ce jour, nous devînmes de bons amis, le fait qu'il avait une petite amie à Paris ne m'empêchant jamais de le voir ou de lui téléphoner; au contraire, sa droiture m'avait impressionnée et fait devenir un peu fleur bleue : il m'embrassait gentiment mais il n'avait pas cherché à aller plus loin avec moi.

Je n'ai pas longtemps caché à Zhang Ling l'admiration qu'il m'inspirait. Elle s'en inquiéta pour moi :

– N'en deviens pas folle! Il est déjà pris. Ça ne t'apportera rien de rêver et plus tard tu diras encore qu'on t'a menti et qu'on t'a fait du mal!

– Mais je ne l'aime pas d'amour; je l'aime bien et c'est tout. Je ne vais pas mourir pour lui.

– Tu n'en es pas loin!

J'écoutais de temps en temps ses conseils mais quelquefois elle m'ennuyait avec ses sermons de grand-mère.

A son retour d'un séjour en province, Yann m'invita à dîner. Cela faisait deux semaines que nous ne nous étions vus, et deux semaines qu'il monopolisait les pages de mon journal intime. En fin de soirée, nous sommes allés voir une vidéo de *Casablanca*, son film préféré, dont il me traduisait simultanément les dialogues et les images symboliques. Sa gentillesse me transportait véritablement aux nues, et je me laissais aller à penser qu'il m'aimait peut-être. Je posai nonchalamment ma tête sur son épaule. Émue, j'attendais... mais Yann me proposa subitement de me raccompagner! C'en était trop! Du coup, faisant fi de ma timidité, je lui annonçai tout net que, ce soir, je resterais avec lui. Il en parut confus, mais peu m'importait, ce fut la nuit la plus merveilleuse que j'avais jamais passée. J'aimais ses baisers, ses caresses et plus encore son corps et son parfum.

Je m'installai pour le week-end, lavant ses vêtements, mettant en ordre son appartement et lui préparant de spectaculaires repas chinois. Je n'en avais jamais tant fait pour un garçon, je m'en étonnais moi-même. Plus tard, lorsqu'il me téléphonait, je ne me souciais plus du moment ou du danger et je courais le rejoindre. Bientôt, il sut tout sur ma vie passée et sur mon envie de partir visiter les pays étrangers. Il m'écoutait avec sérénité et compréhension. Rien n'entravait notre bonne entente, et je retrouvais petit à petit ma joie de vivre. Sa tendresse me réchauffait le cœur, son humour chassait mes idées noires et sa culture m'enrichissait l'esprit.

Je n'avais pas oublié qu'un jour il devrait repartir et retrouver son amie de Paris, mais au-delà de l'amour inavouable qui naissait en moi, je désirais plus que tout profiter de la grande amitié qui nous unissait à ce moment-là. J'avais conscience de n'être qu'un interlude dans sa vie et je souhaitais qu'il ne fût qu'un épisode de la mienne. Cependant, quand je lui disais « je t'aime bien », résonnait déjà en moi un tapageur « je t'aime ».

De nouveaux congés universitaires et un nouveau téléfilm à réaliser obligatoirement pour l'université m'éloignèrent de Pékin. J'avais néanmoins réussi à obtenir des professeurs que Zhang Ling et Guoguo fassent partie de mon équipe. Ce fut mon premier rendez-vous avec la mer; son étendue infinie me bouleversa. C'était comme si le monde s'était purifié en un instant. Je me serais jetée à l'eau sur-le-champ si elle n'avait pas été si glaciale.

Le tournage fut un fiasco total. Non seulement le scénario choisi par les professeurs était plutôt mauvais mais encore la basse température engourdissait l'ardeur au travail des participants. En outre, nous nous querellions chaque jour sur des questions de budget et Guoguo refusait de suivre mes instructions. Un jour, poussée à bout par sa mauvaise foi, je lui assenai une paire de gifles qu'il me rendit aussitôt, sans vergogne. Si la caméra n'était pas tombée par terre dans la confusion qui s'ensuivit, la séance se serait achevée dans une bagarre générale. Cette expérience douloureuse m'avait confrontée au problème du sexisme : en effet, malgré notre jeune âge à tous, aucun garçon ne suivait les directives d'une réalisatrice.

Le soir venu, je résolus d'aller me calmer en me promenant sur la plage et c'est ainsi qu'accompagnée de Zhang Ling, emmitouflée dans un manteau vert de l'armée, j'allai m'allonger sur le sable au beau milieu de la nuit. Tandis que mes ennuis étaient balayés par le flux et le reflux des vagues, je m'aperçus que Zhang Ling pleurait en silence; elle pensait à Ouyiang avec qui ses rapports se détérioraient. Pour moi ça n'était dû qu'à son incurable « machisme », à son indécrottable sentiment de supériorité masculine... Je lui vidai mon sac et déballai tout ce que je pensais de son petit ami. Mais je ne réussis qu'à la faire se sauver en courant. J'étais à bout de ressources, mon trouble personnel refit surface et accablée moi-même par l'incertitude de ma relation avec Yann, par le choc que m'avait causé l'agressivité de Guoguo, et par l'atmosphère générale qui régnait pendant le tournage, je craquai : prenant le ciel à témoin, j'ouvris grand la bouche pour pleurer à gorge déployée jusqu'à ce que les larmes me brûlent les yeux; puis je posai deux petits morceaux de glace sur mes paupières et je me remis à rêver dans l'obscurité.

De retour à Pékin, j'offris à l'équipe une fondue mongole dans un restaurant. Après avoir bien bu et bien mangé, ils sortirent tous, deux à deux, m'abandonnant une fois de plus à ma solitude. Même Guoguo s'était déniché une petite amie; sans doute s'était-il lassé de me courir après.

Après avoir déambulé seule dans les rues grises de la capitale, l'idée me vint de passer un coup de fil à Yann. Dieu me secourut, il se trouvait chez lui et le vin que j'avais bu aidant, je faillis mourir de bonheur. Nous convînmes de nous retrouver aussitôt sur un ravissant petit pont en bordure de la Cité interdite. Nous commençâmes à nous promener.

— Ma copine et moi nous nous sommes séparés.

— Mais c'est super!

Je regrettai immédiatement ces paroles hâtives qui étaient jaillies de moi comme du feu car visiblement il ne partageait pas ma joie.

– Nous ne nous aimons plus… Cela faisait sept ans que nous vivions ensemble… La séparation est trop dure à supporter…

Cette révélation lui avait beaucoup coûté et il s'était vite replongé dans un profond mutisme. Il me faisait de la peine, bien que ce fût pour moi une nouvelle fort réjouissante : j'avais maintenant la voie libre pour conquérir son cœur.

– Yann, as-tu laissé tomber ta copine pour une autre ?

– Non seulement ce n'est pas mon genre, mais en l'occurrence c'est elle qui a décidé notre séparation.

Quel goujat ! Il aurait pu dire que c'était à cause de moi ! Intérieurement, je le traitai de tous les noms pour son manque de romantisme mais, par compassion, je le plaignis d'avoir été plaqué et j'essayais de le divertir en le saoulant de paroles, lui racontant toutes sortes d'histoires que je croyais drôles.

Depuis que je le savais séparé, je me sentais l'esprit plus libre vis-à-vis de Yann. Désormais, le spectre de sa relation maritale en France ne hantait plus mon esprit. Nos rencontres devenaient de plus en plus naturelles et nous nous comportions comme un véritable couple ; il me présentait à ses amis et m'invitait à ses projections officielles de photos. Cependant, j'étais dans les affres de l'angoisse car il ne m'avait toujours pas déclaré ses sentiments. J'en déduisais qu'il devait me trouver laide ou totalement dépourvue d'intelligence. Ce manque d'équilibre dans notre relation allait faire grandir de jour en jour mon envie de l'avoir pour moi seule et je décidai de tout mettre en œuvre pour le conquérir.

Je mis un point d'honneur à m'arranger avec coquetterie. L'humour aussi devait m'être utile. Je le priai de m'enseigner toutes sortes de choses, entretins des débats sérieux avec lui et surtout je m'intéressai particulièrement à ses photos.

A l'occasion de chacun de nos rendez-vous, j'essayais de le surprendre. Qu'il pleuve à verse, c'est la Grande Muraille qu'il devait m'emmener voir à une heure de voiture de là. A deux heures du matin, je l'entraînais découvrir à vélo la capitale déserte pour prouver mon romantisme. Je lui apportais des fleurs; quand j'étais trop fauchée, je lui faisais prendre un bain en lui faisant des massages : il fallait qu'il soit constamment content de me voir.

Lorsqu'il marchait dans Pékin pour prendre des photos, je restais derrière lui et je portais son matériel, extrêmement lourd : le dos douloureux et les pieds en compote, je me sentais néanmoins au comble de la béatitude. Cependant, pour éviter qu'il croie que je cherchais à lui mettre le grappin dessus, je ne lui disais jamais que je l'aimais. Et c'est ainsi qu'après quelque temps je crus entrevoir dans ses yeux et dans ses paroles l'ombre d'un amour qui répondait enfin au mien.

Je savourais le fruit de mes efforts patients, quand, un beau matin, il m'annonça son projet de partir pour le sud de la Chine. Certes, il ne s'agissait que d'un voyage professionnel mais la perspective d'être séparée de lui à nouveau me fit trembler de rage et de tristesse. Pourtant, je devais me rendre à l'évidence : tôt ou tard, il rentrerait définitivement dans son pays. J'en avais pris mon parti; pour m'habituer à la douleur de ne plus le revoir, je replongerais dans mes études cinématographiques... Mais ce Diable du Tonnerre m'invita à la dernière minute à le rejoindre à Shanghai.

Je racontai une fable à l'administration et deux semaines plus tard j'atterris enfin là-bas, le cœur battant. Il faisait beau quand je découvris cette ville ouverte sur la mer, tout se déroulait à merveille, à part le fait qu'étant chinoise, je n'avais pas le droit aux hôtels pour étrangers. Il me fallut me faire passer pour l'interprète du groupe de peintres français que Yann accompagnait. Et le soir, dès que les garçons d'étage s'endormaient, je me glissais furtivement dans sa chambre, pour repartir le lendemain matin avant le réveil de ces gardes vigilants.

Je n'avais jamais vu des étrangers travailler en équipe : liberté et absence de sexisme éveillèrent en moi un sentiment de frustration a posteriori. J'en eus même le cafard, si bien qu'un soir, j'éclatai en sanglots, seule dans ma chambre.

Yann entra :

– Ça ne va pas, Niu-Niu ? Pourquoi pleures-tu ?

J'essuyai vite mes larmes pour lui cacher cette faiblesse passagère et lui répondis que j'avais simplement mal aux yeux.

– Mais enfin, ça fait deux jours que je t'observe et j'ai bien remarqué que tu restes souvent à réfléchir dans ton coin.

Sa tendresse pour moi fit redoubler les pleurs que je ne pouvais plus dissimuler.

– J'en ai marre de ne pas savoir ce que je vais faire de mon avenir. Partout on me traite de mauvaise fille sans que je sache ce qu'on me reproche. Et vous, les étrangers, je vois que vous faites ce que bon vous semble; tout, dans vos relations, semble si clair et si net. Je ne comprends pas pourquoi, nous, les Chinois, sommes si différents. J'ai tellement envie d'être comme vous !

– Ne pleure pas, Niu-Niu. Tu es encore trop jeune...

– Tu ne comprends rien ! Je suis nulle et pourrie, on me l'a déjà assez rabâché !

– Ne pense pas ça de toi. Ce sont les autres qui ont un problème de conscience à résoudre; ici, les gens sont trop conservateurs; à l'étranger, tes actes ne seraient pas jugés de la même manière.

Ce discours, loin de me réconforter, m'avait encore refroidi le cœur : il était sans doute sensé mais bien trop éloigné de mon expérience. La connaissance de la vie à l'étranger ne changerait en aucune sorte mon existence en Chine. Et puis, peu de Chinois pouvaient me comprendre, a fortiori un étranger !

Pour ne pas le laisser penser que j'étais du genre à me plaindre, je m'enfouis sous la couverture, mais il s'aperçut que je tremblais et, écartant mon bouclier de laine, il me tendit gentiment un mouchoir et une tasse de thé.

– Niu-Niu, veux-tu que je te dise... depuis que tu m'as raconté ton histoire, j'ai beaucoup réfléchi et j'ai décidé de t'aider à venir en France.

– Comment oses-tu te moquer de moi ? Premièrement, tu ne m'aimes pas et deuxièmement, tu ne veux pas te marier. Je ne vois pas quelle solution ça te laisse. Tu n'as pas le droit de me faire faire des rêves irréalisables !

– Je ne veux pas me marier, certes. Mais ça ne veut pas dire que je ne t'aime pas...

Ce diable impassible et insensible m'aimait donc. Cet aveu tant attendu me donna mal à la tête, ma respiration se bloqua. Mais peut-être l'avait-il dit par pitié... Un sourire énigmatique illuminant son visage, il entra dans le lit et me prit dans ses bras pour me raconter une histoire merveilleuse.

Je lui avais fait une très forte impression le soir où nous nous étions rencontrés : je lui avais paru sympathique, intelligente et drôle ; il avait eu envie de devenir un de mes amis mais rien de plus. Il avait compris que j'étais amoureuse de lui quand il m'avait appris sa séparation d'avec sa petite amie et qu'il avait vu que j'exultais.

Au fil des semaines, il avait appris à me mieux connaître et à m'apprécier davantage, si bien qu'il s'était mis à redouter nos séparations : une absence prolongée, un coup de fil qui ne venait pas et il était sur le qui-vive.

– C'est comme ça que j'ai dû admettre que je t'aimais. Les deux semaines qui ont précédé ton arrivée à Shanghai, je n'ai cessé de penser à toi. Ces derniers jours, je n'ai pu détourner les yeux de toi, de tes sourires, de tes attitudes, de tes questions et de tes silences. Je t'aime, Niu-Niu. Je t'aime et je vais t'aider.

Son amour suffisait. Je ne désirais rien d'autre, désormais j'étais certaine de sa sincérité, Yann était quelqu'un dont les actions s'accordent avec les paroles; mon anxiété s'était dissipée et je lui faisais totalement confiance en quittant Shanghai pour retrouver l'université.

Une lettre de mes parents m'attendait sur mon lit au dortoir. Pensant qu'il ne pouvait s'agir que de bonnes nouvelles, je l'ouvris en toute hâte.

« Ma chère fille, où es-tu? Je t'ai téléphoné sans cesse et me voici obligée de t'écrire cette lettre pour t'annoncer la mauvaise nouvelle.

« Il y a quatre jours, ta chère Mamie a eu un problème cardiaque. Nous l'avons aussitôt emmenée à l'hôpital. Tu sais, Niu-Niu, ta grand-mère était arrivée à l'âge où on ne pouvait qu'attendre le jour de son départ. Nous avons tout fait pour la sauver sans parvenir pourtant à arrêter ses pas qui avançaient vers l'obscurité. Elle est partie, Niu-Niu; mais avant son ultime soupir, elle nous demanda en pleurant : " Où est Niu-Niu? Pourquoi n'est-elle pas revenue me dire au revoir? Elle me manque tellement. Si je m'en vais avant de la revoir, je ne pourrai pas fermer les yeux. M'a-t-elle oubliée...? "

« C'est vrai, Niu-Niu, elle a expiré en gardant les yeux ouverts.

« Téléphones-nous dès réception de cette lettre. »

Je ne voulais pas le croire. Mamie n'avait pas pu me quitter. Elle m'avait promis qu'elle attendrait de voir mon premier film. Elle m'avait promis de faire attention à ne pas m'abandonner trop vite. Je ne concevais pas de vivre sans elle; c'est elle qui m'avait servi de mère et j'étais loin de lui avoir rendu tout ce qu'elle m'avait donné.

Je jetai la lettre de ma mère et courus comme une folle vers le téléphone le plus proche.

– Maman, c'est Niu-Niu. Où est Mamie? Je vais rentrer pour la voir, pour prendre soin d'elle!

– C'est trop tard. Ce n'est pas la peine de revenir, elle n'est plus que cendres... Elle t'a appelée jusqu'à son dernier souffle...

Je ne me souviens plus de ce que j'ai dû dire ensuite. Je me souviens seulement que soudain ma tête s'est mise à peser lourd comme du plomb, que je suis tombée et que ce sont des étudiants qui m'ont transportée dans le dortoir.

J'étais responsable de la mort de ma grand-mère, à cause de mes bêtises, de ma dépravation, à cause aussi de mon départ, elle était sans doute morte de douleur. Je m'amusais dans l'insouciance à Shanghai quand elle agonisait; j'aurais préféré mourir sur-le-champ plutôt que de savoir que je l'avais tuée.

Mamie, ne me laisse pas seule avec cette honte indélébile. Tu avais à peine eu le temps de redécouvrir la sécurité. Maintenant que tu es partie, qui va m'éduquer, qui va me donner force et tendresse? Pourquoi ne m'as-tu pas emmenée avec toi, même si là-bas il n'y a ni soleil ni fleur?

Je revoyais défiler les images de mon enfance, mêlant rêves et réalité, mort et vie. J'attendis ainsi pendant une semaine sur mon lit que ma grand-mère revienne me chercher ou qu'enfin l'enfer m'ouvre ses portes maudites.

Zhang Ling et Guoguo appelèrent le médecin et

les professeurs afin qu'ils me forcent à manger et à dormir, mais leurs soins n'empêchaient pas les apparitions fantomatiques de ma grand-mère. Je n'irais nulle part désormais, je ne reverrais plus jamais Yann, je resterais aux côtés de Mamie sous la terre jaune pour libérer mon chagrin.

J'écrivis une lettre à mes parents pour leur avouer enfin où j'avais passé ces deux semaines regrettables, en compagnie d'un étranger que j'aimais vraiment, ajoutant que j'allais cesser de fréquenter Yann, pour expier ma grave faute envers Mamie. Le cauchemar dura pendant un mois jusqu'à ce que mes parents arrivent à Pékin.

Ils m'emmenèrent en taxi jusqu'à leur chambre d'hôtel. Là, je me mis à genoux pour leur demander de ne pas me haïr car j'avais plus que jamais besoin d'eux. Les remords me torturaient et je n'osais pas les regarder en face.

– Ma pauvre Niu-Niu, qu'est-ce que tu racontes? Nous ne sommes pas venus pour t'insulter mais pour te venir en aide. Mamie est partie parce qu'elle était vieille : c'est le lot de chacun. Tu ne dois pas te sentir coupable. Regarde un peu comme tu as maigri et comme ton visage est pâle! Mamie est morte mais toi, tu dois continuer à vivre. Tes parents ne t'ont jamais condamnée. Nous savons très bien à quel point tu aimais ta grand-mère et ta sensibilité nous touche profondément.

Je me jetai dans leurs bras en balbutiant mille mercis maladroits. Puis enfin mes parents me dévoilèrent la véritable raison de leur venue à Pékin. Ils voulaient se faire une idée de la nature de ma relation avec Yann, s'assurer qu'il m'aimait sincèrement et que ce n'était pas un nouvel exemple de ce qui se disait sur le comportement immoral des étrangers envers les jeunes Chinoises.

Mon père se réjouissait qu'il fût photographe : il pourrait me rendre service dans ma vie professionnelle future; c'était heureux que je ne me fusse pas éprise d'un obscur homme d'affaires.

– Mais papa, il ne veut pas se marier, il veut rester libre.

– Tu es folle! Sans être mariés, comment pourrez-vous vivre ensemble?

J'eus beau leur expliquer que la manière de vivre en Occident déteignait petit à petit sur le mode de vie des jeunes Chinois, ils persistaient à la considérer comme immorale et sordide. Et quand je leur avouai que nous avions déjà fait l'amour ensemble, ils refusèrent de le croire.

– Papa, pourquoi te fâches-tu? C'est la même chose que si nous étions mariés. Maintenant tous les jeunes agissent de même et puis tu m'as promis de ne plus bloquer ma route.

Il cessa de discuter et se rassit l'air pensif tandis que ma mère prenait la relève :

– Ce que ton père a promis, je m'en contrefiche! Maintenant, il est temps que je jette un coup d'œil sur ce Français! Et s'il est de ceux sur lesquels on ne peut pas compter, même si vous avez déjà couché ensemble, je ne te donnerai pas à lui.

C'est ainsi qu'une semaine plus tard, à la demande de mes parents, j'allai trouver Yann pour lui faire part de la situation familiale, mes parents étant venus à Pékin spécialement pour le rencontrer. L'entreprise lui sembla plutôt amusante; il craignait seulement de leur déplaire et d'essuyer leur refus catégorique pour ce qui concernait notre projet de départ. Il chercha même des conseils auprès de ses amis, pour savoir comment il devait s'habiller et ce qu'il devait dire. Pour finir, il résolut d'inviter mes parents chez Maxim's, reproduction exacte du célèbre restaurant parisien.

Le fameux soir arriva; étrangement, mes parents ne lui posèrent aucune question sur la nature de notre relation; la conversation dérivait sans cesse sur le cinéma et la photo. Mon père attendait également des informations sur ce qui se passait à l'étranger. Et maman, malgré l'horreur que lui avait inspirée son steak saignant, m'avoua qu'elle appréciait beaucoup Yann :

– Si vous vous aimez, cette fois, tes parents ne te dérangeront plus.

Une semaine plus tard, mes parents remportaient les cadeaux que Yann leur avait faits et en les raccompagnant à la gare, j'appréciai ma chance d'avoir des parents aussi compréhensifs.

Yann avait commencé les démarches pour obtenir les papiers nécessaires à la délivrance de mon passeport, et c'est quand j'allai demander aux responsables de l'université une lettre pour la police que je compris que de nouveaux ennuis m'attendaient. Le simple fait de formuler une telle demande fit ressortir leur fiel. En outre, ils avaient su que j'avais menti pour aller à Shanghai. Ils avaient conclu en décidant de m'expulser de l'université; certes, je pourrais continuer d'assister aux cours et de loger dans le dortoir mais à condition cette fois-ci de payer et bien sûr de cesser toute relation avec les étrangers. Pour moi, le bilan était clair : si je ne pouvais quitter la Chine, il me serait impossible de trouver du travail ou de m'inscrire dans une autre université. Malgré le risque, je maintins ma décision de partir; peut-être aussi que je n'avais plus le choix.

Finalement mon renvoi allait faciliter mes démarches pour obtenir un passeport : tous mes papiers ayant été envoyés au bureau de police de ma ville natale, qui ignorait encore mes faits et gestes, je n'eus pas à attendre longtemps ce qui m'était indispensable pour quitter le pays : je me sentais à moitié libre car il ne me manquait plus que le visa. Maintenant, mon avenir reposait entièrement sur Yann. Il devait, c'était la loi, devenir ma caution financière.

Il dut rentrer en France et la veille de son envol je passai une nuit blanche. J'avais l'impression que ce départ allait être définitif et que je deviendrais une autre Madame Butterfly. En préparant ses bagages, je réfrénais mes larmes et serrais les dents pour paraître forte. Yann aussi était taciturne; il me téléphonerait, disait-il, et je pourrais l'appeler en P.C.V.

— Ne t'inquiète pas, Niu-Niu, je ferai tout mon possible pour que tu arrives bientôt.

Je me forçai à lui dire quelque chose comme merci afin de ne pas éclater en sanglots. En route vers l'aéroport, sans prononcer une seule parole, sans faire un autre geste que celui de lui tenir la main, je priais pour que le trajet fût long.

— Adieu, Yann. Adieu, mon chéri. Je te remercie pour ton amour, pour tout ce que tu m'as dit. Je ne t'en voudrai jamais si tu ne tiens pas tes promesses, parce que dans tes bras, j'ai passé les meilleurs moments de mon existence. Je te remercie de m'avoir permis de t'aimer. Niu-Niu se souviendra de toi toute sa vie.

Il me prit dans ses bras pour essayer de me calmer : ses mots tendres ne réussissaient pas à m'empêcher de trembler. Enfin, il fallut se séparer.

Ses pas me meurtrissaient comme autant de coups de poignard. Il disparut dans la brume de mes larmes et je m'enfuis à toute vitesse de cet aéroport infernal pour retourner dans mon dortoir désormais payant.

Zhang Ling me prit affectueusement dans ses bras et me caressa les cheveux en murmurant :

– Ne pleure pas, Niu-Niu, tes yeux sont déjà gonflés et rouges. Je suis sûre que tu le rejoindras un jour. Je suis sûre aussi qu'il t'aime beaucoup.

Je priai Dieu qu'Il me vienne en aide.

29

LE RETOUR
DU DIABLE DU TONNERRE

Un mois passa, pendant lequel chaque semaine j'allai au consulat de France pour savoir où en était mon visa. Mais je ne voyais rien venir. Je restai donc à l'université, payant les cours auxquels je voulais continuer d'assister.

Comme la nouvelle de mon renvoi avait fait rapidement le tour du campus, ceux qui me méprisaient ne s'en cachaient plus; quant à ceux qui m'aimaient, ils se réjouissaient pour moi.

J'allai demander une lettre certifiant que j'avais accompli trois années d'études et réclamer les copies de mes films, mais je me vis opposer un refus catégorique de la part du directeur du département sous prétexte que j'avais été renvoyée. Du coup, c'était comme si ces trois années n'avaient jamais existé.

Je me rendais tout à fait compte de leur petit manège mais comme je ne pouvais rien faire, je n'avais qu'à en prendre mon parti.

Un après-midi, Guoguo vint me trouver dans

mon dortoir pour me faire part des derniers sons de cloche.

– Niu-Niu, ce matin, pendant que je discutais avec le prof de photo, j'ai entendu dire dans la salle adjacente au directeur du département qu'il allait envoyer un rapport sur ton compte à la police, dénonçant ton comportement à l'université et ton projet de départ pour l'étranger.

– Ils dépassent vraiment les bornes! Je n'arriverai jamais à les comprendre; pourquoi cet acharnement contre moi?

– Essaie d'être un peu plus vigilante, quand même! Gao Lan et sa bande racontent à la cantonade que tu as acheté ton passeport.

– Elle ne sait plus quoi inventer pour ennuyer le monde, celle-là. Sa jalousie n'aura maintenant plus de répit tant qu'elle n'aura pas eu ma peau.

– Ce n'est pas une blague; s'il n'y avait pas de loi pour les en empêcher, ils t'auraient déjà tous découpée en petits morceaux.

Ces mises en garde me glacèrent d'effroi. Et bien qu'il m'ait pourtant rassurée en disant qu'il avait un ami dans la police qui viendrait me prévenir en temps voulu, bien que je sache aussi que mon passeport devait faciliter mon départ, je jugeai néanmoins qu'il me fallait quitter l'université le plus tôt possible.

Je sortais de plus en plus avec Nancy, ma compagne d'infortune. A force de fréquenter assidûment les étrangers, je découvris que dans leur monde, ils avaient eux aussi des comportements bizarres. Ils passaient leur temps à travailler et à aller se divertir ensuite dans les seuls endroits qui leur étaient réservés; de telle sorte que, une fois le tour fait de leur cercle étroit et fermé, ils se connaissaient tous par cœur, se mettaient aussi à colporter des ragots sur les uns et les autres, pour tuer le temps.

Pierre, soi-disant un bon copain de Yann, avait pris l'habitude de me téléphoner régulièrement pour me voir et forcément pour essayer de me mettre dans son lit. Je l'envoyai balader mais un jour nous nous sommes croisés dans la rue, tandis que je me promenais avec Olivier, un autre ami de Yann.

Il prétexta qu'il avait quelque chose d'important à me dire, afin en réalité d'éloigner Olivier.

– Niu-Niu, je sais que tu joues bien la comédie mais comme il se trouve que je suis un bon metteur en scène, je vois clair dans ton jeu.

– Ce qui signifie ?

– Si tu aimais sincèrement Yann, tu n'aurais pas sans cesse des garçons autour de toi.

– Ça alors ! Je crois surtout que tu me cherches noise parce que j'ai refusé de coucher avec toi.

– Alors pourquoi couches-tu avec Olivier ? Parce qu'il a plus de fric que moi ?

C'en était trop ! Je lui ordonnai de me dire où il avait pu pêcher de telles insanités, et mi-figue, mi-raisin, il me répondit qu'il l'avait entendu dire lors d'une conversation entre des amies à lui.

Pour moi, c'était le premier indice de la dépravation qui régnait chez certains étrangers. Mais je devais faire face à cette nouvelle attaque. J'eus alors l'idée de leur présenter mes amies intimes. C'est ainsi que Pierre fit la connaissance de Nancy.

Assez rapidement d'ailleurs, ils devinrent de bons amis. J'étais contente pour eux, mais surtout pour moi, qui avais gagné là un peu de tranquillité, même si Nancy me délaissait dorénavant un peu.

Je ne sais plus à partir de quel moment je suis devenue irritable et anxieuse. Comme mon visa n'était toujours pas arrivé, j'étais sans cesse sur les nerfs et je me suis mise à douter de l'amour de Yann. Le pauvre, qui dépensait une fortune au téléphone, ne se doutait pas que seule sa présence aurait pu m'apaiser.

Mes amis étrangers, d'un autre côté, semblaient perdre toute civilité et toute politesse envers moi : leurs invitations à dîner et à danser étaient intéressées. Ils auraient voulu que je finisse la soirée dans leurs bras. Le danger que constituait cet environnement d'obsédés me plongea dans une solitude désemparée. Je me faisais l'effet d'une brebis au milieu des loups. Je n'avais jamais auparavant expérimenté un tel sentiment de vide et d'isolement. J'étais littéralement perdue, ignorant ce que j'allais devenir, tandis que Chinois et étrangers continuaient à mener leur vie et leurs affaires. J'étais exclue du lot. Je n'avais plus qu'à jeter mes livres et mes stylos, eux qui avaient été les instruments de ma joie de vivre. Sans raison, j'avais refusé le rôle de l'héroïne dans un film qu'avait réalisé un ami de mon père. Je ne faisais plus rien de mes journées.

Finalement, pour me sortir de cet ennui mortel, je laissai ces démons lubriques d'étrangers m'inviter à dîner et à danser en continuant toutefois à refuser de participer aux réjouissances qu'ils prévoyaient pour la fin de la soirée.

C'est après une longue absence que Nancy vint me trouver pour me raconter qu'elle avait quitté Pierre et qu'elle était désormais amoureuse d'un certain Frédéric, de père anglais et de mère française. C'était un garçon assez mignon et très sympathique, que j'avais eu l'occasion de rencontrer et dont je savais qu'il montait en Chine ses propres affaires.

Nancy m'annonça qu'il venait de la demander en mariage. J'en fus émue pour elle et pour fêter l'événement je les invitai tous deux dans un restaurant de spécialités de ma province.

Les voir ainsi, pendant le dîner, discourir sur

leurs projets communs et plaisanter en amoureux me rendit effroyablement nostalgique : Yann et moi nous étions comportés de la même façon!

Quelques jours plus tard cependant, je reçus un appel de Frédéric. Il désirait me parler seul à seule et bien que cette idée me choquât, je me laissai fléchir par son insistance.

Sa première phrase fut pour me demander comment Pierre et Nancy s'étaient rencontrés. Il y avait vraisemblablement de l'eau dans le gaz mais n'en ayant aucune preuve, je n'avais pas encore les moyens d'y remédier.

— Niu-Niu, dis-moi franchement ce que Nancy a dans la tête...

— Mais demande-le-lui toi-même, je ne suis pas un bureau de renseignements!

Il resta muet et son désarroi m'incita finalement à prendre la parole. Nancy était pour moi une fille super : à vingt-trois ans, elle avait déjà fait le montage de trois grands films. Mais Frédéric, très anxieux, me harcelait de questions insidieuses sur son état d'esprit, sa moralité. J'étais exaspérée et je le traitai de lâche puis je lui tirai petit à petit les vers du nez.

C'était Pierre qui l'avait mis en garde contre Nancy et lui avait conseillé de ne pas l'épouser : selon lui, Nancy était une menteuse et une putain. Elle lui avait demandé de l'argent et l'avait harcelé pour qu'il se marie avec elle. C'était parce qu'il avait refusé qu'elle l'avait quitté.

Frédéric était venu pour m'en parler; il voulait savoir la vérité car au fond de son cœur il n'y avait de la place que pour Nancy, il était fou d'elle et ce doute le rongeait terriblement.

D'un côté, je voyais le visage décomposé de Frédéric, de l'autre j'avais la certitude absolue que Nancy était loyale; je la connaissais par cœur, cette histoire ne pouvait être qu'un coup de Pierre. Mes hypothèses se révélèrent exactes : j'allai voir la pauvre Nancy, et la trouvai tout en pleurs, désarmée, incapable de se justifier : c'était la parole de Pierre contre la sienne.

Prise de compassion, je décidai de lui venir en aide et lorsque, quelques jours plus tard, nous nous retrouvâmes par hasard dans le même café, j'explosai de rage contre Pierre :

– Pierre, tu n'es qu'un petit con! Comment peut-on être aussi dégueulasse que toi?

Il rougit jusqu'aux oreilles puis reprit aussitôt son masque pour me répondre en souriant qu'il ne voyait pas ce que je voulais dire.

– Si toi tu ne le vois pas, alors personne ne peut le voir à ta place! A quoi te sert-il de calomnier les autres?

Il serra les dents interloqué, cherchant une réponse sur nos visages. Frédéric lui-même semblait choqué par mon attitude : une Chinoise osait se rebiffer! Ils se mirent alors tous les deux à parler en français ce qui nous écartait Nancy et moi de la conversation.

Alors Frédéric changea de ton; il venait subitement de décider que tout était ma faute, que j'avais semé la zizanie. J'aurais dû me douter que le mur qui se dressait entre les Chinois et les étrangers scellait mieux que tout l'entente des membres de chaque communauté.

Ma tête allait éclater. Voir ces deux garçons poursuivre une discussion enflammée dans une langue que je ne comprenais pas me fit sortir de mes gonds; je demandai à Nancy de me suivre mais elle refusa, peut-être pensait-elle avoir quelque chose ou quelqu'un à perdre.

J'appris plus tard qu'à cause des affaires commerciales qui les liaient, Pierre et Frédéric n'auraient en aucun cas brisé leur amitié, trop nécessaire à la bonne marche de leurs intérêts. En outre, Pierre se serait cru déshonoré de perdre la face devant des Chinoises. Ils choisirent donc de respecter leur pacte tacite, même si pour cela ils devaient avoir un comportement sordide.

Ainsi, même les étrangers se révélaient décevants et l'on ne pouvait plus faire confiance à quiconque. Je décidai de ne plus venir en aide à personne.

Je revis Olivier qui revenait de France et je me mis à espérer qu'il m'apporterait de bonnes nouvelles de Yann. Après un long silence, il finit par me proposer d'aller chez lui pour en discuter. Il m'annonça que Yann vivait déjà avec une autre fille, qu'il ne m'aimait plus, qu'il m'avait oubliée.

Tous mes doutes et toutes mes angoisses se trouvaient justifiés. Je crus mourir sous l'effet du choc et j'étais au supplice. Pour m'empêcher de pleurer, j'avalai coup sur coup deux grands whiskies d'un trait en me pinçant le nez, profitant de ce qu'Olivier s'était éclipsé un instant dans la salle de bains. L'effet fut immédiat : la tête en feu, je m'affalai sur le canapé.

Comme dans un rêve, je vis défiler les images des moments heureux passés avec Yann.

Dans le flou de mon ivresse, je vis Olivier me dévisager bizarrement. Je le haïssais de m'avoir apporté une nouvelle qui me donnait le coup de grâce. Mais sans en comprendre la raison, je lui dis que je l'aimais...

Il me porta dans sa chambre, jusque dans son lit, il éteignit la lampe de chevet, se déshabilla et se glissa dans les draps tout à côté de moi.

Il ôta lentement mes vêtements en chuchotant des mots d'amour. J'aurais dû l'arrêter mais je n'en avais plus la force et je le laissai faire. Je le laissai me caresser et m'embrasser sur tout le corps de sa bouche chaude et sensuelle. Bientôt je me sentis au plus épais d'un nuage de plaisir ardent. Je m'efforçai de regarder Olivier pendant qu'il me caressait : il était si beau et si attirant et puisque tout le monde jouait avec moi, pourquoi me serait-il interdit de m'amuser aussi? Si Yann ne m'aimait plus, je n'avais plus besoin de me soucier de quoi que ce fût.

Je me serrai tout contre lui et lui rendis baiser pour baiser. Je m'abandonnai à son désir jusqu'à ce que nous soyons épuisés, jusqu'à ce que je ressente un indicible bien-être au plus profond de mon corps ruisselant de sueur. J'éprouvai une incroyable sensation de liberté.

L'alcool avait effacé mes idées noires, et je m'endormis ainsi dans ses bras.

A partir de cette nuit-là, je devins comme folle, menant une existence chaotique, sans amour, sans espoir et sans morale. Je fumais, buvais et allais danser sans répit, passant d'un amant à un autre, recherchant ostensiblement le plus beau et le plus riche. Au réveil, je me méprisais, me haïssais, me traitais de garce mais après le premier verre d'alcool, tout recommençait de plus belle. Je laissais souvent mon téléphone décroché. Quand Yann réussissait à me joindre je ne l'écoutais pas ou lui raccrochais au nez.

A l'université, Zhang Ling et Guoguo vinrent me dire qu'à cause de mes relations illicites avec des étrangers, des policiers étaient venus interroger les professeurs à mon sujet et qu'ils avaient décidé de m'arrêter. Le soir même, j'achetai un billet de train pour rentrer chez mes parents. Mes bagages allaient être envoyés peu après par ces amis fidèles et si loyaux.

Je restai seule à la maison pendant quinze jours : mes parents travaillaient et ma petite sœur séjournait chez mon oncle. J'étais désœuvrée, je passais mon temps à dormir ou à regarder la télévision; j'allais aussi me promener dans les rues de mon enfance mais tout y avait changé. Moi-même, je ne me reconnaissais plus et le désespoir que cela me causait, l'ennui qui me desséchait l'esprit me poussèrent à reprendre la route de Pékin, malgré le danger que j'y courais. Je me fichais bien que la police m'attrape, de toute façon ma fin était proche, alors pourquoi ne pas me donner du bon temps avant la prison ? Derrière les barreaux, il n'y aurait ni cigarettes, ni alcool, ni night-clubs...

Quelqu'un avait téléphoné à Yann pour lui dire que je me conduisais comme une prostituée. Le jour même il m'appela de France chez l'amie qui m'hébergeait. J'acceptai de lui parler et réagis violemment :

– Qu'est-ce qui se passe ? Yann, c'est à toi de répondre, espèce d'hypocrite ! Tu n'es qu'un voleur sans scrupules ; tu as volé mon dernier espoir, tu as volé mon amour et détruit mon cœur et tu as le front de me demander ce qui se passe ? Même si mon visa est arrivé, je ne veux plus aller en France ni revoir ton masque dégoûtant !

– Niu-Niu, tu as perdu la tête. Je t'aime, je te jure que je ne t'ai jamais menti. Je t'aime si fort que malgré les conneries que tu as faites en mon absence, je t'aime encore. Il n'y pas un jour où je ne pense à toi, pas une minute que je n'aie consacrée à ta venue en France... Niu-Niu, sois plus mûre, tu es une adulte, arrête de faire l'idiote !

– Ce n'est pas la peine de me dire tout ça. De toute façon, je ne t'aime plus, je te hais !...

Je lui raccrochai au nez mais après quelques minutes de silence je sentis un abîme obscur et profond s'ouvrir sous mes pieds et j'éclatai en sanglots : c'était la première fois que je pleurais depuis que j'avais appris de la bouche d'Olivier que Yann m'avait délaissée. Je ne savais pas comment j'avais pu lui lancer toutes ces injures. En fait j'aurais voulu lui dire adieu calmement et rester digne ; au lieu de cela, j'étais bien trop amoureuse pour me contrôler. Je repris le téléphone pour lui dire que je l'aimais et que je regrettais mes paroles, mais cette fois-ci, c'est lui qui raccrocha.

Une heure plus tard, assoiffée de vengeance, j'allai trouver Olivier à son bureau et lui assenai une colossale paire de gifles. Puis je me rendis à son appartement dont il m'avait donné les clefs et je cassai tout.

Le lendemain, je reçus un autre appel de Yann : il avait décidé de prendre l'avion pour Pékin, afin de tirer les choses au clair.

Le soir de son arrivée, je n'osai pas le rejoindre ni même lui téléphoner. Ce fut seulement le jour suivant que, ne contenant plus mon envie de le revoir, j'enfilai les vêtements qu'il m'avait offerts et que j'avais portés le jour de son départ.

Il ouvrit la porte et m'invita à m'asseoir, très poliment, sans sourire, sans m'embrasser ni me serrer la main.

– Pourquoi es-tu revenu Yann ? Si c'est pour me frapper ou m'insulter, je le supporterai sans un mot.

– Niu-Niu, on ne vit qu'une seule fois. Je ne veux pas me mentir à moi-même; et tu dois en faire autant. Je t'aime et je ne veux pas te perdre mais je te conjure de cesser tes conneries.

Ces phrases et cette voix si familière m'atteignirent au cœur. Je l'aimais comme une folle. J'aurais voulu le lui dire tout de suite, mais son air à la fois triste et inflexible me fit croire qu'il était déjà trop tard, que rien ne serait jamais plus comme avant; c'était ma faute, j'étais souillée, je n'étais plus digne de lui.

Trois jours durant, nous eûmes de longues discussions que nous terminions par des adieux pour nous revoir aussitôt après. M'arrachant chaque mot, Yann voulait mettre à plat tous les rouages de notre relation, savoir enfin si notre amour avait une chance d'exister.

Yann se rendit compte de l'affreux malentendu crée par les mensonges d'Olivier. Il me pardonna. Et la puissance de notre amour triompha de tout le mal que nous avions pu nous faire.

Yann, toi qui m'as aidée à recommencer une autre vie, toi qui m'a sauvée de la mer des diables, qui m'as offert ton cœur pour réchauffer le mien, je sais que je ne pourrai jamais te rendre tout ce que tu m'as déjà donné, même au prix de ma vie. Tu dis que l'amour n'a pas besoin de « pardon » ou de « merci », mais ici, dans ces pages, je veux pourtant te redire encore et encore pardon et merci. Pardon pour ce que je t'ai fait subir. Merci pour ce que tu as fait pour moi.

30

PARIS

Pour notre départ, Yann avait invité ma mère à
Pékin afin que nous puissions nous dire adieu; mon
père était malheureusement retenu par son travail.
Yann avait également convié mes meilleurs amis,
Guoguo, Zhang Ling, Nancy et quelques autres : il
connaissait parfaitement les coutumes chinoises
car il offrit à chacun des cadeaux, en les remer-
ciant de l'aide qu'ils m'avaient apportée et en
insistant pour qu'ils les acceptent.

La veille de notre départ, je suis retournée en
soirée à l'université que j'avais désertée depuis
longtemps. Zhang Ling, Guoguo et moi avons flâné
dans le bâtiment des salles de cours, sur le terrain
de sport et sous les arbres. Au fur et à mesure que
j'avançais, défilait le film des années que j'avais
vécues entre ces murs. J'avais appris plus de
choses en trois ans que pendant la période qui
avait précédée mon arrivée. Rêves et cauchemars
s'étaient entremêlés comme la trame et la chaîne
d'un tissu. J'avais d'abord tout donné à mon

premier amant pour ensuite recevoir l'amour d'un autre.

Sur le point de quitter cet univers où j'avais connu des moments intenses, j'éprouvais moins de haine envers lui, envers ses professeurs et envers ses étudiants qui m'avaient tant fait souffrir. Sans leur acharnement contre moi, je n'aurais finalement jamais rencontré Yann : à quelque chose malheur est bon...

– Ne pleurez pas, je vous en supplie. C'est une bonne chose qui m'arrive et nous devrions nous en réjouir.

– Niu-Niu ma sœur, je suis si heureuse et si triste de te voir partir. Tu ne sais pas quels moments merveilleux j'ai passés avec toi! J'ai honte de ne pas t'avoir suffisamment aidée.

– De toute façon, on ne peut plus rien changer. Zhang Ling et moi ne pouvons plus qu'espérer que tout se passera bien là-bas, qu'enfin tes souhaits se réaliseront. N'oublie pas de nous écrire...

Or il n'y a pas de repas de fête sans séparation : c'était moi qui m'éloignais aujourd'hui, demain ce serait peut-être le tour de Guoguo ou celui de Zhang Ling. Pour la dernière fois nous nous sommes mis à rêver sur notre avenir, en souhaitant nous retrouver un jour aussi optimistes que nous l'étions maintenant.

C'est sous les étoiles de cette nuit calme, dans la brise nocturne, que je dus dire au revoir à Zhang Ling et à Guoguo; je fis également mes adieux à Xiao Chun, à Gao Lan et à tous les étudiants et professeurs que j'avais connus, puis je franchis le portique du campus en pleurant. Chaque pas vers la sortie m'entraînait un peu plus loin dans mes souvenirs.

Le lendemain, sur le chemin de l'aéroport, ma mère ne cessait de gémir dans la voiture :
– Ma chérie, ce nouveau départ t'éloigne encore

plus de tes parents. Là-bas, il faudra faire attention. Maman et papa ne pourront plus t'aider en cas d'ennui. J'ai honte : quand tu étais petite, nous n'avons pu t'apporter notre amour et plus tard, nous t'avons trop réprimandée. Maintenant, tu t'en vas... Pardonne-nous, Niu-Niu !

– Ne dis pas ça, maman. C'est moi qui vous ai causé tant de malheurs. Je te jure que je serai raisonnable et que je me conduirai en adulte. Tu verras, un jour j'accomplirai de grandes choses pour que vous soyez enfin fiers et contents de moi.

Le moment était venu de nous séparer. Le visage inondé de larmes, maman me suivait des yeux en agitant son mouchoir. J'avais le cœur gros.

Une semaine après avoir passé Canton et Hong Kong, le 17 novembre 1986 au matin, je montai dans l'avion pour Paris. Ce ne fut que lorsqu'il eut décollé que je me sentis totalement libre et affranchie de mes angoisses. J'en versai des larmes de joie.

Mes parents, mes amis, mon pays, je n'ai cessé de vous aimer depuis que je suis venue au monde. C'est vous qui m'avez donné vie et culture, qui avez façonné ma personnalité au fil des mois et des années. Je vous demande pardon de vous quitter. Ce voyage qui me conduit vers le bonheur me rend en même temps nostalgique. Une petite phrase comme tombée du ciel me revient sans cesse : pourquoi cette séparation ? Cependant l'amour sans réserve que j'éprouve pour vous me poussera bientôt à vous rejoindre. Je n'oublierai jamais que je suis chinoise car votre empreinte sur moi est indélébile.

Le 18 novembre 1986, 10 h 30 du matin : j'arrive à Paris.

Nous quittons l'aéroport dans la merveilleuse voiture de Yann. J'ai l'impression de ne pas avoir quitté l'autoroute quand je me retrouve, comme dans un rêve, au sommet de la tour Eiffel. Paris est à mes pieds! Il pleut sur la ville. Je voudrais rire, je pleure de joie.

– Est-ce que c'est toujours comme ça la France?

– C'est encore mieux que ça, tu verras... Niu-Niu, tu es libre.

Quel joli mot la liberté.

ÉPILOGUE

APRÈS *avoir vécu un an en France, je suis devenue Mme Layma. J'aime toujours mon pays où je suis retournée récemment pour embrasser ma famille. Et aussi, bien sûr, le cinéma. Le travail des actrices est moins astreignant en France où elles ne sont pas au service du Peuple. Et il me reste du temps pour exercer ma plume : c'est à l'écriture d'un scénario que je m'attelle maintenant. Enfin ma réussite ne tient plus qu'à moi!*

Table

Kenizé Mourad
De la part de la princesse morte   6565

« Ceci est l'histoire de ma mère, la princesse Selma, née dans un palais d'Istamboul... »

Ce pourrait être le début d'un conte; c'est une histoire authentique qui commence en 1918 à la cour du dernier sultan de l'Empire ottoman.

Selma a sept ans quand elle voit s'écrouler cet empire. Condamnée à l'exil, la famille impériale s'installe au Liban. Selma, qui a perdu à la fois son pays et son père, y sera « la princesse aux bas reprisés »

C'est à Beyrouth qu'elle grandira et rencontrera son premier amour, un jeune chef druze; amour tôt brisé. Selma acceptera alors d'épouser un raja indien qu'elle n'a jamais vu. Aux Indes, elle vivra les fastes des maharajas, les derniers jours de l'Empire britannique et la lutte pour l'indépendance. Mais là, comme au Liban, elle reste « l'étrangère » et elle finira par s'enfuir à Paris où elle trouvera enfin le véritable amour. La guerre l'en séparera et elle mourra dans la misère, à vingt-neuf ans, après avoir donné naissance à une fille : l'auteur de ce récit.

Grand Prix littéraire des lectrices de « Elle » 1988.

Il serait impardonnable de passer à côté d'une authentique merveille...

Claude Servan-Schreiber, *Marie-France.*

André Brink

Etats d'urgence

6712

Dans un pays où a été proclamé l'état d'urgence, où les trois quarts de la population sont privés des droits les plus élémentaires, où l'on ne peut ni se déplacer ni s'exprimer comme on le souhaite, où la liberté reste un mot et rien de plus – peut-on encore aimer, mener une existence d'homme, une existence de femme comme les autres ? Peut-on encore créer, trouver dans l'art ce que le quotidien vous refuse ? Mais l'amour, mais la création ne sont-ils pas eux aussi des domaines, des territoires où l'on vit en *état d'urgence* ?

On ne regrette jamais d'avoir lu un roman d'André Brink. Celui-ci, en particulier. A cause de sa merveilleuse qualité littéraire, de sa langue somptueuse et des personnages de passion qui l'habitent.

Pierre Emonet, *Choisir*.

Dans un pays déchiré, saccagé comme l'Afrique du Sud, est-il encore possible d'écrire une histoire d'amour ? Etats d'urgence est une réponse vibrante à cette question vitale.

Catherine David, *Le Nouvel Observateur*.

Un roman d'amour qui est un réquisitoire désespéré contre l'apartheid. Emouvant et fort..

Jean David, *V.S.D.*

Naguib Mahfouz

Impasse des deux palais   3125

« La rue d'al-Nahhasin n'était pas une rue calme... La harangue des camelots, le marchandage des clients, les invocations des illuminés de passage, les plaisanteries des chalands s'y fondaient en un concert de voix pointues... Les questions les plus privées en pénétraient les moindres recoins, s'élevaient jusqu'à ses minarets... Pourtant, une clameur soudaine s'éleva, d'abord lointaine, comme le mugissement des vagues, elle commença à s'enfler, s'amplifier, jusqu'à ressembler à la plainte sibilante du vent... Elle semblait étrange, insolite, même dans cette rue criante... »

Naguib Mahfouz.

C'est ici, dans les rues du Caire, que Naguib Mahfouz, le « Zola du Nil », a promené son miroir et capté toutes les facettes d'une société égyptienne en pleine évolution.

Naguib Mahfouz est le premier écrivain de langue arabe à avoir reçu, en 1988, le prix Nobel de Littérature.

Noah Gordon
Le Médecin d'Ispahan

Londres, en l'an 1021. Orphelin, Rob J. Cole, neuf ans, est recueilli par un barbier-chirurgien et devient son apprenti. Ensemble, ils sillonnent l'Angleterre. C'est une époque où l'on brûle les sorcières, où la vie est dure et la mort vite venue...

Mais Rob n'a qu'une idée en tête : devenir médecin et il a un terrible don : il sent si un patient va mourir lorsqu'il lui prend la main.

Ayant appris qu'on peut étudier sérieusement la médecine chez les Arabes Rob n'hésite pas et, à vingt ans, le voilà qui traverse l'Europe pour gagner l'Orient. Comme chez les Arabes, on n'admet pas les chrétiens, il va se faire passer pour juif...

Le Médecin d'Ispahan est un formidable roman d'aventures. C'est l'histoire d'un homme enflammé d'une passion dévorante : vaincre la mort et la maladie, guérir. Pour atteindre son but, il fuira la brutalité et l'ignorance de l'Angleterre du XIe siècle, traversera tout un continent pour découvrir la cour de Perse, le monde étonnant des universités arabes et la chaude sensualité des palais d'Ispahan. Et, dominant tout cela, *Le Médecin d'Ispahan* est la magnifique histoire d'un amour que rien ne parvient à détruire.

Salman Rushdie
Les Enfants de minuit

3122

« Je suis né dans la maternité du docteur Narlikar, le 15 août 1947. (...) Il faut tout dire : à l'instant précis où l'Inde accédait à l'indépendance, j'ai dégringolé dans le monde. Il y avait des halètements. Et, dehors, de l'autre côté de la fenêtre, des feux d'artifice et la foule. Quelques secondes plus tard, mon père se cassa le gros orteil ; mais cet incident ne fut qu'une vétille comparé à ce qui m'était arrivé, dans cet instant nocturne, parce que grâce à la tyrannie occulte des horloges affables et accueillantes, j'avais été mystérieusement enchaîné à l'histoire, et mon destin indissolublement lié à celui de mon pays. (...) Moi, Saleem Sinai, appelé successivement par la suite Morve-au-Nez, Bouille-Sale, Déplumé, Renifleux, Bouddha et même Quartier-de-Lune, je fus étroitement mêlé au destin – dans le meilleur des cas, un type d'implication très dangereux. Et, à l'époque, je ne pouvais même pas me moucher. »

Saga baroque et burlesque qui se déroule au cœur de l'Inde moderne, mais aussi pamphlet politique impitoyable, Les Enfants de minuit *est le livre le plus réussi et le plus attachant de Salman Rushdie. Traduit en quinze langues, il a reçu en 1981 le* Booker Prize.

Franz Werfel
Les 40 jours de Musa Dagh   6669

1915. Les Jeunes Turcs procèdent à la liquidation des élites arméniennes et des conscrits arméniens qu'ils ont préalablement désarmés. On organise alors systématiquement sur l'ensemble du territoire la déportation des populations arméniennes qui sont exterminées en chemin, au cours du premier génocide du XXe siècle.

Au nord-ouest de la Syrie ottomane, les villageois arméniens groupés aux flancs du Musa Dagh (« la Montagne de Moïse ») refusent la déportation et gagnent la montagne. Ils résistent plus d'un mois durant aux assauts répétés des corps d'armée ottomans; l'arrivée providentielle des navires français et anglais au large d'Alexandrette met fin à leur épreuve. A partir de ces épisodes authentiques, Franz Werfel a bâti un grand roman épique qui ressuscite « l'inconcevable destinée du peuple arménien ».

Qu'il relève du domaine de l'imaginaire ou de celui de la mémoire, ce roman est un chef-d'œuvre.

Elie Wiesel.

IMPRIMÉ EN FRANCE PAR BRODARD ET TAUPIN
Usine de La Flèche (Sarthe).
LIBRAIRIE GÉNÉRALE FRANÇAISE - 6, rue Pierre-Sarrazin - 75006 Paris.

ISBN : 2 - 253 - 05387 - 2   ⊕ 30/6827/7